State Grid Qinhuangdao Electric Power
Company Limited Yearbook 2021

国网秦皇岛供电公司年鉴

2021

《国网秦皇岛供电公司年鉴 2021》编写组　编

科学技术文献出版社
SCIENTIFIC AND TECHNICAL DOCUMENTATION PRESS
·北京·

图书在版编目（CIP）数据

国网秦皇岛供电公司年鉴. 2021 /《国网秦皇岛供电公司年鉴2021》编写组编. —北京：科学技术文献出版社，2021. 11

ISBN 978-7-5189-8596-8

Ⅰ. ①国… Ⅱ. ①国… Ⅲ. ①供电—工业企业—秦皇岛—2021—年鉴 Ⅳ. ①F426.61-54

中国版本图书馆 CIP 数据核字（2021）第 230466 号

国网秦皇岛供电公司年鉴2021

策划编辑：孙江莉　　责任编辑：宋红梅　　责任校对：文　浩　　责任出版：张志平

出 版 者　科学技术文献出版社
地　　址　北京市复兴路15号　邮编 100038
编 务 部　（010）58882938，58882087（传真）
发 行 部　（010）58882868，58882870（传真）
邮 购 部　（010）58882873
官方网址　www.stdp.com.cn
发 行 者　科学技术文献出版社发行　全国各地新华书店经销
印 刷 者　北京时尚印佳彩色印刷有限公司
版　　次　2021年11月第1版　2021年11月第1次印刷
开　　本　787×1092　1/16
字　　数　276千
印　　张　13
书　　号　ISBN 978-7-5189-8596-8
定　　价　190.00元

《国网秦皇岛供电公司年鉴 2021》
编辑委员会

《国网秦皇岛供电公司年鉴 2021》编写组

主　编　范群力

副主编　张歆营　孙德轩　季　宁

编　辑　陈志远　郑　越　王　梓　周建秀　赵晶晶
夏荣胜　朱　帅　郝　亮　李　卢　黄　萌
刘占戈　李　彬　许明强　刘照拯　李立国
蔡银菊　林　帅　刘淑洁　陈　静　刘华德
李永峰　郭熙昊　李　悦　杨晓卓　严保军
王玉良　李红军　许明思　张莉莉　杨迦茗
王　松　王　磊　王　飞　尹佳伟　马　川
徐　莹　孙　阳　刘芳蕊　李　鑫

编辑说明

《国网秦皇岛供电公司年鉴》是由国网秦皇岛供电公司（简称“公司”）编撰的企业年鉴，真实记载公司改革发展的历史进程和运行轨迹，体现企业特色和时代特征，具有重要史料价值和实用价值。

本年鉴于2015年开始出版，本卷为第七卷，资料时间范围为2020年1月1日至12月31日，由篇目、栏目、条目3个层次组成。本卷设11个篇目，即公司概况、电网发展、企业管理、安全生产、市场营销及优质服务、和谐企业建设、公司所属单位、公司荣誉及先进典型、大事记、重要文献、统计资料。本年鉴以条目为主，文章为辅；文字为主，图片为辅。

本年鉴的编撰工作在编辑委员会的领导下由公司办公室统筹协调各部门（中心）、各单位的组稿工作，公司各部门（中心）、各单位确定专人撰稿，撰稿部门（中心）或单位负责人审核稿件，编写组编辑负责文稿的编辑工作，形成书稿后经副主编、主编审定，公司领导终审定稿。

本年鉴的编撰工作得到了公司各部门（中心）、各单位的大力支持，在此谨致谢意。

《国网秦皇岛供电公司年鉴2021》编辑委员会

2021年8月

目录

一、公司概况

二、电网发展

三、企业管理

八、公司荣誉及先进典型

九、大事记

十、重要文献

十一、统计资料

一、公司概况

（一）公司介绍

【公司简介】

国网秦皇岛供电公司（简称“公司”）隶属于国网冀北电力有限公司（简称“冀北公司”），担负着秦皇岛地区安全可靠供电和暑期北戴河政治保电任务，供电区域六区三县（海港区、开发区、北戴河区、山海关区、北戴河新区、抚宁区，昌黎县、卢龙县、青龙县），供电面积 7812.5 km^2，供电人口 315 万。下设 13 个职能部门，20 个业务机构，4 个县（区）供电分公司，拥有全口径职工 4243 人，人才当量密度 1.1993。

【工作回顾】

2020 年，公司上下深入学习习近平新时代中国特色社会主义思想，坚决落实冀北公司和秦皇岛市委、市政府各项决策部署，守正创新，负重前行，高质量完成全年目标任务，为“十三五”发展画上圆满句号。公司发展总投入 6.24 亿元，其中固定资产投资 5.55 亿元；售电量 133.43 亿 kW·h，同比增长 0.02%；资产总额 56.46 亿元，同比增加 1.8%；线损率 5.05%。企业负责人业绩考核位列冀北公司 B 级。

【疫情防控】

抗击疫情众志成城，认真贯彻“一个提高、六个强化”总要求，落实“四早”“四清”，保持“双零”态势。组织捐款 20 万元，2 个集体、8 名职工获冀北公司抗疫先进表彰。保障秦皇岛市 57 个重点疫情防控场所可靠用电，为 6 个疫情防控点提供“三零”服务。电网建设提前全面复工，实行“欠费不停电”，减免企业电费 1.72 亿元，保障全市 314 万居民正常用电。打造企业复工电力指数，协助政府科学决策。

【安全生产】

安全生产态势良好，大力实施安全生产专项整治三年行动，完成“一下一上”清单及隐患问题梳理。搭建安全生产风险管控平台，强化“四不两直”“双随机”检查，管控风险 259 项。开展春秋检预试，消除缺陷 445 项。落实《安全生产工作意见》16 项重点任务，修订安全责任清单 598 项，压紧压实各级安全责任。完成 3 家县公司和省管产业安全性评价，通过河北省安全文化示范企业建设复审。成功应对恶劣天气频发及负荷屡创新高挑战，圆满完成北戴河暑期、十九届五中全会等重大保电任务。《秦皇岛市电力设施保护条例》通过市人大审议。

【电网发展】

电网发展提质增速，完成秦皇岛地区中长期电力需求预测，编制“十四五”电网规划，汇总 13 类问题及 1388 项配网需求，形成“1+3 秦皇岛规划报告”。完成青龙三峡光伏送出、田各庄 110 kV 输变电工程可研审查，陈肖平 220 kV 线路工程、昌黎站 220 kV 间隔扩建工程取得核准。提前完成 110 kV 新区等 3 项工程、政府“622”工程主网部分建设任务，北戴河等 33 项涉暑工程全部投产，国道 G102 迁改工程有序推进。年度 59 项配网工程提前竣工，遗留工程实现清零，按期完成“煤改电”改造任务，顺利通过国家电网有限公司（简称“国家电网公司”）新一轮农网改造升级工程验收，1 项工程获国家电网公司百佳工程、3 项工程获冀北公司二十佳工程。

【优质服务】

服务水平持续提高，大力优化营商环境，落实提升“获得电力”9 项举措，为 1526 家企业提供“三零”服务，减少客户投资 5000 余万元。深化“十项承诺”“十个不准”，投诉及工单同比分别降低 7.77%、14.70%。拓展网上办电渠道，“网上国网”绑定用户 59 万，线上办电率达 85%，相关做法获政府表扬。快速响应春耕春灌办电需求，“线上 + 线下”开展用电安全隐患排查整治，全力保障农村中小企业用电。梳理转供电主体 9 轮 896 户，配合完成国家能源局华北监管局（简称“华北能监局”）来秦调研。创建“出头石”扶贫品牌，扶贫产品累计销售额达

340万元，相关事迹在中央广播电视总台播出并获国家电网公司批示肯定。推进民营企业清欠工作，支付到期账款1.85亿元。

【战略落地】

战略落地坚决有力，全员学习国家电网公司战略体系，开展“守正创新、负重前行”主题行动，抓好分层衔接，制定战略实施举措453项。打造能源互联网样板间，构建“四个一”智慧保电模式，实现44个场景试点应用集成展示，90余类监测信息、设备缺陷和作业风险得到全面监控，暑期保电成本下降326万元，形成综合能源、多站融合、数据增值等能源新业态。完成北戴河人工智能综合样板间建设，12项人工智能应用通过国家电网公司验收。

【经营管理】

提质增效成果显著，落实提质增效85项重点任务，压降预算需求5900万元、非生产性支出175万元、管理费用1373万元。拓展电能替代项目363个、电量18.33亿kW·h。投运充电桩10个，开发综合能源项目10个，增收1.03亿元。分线、分台区线损管理达标率分别为92.56%、93.21%，电量损失减少5000万kW·h，稽查及反窃查违成效显著，金额达1668万元。加强高风险客户“一户一策”管理，电费回收率保持100%。争取政府政策支持，节约变电站土地征地费显著，金额达1064万元。优化基建线路路径，节约投资成本3591万元。完善合规管理体系建设，提升风险管理水平，建成冀北地区首座危险废物库，促进物资业务高效合规运营。

【改革创新】

改革创新多点突破，落实“改革攻坚年”部署，优化运检、营销机构设置，实现“管办分离”。成立区域供电中心，实现供电业务与地方行政划分精准匹配，促进营配末端深度融合。完成省管产业平台建设，精准规范物资招标、合同签订、物业运营业务。完成退休人员社会化管理移交。开展供电所提升专项行动，增强对县公司、供电中心及供电所专业管理穿透力。对接第三批“放管服”清单，推动“战略+运营”管控模式高效运转。完成专利申请37项、授权28项，1项成果获国家电网公司科学技术进步奖三等奖，10项成果分获河北省及冀北公司管理创新成果奖、电力质量创新成果奖。

【党的建设】

党的建设全面加强，深入学习贯彻习近平总书记重要讲话和重要指示批示精神，举办十九届五中全会宣讲报告会，开展《习近平谈治国理政》大学习、大讨论2237次。推进“基层党建巩固提升年”各项任务落地，高质量完成党组织书记抓党建述职评议、36个党组织机构调整和39个党组织选举。深入实施“党建+”工程，推动党建与中心工作深度融合。全面履行政治监督责任，深化党风廉政约谈成效。完成昌黎、青龙提级巡察迎检，32个问题全部整改销号，问责追责22人次。创建南山反腐倡廉警示教育基地，打造公司党风廉政建设阵地。

【队伍建设】

队伍建设凝心聚力，坚持正确用人导向，合理配备“老中青”梯次，加大年轻领导人员培养力度，80后占比达29%。深化职员职级管理，聘任职员52人。推进精准培训，创新实施“双培”三年行动，集中展示优秀素材35项。激励青年创新创效，公司被评为河北省中长期青年发展规划实施试点，8项创新成果获省级奖项。开展重点主题传播，865篇稿件在主流媒体刊登，多部作品获全国电力优秀奖项。举办“以读攻毒”云分享，创作《众志成城》MV，承办“冀北好声音”比赛，2项成果入围国家电网公司企业文化重点项目。加强信访维稳和保密管理，实现和谐稳定局面。公司顺利通过全国文明单位复审，荣获河北省十佳企业团委等荣誉称号。1个集体获全国青年安全生产示范岗，1个集体获省级创新工作室，3个集体获冀北公司工人先锋号，1名职工荣获全国劳动模范，35名职工分获河北工匠、国家电网公司劳动模范、冀北公司先进个人等荣誉称号。

（二）组织结构

【公司领导】

总经理、党委副书记	陈建军	副总经理	赵雪松
党委书记、副总经理	刘少宇	副总经理、总会计师	邱俊新
二级职员	张长久	副总经理	许　竞（10月任职）
副总经理	周铁生（10月离职）	总工程师	焦东翔（10月任职）
纪委书记、工会主席	刘彦斌		

【公司组织结构】

国网冀北电力有限公司秦皇岛供电公司2020年年末组织结构

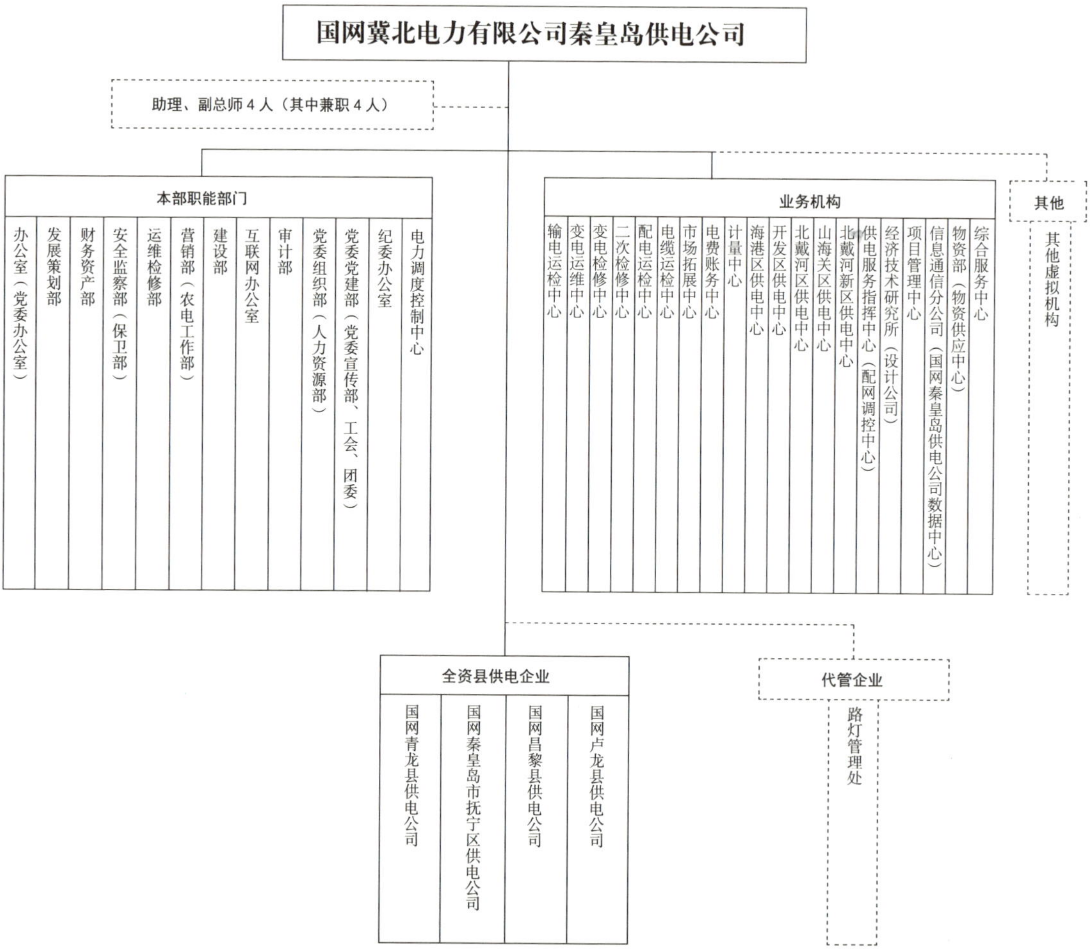

二、电网发展

（一）规划与发展

【“十四五”电网规划】

顺利完成秦皇岛“十三五”规划执行情况评估报告，秦皇岛“十四五”配网规划报告，市辖、县辖配电网规划报告，四县乡村电网规划报告等成果，形成“2+2+4”规划成果体系。滚动修编各区、县的规划报告，绘制各区、县全电压等级的地理接线图、网络拓扑，形成了“一图、一表、一清册”的规划成果，完成“秦皇岛地区间隔使用情况专题分析报告”等4份专题报告，为秦皇岛配电网发展指明了方向。在“十四五”配电网规划成果的基础上，公司积极对接政府规划部门，将规划成果纳入国土空间规划，预留电网规划项目站址用地及廊道，为秦皇岛地区电网发展建设打下了坚实的基础。

（袁彬瀚）

【电网项目前期工作】

克服疫情影响，按照重点突出、高效推进的工作思路，满足社会发展用电需求。2020年完成省重点项目陈官屯—肖营子—平方220 kV线路工程、昌黎500 kV变电站220 kV间隔扩建工程等项目的核准工作，完成田各庄110 kV输变电工程、三峡青龙光伏110 kV送出工程等项目可研编制工作，圆满完成电网项目前期工作任务。

（袁阳）

【配电网规划与管理】

1. “十三五”规划执行及“十四五”规划期发展情况

截至2020年年底，秦皇岛地区共有110 kV公用变电站51座，主变压器（简称“主变”）114台，变电总容量为546万kV·A；110 kV公用线路共计130条，线路长度共计1854.73 km。35 kV公用变电站46座，主变93台，变电总容量为148万kV·A；35 kV公用线路105条，线路总长度达1099 km。10 kV线路697条，总长度8677 km。

2020年公司投资1408万元，配合秦皇岛市政府在取暖期前完成了昌黎地区5416户“地源热泵”式“煤改电”配套工程，满足了全市16 347户新增“煤改电”用户的用电需求。

“十四五”期间，秦皇岛地区规划新建110 kV变电站9座，主变12台，新增110 kV变电容量600 MV·A，为满足新增负荷需求，抢占建设用地资源，在负荷水平不高、10 kV转移负荷较强的区域采用单线单变模式进行110 kV变电站规划建设，后续根据负荷发展情况考虑扩建；线路方面，规划新建110 kV线路15条，线路总长度188 km，其中，架空线路7 km，电缆线路181 km。

预计通过“十四五”期间的规划建设，秦皇岛地区110 kV及以下各级电网存在的问题能够得到较好的解决，地区110 kV电网、35 kV电网结构标准化程度高，10 kV电网线路联络率、配电自动化率等指标有效提高，各级电网协调化发展程度较高，基本能够满足地区未来几年的负荷发展需求。

2. 配电网规划与管理

严格遵循规划引领的原则开展2021年规划项目储备工作，实现规划跟着需求走，项目跟着规划走，资金跟着项目走。坚持问题导向，结合“十四五”规划诊断分析的电网问题清单、营销投诉工单和后续的项目督导单，严格审查储备项目的针对性、可行性和真实性，实现规划编制与项目储备的有效衔接，确保“十四五”规划有效落地。

组织规划专业全员培训，通过内外部专家授课，开拓规划专业人员的眼界，提升规划专业水平，提高规划人员素质，规划工作迈上新的台阶。

开展电网诊断分析，完成地区“十四五”规划报告滚动修编工作。更新完善市、县两层面“1+3+7”专题专项报告、“全电压等级图册”成果体系。根据规划形成地区2020—2025年110 kV及以下项目储备计划1345项，计划总投资23亿元。

3. 积极配合冀北公司增量配电网试点改革工作

积极响应国家电改政策，公司全力配合市发改委开展增量配电网试点业务。一方面配合国家第二批增量配电网试点秦皇岛经济技术开发区增量配电网取得电力营业许可证，并将相关信息报送国家电网公司备案。另一方面国家第五批增量配电网试点秦皇岛开发区东区山海关港区增量配电试点项目已下达批复文件，公司与开发区管委积极对接，配合完成相关工作。

（袁彬翰）

【新能源发展与并网管理】

严格落实国家各项新能源政策文件和国家电网公司管理规定，坚持创新、协调、绿色、开放、共享的新发展理念，进一步加强新能源并网运行全过程管理，实现新能源并网运行管理标准化、制度化、规范化。依托国网新能源云新一代信息技术与新能源全产业链业务深度融合，形成新能源工业互联网平台，立足中国能源资源和能源转型需求，助力我国“碳达峰”“碳中和”，构建合作共赢的新能源生态圈，建立“横向协同、纵向贯通”和“全环节、全贯通、全覆盖、全生态、全场景”的新能源开放服务体系。

截至2020年年底，秦皇岛地区累计并网风电项目7个，集中式光伏电站项目10个，低压分布式光伏4980户，新能源装机总容量达700.6 MW。目前，在建平价光伏电站项目1个，装机容量150 MW；在建风电项目1个，装机容量50 MW；前期核准风电项目3个，装机容量220 MW。

（刘大志）

【科技发展与管理实施】

公司大力开展群众性创新活动，2020年主要包括：基于泛在电力物联网配电网巡检监测数据智能处理与分析方法研究；泛在物联数据驱动下配电网馈线经济性评估方法研究；配电网馈线设备故障概率及健康状态评估研究；计及经济性和故障风险的配电网馈线全状态综合检修策略研究等，全面提升配电网检修决策业务管理水平、决策效率和质量。《基于源网荷储协同的有源配电网可靠灵活供电关键技术、设备及应用》荣获国家电网公司科学技术进步奖三等奖；《有源滤波器优化配置方法》荣获冀北公司专利三等奖。

（谢小英）

（二）配电网建设

【配电网建设概况】

2020年，公司配网基建项目共7个批次150项工程，总投资32 967.11万元，年度投资18 554.73万元，新建及改造10 kV线路200.71 km，0.4 kV线路77.68 km，新增及改造配电变压器（简称“配变”）100台，新建开闭所9座，配电室1座，箱式变电站（简称“箱变”）19座，环网箱26座，新增及改造配变容量38 830 kV·A，覆盖秦皇岛地区全部区、县公司。其中，2020—2021年跨年项目91项，当年完工项目59项（2019—2020年跨年项目22项），配网网架和供电能力得到大幅优化和提升，供电可靠性和服务水平不断提高。

（赵一）

【配电网建设管理】

1. 配网工程全面复工复产

编制下发《2020年配电网工程开（复）工工作方案》和《2020年配电网工程新型冠状病毒肺炎防控应急保障预案》，通过网上办公、线上审批报送属地政府备案，“一项目一方案”分区分级制定施工和疫情应急保障方案，以“作业组织单元最小化、作业面组织网格化”为原则，严格现场人员、物资、车辆管控，全面落实疫情防控要求，实现“双零”目标。

▶ 8月14日，昌黎县10 kV空港产业园1号开闭所新建工程站房全景（乔磊　摄）

2. 业扩配套助力优化营商环境

根据冀北公司关于进一步强化营商环境低压业扩配套电网项目管理的通知，编制宣贯低压业扩配套电网项目建设指导意见，细化实施方案，明确各阶段建设流程和时间要求，低压业扩配套项目建设实现按季度滚动实施，进展顺利，大幅压减接电时间和办电成本，提升客户“获得电力”的便利度和获得感。

3. 细化管控，发掘配网提质增效潜力

落实公司提质增效专项行动部署，制定《配网工程建设提质增效专项行动工作方案》。下发2020年配网基建工程储备项目清单，提前进行现场摸排，落实建设条件，提高项目的可行性与投资精准性，确保投资效率效益。开展配网工程造价分析，对不同类型工程成本进行核算对比，严控费用支出，降低项目投资水平。统一下发配网合同模板，将合同价款、支付条件、分包要求等约定固化，严格合同履约，将提质增效要求落到实处。

4. 严格现场安全风险和疫情防控动态管控

成立以业主项目经理为主要负责人的现场疫情防控工作小组，设立防疫专人专岗，严格到岗到位要求，加大施工现场重要环节、重点部位的隐患排查力度和安全质量技术交底，重点加强邻近电、高空作业和火灾等风险管控，落实作业标准化要求。通过现场督导和视频远程连线等手段加大现场督导和动态管控力度，累计核查80余处施工现场，发现整改工程现场疫情防控、安全、质量、资料4个方面16项问题，现场作业秩序可控在控。

5. 提升配网工艺质量水平

开展精品台区建设，组织“小范围、多场次”的现场培训，邀请精品台区和优质工程评选专家，边施工边培训，讲解施工工艺制作过程和要点，切实提高各业主、施工单位的工艺水平。秦皇岛昌黎县10 kV空港产业园1号开闭所新建工程入选国家电网公司2020年配网工程质量评价前百名，抚宁10 kV鲁西二线新建工程等3项工程被评为冀北公司配网二十佳工程。

▶ 8月21日，昌黎县10 kV空港产业园1号开闭所新建工程电气调试（乔磊　摄）

6. 加快推进储能项目建设

完成冀北公司首个轮换式储能项目建设，该项目通过消减峰值负荷，延缓输配电设施升级；平抑电网电压、频率波动，提供无功支撑，提升电网电能质量；在电网断电的情况下有效支撑重要负荷，提升电网供电可靠性，为能源互联网建设提供了示范和样板。公司储能项目建设相关技术成果获国家电网公司科学技术进步奖三等奖、国家电网公司经研体系科学技术进步奖一等奖、冀北公司科学技术进步奖二等奖。

7. 配网建设规范有序，成效显著

完成国家电网公司新一轮农网改造升级工程预验收、2020年冬季“煤改电”清洁取暖供电服务隐患排查及冀北公司建设施工安全大检查三次检查验收，配网工程建设规范有序，依法合规，获得检查组充分肯定和好评。

▶ 8月21日，昌黎县10 kV空港产业园1号开闭所新建工程线路全景（乔磊　摄）

（郭熙昊）

（三）农网建设

【农村电网改造升级】

2020年公司农网工程共计90项，总投资13 687万元，新建及改造10 kV线路130.11 km，新建及改造0.4 kV线路60.54 km，新建10 kV开闭所5座，新增及改造配电变压器94台，配变容量24 000 kV·A，其中，2020—2021年跨年项目50项，当年完工项目40项，工程全部按期投运，优化和提高了居民供电设施配置标准，提升了农网供电可靠性和服务水平。

（郭熙昊）

【乡镇供电管理】

落实冀北公司工作部署，积极开展五星级乡镇供电所创建工作，国网青龙县供电公司祖山镇供电所被评为“国网冀北电力有限公司五星级供电所”。经过2016—2020年5年创建，公司共创建4个国家电网公司五星级供电所、1个冀北公司五星级供电所、7个冀北公司四星级全能型乡镇供电所。

开展供电所管理提升工作，分析冀北公司乡镇供电所状态评价体系（2020年版）指标，重点抓软实力管理，查出差距、问题和薄弱环节。加强供电所日常管理，把星级供电所建设与日常工作有机结合，要求供电所严格按照工作标准执行。建立供电所联查常态机制，组织专家组成员对供电所日常工作落实情况、各专业部室重点工作执行情况等进行综合检查。制定“乡村电气化惠农富民项目”实施方案，确定8个项目计划，积极与地方政府相关部门沟通，争取配套政策和项目建设支持，推进乡村电气化项目建设。2个乡村电气化项目（秦皇岛海港区樱翠园种植基地电气化改造项目、秦皇岛青龙满族自治县百峰贸易有限公司农产品深加工项目）入选冀北公司“十大乡村电气化项目”，1个乡村电气化项目（秦皇岛青龙满族自治县双合盛生态农产品加工项目）入选冀北公司“乡村电气化优秀项目”。按季度开展县供电企业综合评价工作，有效管控县级供电企业各项管理指标，四季度县供电企业（共43个县供电企业）综合评价中，公司4个县供电企业总排名分别是国网抚宁区供电公司（简称“抚宁公司”）第15名、国网卢龙县供电公司（简称“卢龙公司”）第16名、国网昌黎县供电公司（简称“昌黎公司”）第20名、国网青龙县供电公司（简称“青龙公司”）第42名。

（刘铁　程建国）

（四）工程管理

【电网建设情况】

2020年，公司35 kV及以上基建工程项目共18项，基建投资6.8亿元，开工项目8项，新开工线路长度128.2 km，变电容量5万kV·A；投产项目5项，新增线路长度66.9 km，变电容量40万kV·A。

【基建专业管理】

1. 圆满完成重点工程建设任务

圆满完成河东寨和国能生物质送出2项冀北公司重点关注工程，2020年全年累计跨越2处铁路，3处高速公路，工程克服变电站建设周期短、线路切改安全风险大、线路跨区县多等工程难点，在工程前期、物资供应、停电安排、竣工验收和安全管控方面取得新的突破，2项工程均提前建成投产。公司电网建设受到秦皇岛市委、市政府和冀北公司主要领导的充分肯定，为北戴河暑期可靠供电、新能源并网送出提供网架支撑。

▶ 6月9日，110 kV河东寨变电站启动投产（史文全　摄）

2. 工程安全质量继续保持稳定局面

坚定不移打赢疫情防控阻击战，严格落实“复工七项基本条件”，以业主项目经理为主要负责人开展现场疫情防控工作，实行施工现场封闭式管理，确保施工现场全体人员安全健康稳定施工；严格落实电网建设“五项”管理工作机制，按期开展安全质量责任量化考核，圆满完成安全四级风险施工3项，安全三级风险施工60余项，各级安全管理人员全部实现到岗到位监督检查和现场监督，优化基建现场项目经理第一安全责任制；指定专人吃透基建“e安全”，全部基建现场应用基建“e安全”现场人员实名制准入、电子作业票开票、“一本账”风险信息和发放农民工工资等应用；同时严格按照安全文明标准化要求开展港城项目群“三个项目部”建设，打造站东变电站标准工艺示范观摩工地，标准工艺和质量通病二维码实现项目全覆盖，全面提高质量过程管控水平。

3. 做好依法合规建设手续

按照“能早则早、能并则并、能快则快”的原则，加强规划、国土、环保、水保等政府部门和单位的沟通协作，取得秦皇岛市住房和城乡建设局《关于解决变电站消防备案问题处理意见》，减免办理工程施工许可证，促成秦皇岛地区117座变电站免予消防手续办理。

4. 扎实开展技术和技经工作

2020年取得8项初设批复（昌黎间隔扩建、南戴河主变增容、国能生物质送出、新区－草梁屯、新区－海岸北、小蒲河－海岸 π 入新区35 kV线路、河南35 kV配套送出、河南—西双山35 kV线路），完成2019年造价分析和8项工程竣工结算（新区、国能生物质送出、河东寨、刘田庄－柳河、台营、罗杖子、城东、抚宁－太和寨），优化港城项目群民族路段线路设计方案，最大限度减少工程综合造价，解决线路征拆难点，为工程建设提质增效，制定《疫情期间输变电工程费用计列和调整细则》，做到防疫措施费用“应计尽计”。

5. 开展“党建＋基建”一体化建设

组织“守正创新、负重前行”主题学习活动，开展“三亮三比——我是党员我先行”党员活动，打造站东项目部党员活动基地，设置“党员身份墙”，主动亮出党员身份，同参建单位党支部联动，开展“学战略、讲担当、干精彩”主题党日活动，深入推进“主题党日＋项目调度”活动，提升基建施工现场党员凝聚力和增强基建工作使命感，推进项目建设进度，实现“党建＋基建”双提升。

（许明强）

三、企业管理

（一）计划与投资管理

【计划管理】

1. 计划管理指标情况

（1）发展投入情况。2020 年公司综合计划共下达发展总投入 62 373.41 万元（其中固定资产投资 55 474.99 万元、成本性投入 6898.42 万元）。截至 2020 年年底，累计完成 62 373.41 万元，完成年度计划 100%，较去年同期提高 6.47 个百分点，其中固定资产投资完成 55 474.99 万元，完成年度计划 100%，较去年同期提高 6.98 个百分点。投产 110 kV 及以上线路 28.58 km，变电容量 10 万 kV·A。

（2）售电量完成情况。2020 年，受疫情影响，与同期基本持平，全年完成售电量 133.43 亿 kW·h，电量在冀北公司五市中排名第 5 位，同比增长 0.02%，增速在冀北公司五市中排名第 5 位。

（3）线损指标完成情况。2020 年供电量 140.53 亿 kW·h，同比下降 0.45%；售电量 133.43 亿 kW·h，同比下降 0.02%；损失电量 7.1 亿 kW·h，线损率 5.05%。

（4）综合能耗完成情况。2020 年综合能耗完成 1035.18 吨标准煤，同比降低 3.2%。

2. 计划管理主要工作

（1）计划管理。2020 年公司创新综合计划管理，全面分析公司综合计划、企业负责人、专业自设指标，编制形成公司综合计划指标体系，共计 45 项指标，明确各指标责任部门、考核细则和评价方法。从时间上以月度、季度、年度评价发布，从维度上包含公司各个专业、各县公司、各分中心考核管控。编制下发《国网秦皇岛供电公司 2020 年综合计划指标考核评价要求》，对各部门每月相关指标完成情况进行分析汇总，在主页和办公系统内发布指标完成情况并通报考核。跟踪各项指标执行情况，滚动修编指标体系，针对落后指标制定有效措施，确保计划管控落地见效，截至 2020 年年底综合计划指标全部完成，有效提升了综合计划管理水平。

（2）节能管理。开展节能宣传周活动，2020 年全国节能宣传周的活动主题是“绿水青山节能增效”。结合节能宣传主题，公司开展形式多样、行之有效、针对性强的宣传活动，充分认识节能减排的重要意义，不断增强责任感和使命感。

公司助力社会节能和电能替代，坚决贯彻国家电网公司节能减排发展战略。通过各级能源管理审查，按照政府部门和冀北公司要求，报送各种能源报表及能源利用状况报告，完成 2019 年度能源利用状况自查评分和自查报告。公司在生产经营中执行节能制度、实施节能项目、采取降损措施、推广电能替代、推动社会节能，始终贯穿节能减排主线，实现综合能耗同比下降。

【投资管理】

1. 固定资产投资

2020 年，公司固定资产投资完成 5.55 亿元，其中电网基建 3.65 亿元，小型基建投资 2310 万元，生产技改 11 946.33 万元，生产辅助技改 906 万元，资本性电网信息化项目 224.09 万元，资本性营销项目 2481.97 万元，零星购置 1140.6 万元。

主网架建设方面，2020 年建设 220 kV 工程 2 项：冀北秦皇岛陈官屯—肖营子—平方 220 kV 线路工程、冀北秦皇岛昌黎 500 kV 变电站 220 kV 间隔扩建工程，总投资 1200 万元；110 kV 工程 6 项：冀北秦皇岛南戴河 110 kV 变电站主变增容输变电工程、冀北秦皇岛站东 110 kV 输变电工程、冀北秦皇岛金梦海湾 110 kV 输变电工程、冀北秦皇岛杨庄 110 kV 变电站主变增容输变电工程、冀北秦皇岛国能生物质发电 110 kV 送出工程、秦皇岛河东寨 110 kV 输变电工程，总投资 8293 万元。

配农网建设方面，完成城市配网及县域电网投资35 kV及以下总投资2.60亿元，新增变电站布点和新建线路，强化35 kV网架结构。

2020年新开工110 kV及以上线路82.85 km、变电容量50 MV·A；投产110 kV及以上线路28.58 km、变电容量100 MV·A。

2. 基层大修投资

2020年下达基层大修项目4批次，总投资3864.12万元。投入重点：一是配合年度春检预试，解决输、变、配电设备存在的缺陷；二是设备、设施防汛项目消缺；三是其他急需解决的维修项目。

3. 投资专业重点工作

（1）综合计划执行。按照冀北公司下达的综合计划，细化分解落实项目计划：电网基建（包含220 kV、110 kV电网基建项目，35 kV及以下配网基建项目，35 kV及以下配网续建项目，农网升级改造工程项目）、小型基建、生产技改（直属、县供电子公司）、生产辅助技改、零星购置、生产大修（直属、县供电子公司）、生产辅助大修、研究开发、信息化建设（直属、上划县公司）、营销投入（直属、上划县公司）、教育培训，并按照专业分工加以落实。

（2）电网发展诊断分析。按照电网投资"四级贯通、分级负责"的管理要求，诊断工作贯通到市、县公司，对2019年电网发展情况进行诊断评估，重点分析当前电网投入产出和经营效益情况，提出地市电网亟待解决的典型问题和需要满足的发展需求，总结经验和不足，编制《电网发展诊断分析报告大纲》，填报详细诊断数据，提出2021年投资计划安排策略和"十四五"规划建议。

（3）基建项目后评价工作。加强投资管理，提高投资决策水平，完善投资决策机制，规范投资项目后评价，选取冀北秦皇岛五里台220 kV主变改造增容工程、秦皇岛海阳110 kV输变电工程进行后评价，对历年已完成后评价的常规工程开展"回头看"评价，滚动更新运营数据，持续开展评价，编制完成年度后评价报告编制工作。

（4）项目管理工作。全面梳理项目物资需求，按采购方式分类，明确流程。组织项目管理人员进行ERP系统操作培训。跟踪节点、严控过程，召开项目推进会，利用ERP系统对合同签订、供货、入库、报账等节点实时监控，分析进展情况，推动项目执行。

（5）基建建议计划。按照冀北公司要求，公司于7—8月完成下一年度基建建议计划编制工作，及时报送冀北公司备案，为公司下一年度基建施工做好充分准备。

（牛益国　顾绍柱）

【统计管理】

完成各项统计工作任务。按月度、季度、年度上报冀北公司生产统计报表、农网统计报表、节能减排报表。按月度、季度、年度完成统计局、发改委及政府其他部门的统计报表报送及统计调查工作。编辑出版《2019年秦皇岛供电公司统计资料汇编》。

开展"网上电网"系统建设。开展"网上电网"系统中图形、数据的核查治理，在完善地区35 kV及以上公用电网设备信息的基础上，着力解决地区35 kV及以上用户设备的电站缺失、线路缺失、孤立设备及飞线问题等，形成了地区35 kV及以上相对准确、完整的电网设备资料，"电网一张图"在35 kV及以上电压等级层面初步呈现。在系统创新应用方面，一是创新采用"'网上电网'+现场勘查"相结合的规划前期工作模式，助力用户工程供电方案选择。二是充分发挥"网上电网"10 kV配电网负荷统计分析的优势，助力地区"煤改电"供电方案答复。三是积极使用"网上电网"系统辅助储备项目评审，助力规划储备项目审查。

（郝亮）

（二）人力资源管理

【人力资源概况】

公司全口径用工4243人，同比降低3.41%。本部主业1223人，县公司1020人，集体企业1938人，路灯管理处62人。女性778人，占比18.34%，男性3465人，占比81.66%；平均年龄44.82岁；大学专科及以上学历2386人，占比56.23%；初级及以上专业技术资格1928人，占比45.44%；技师及以上职业技能等级2031人，占比47.87%。

获冀北公司管理创新二等奖1项，河北省管理创新三等奖2项，1项成果入选冀北公司2020年度管理创新示范项目，1篇“三项制度”改革论文参评电力企业管理创新论文大赛，1篇绩效管理成果入选国家电网公司典型案例。

【领导班子和领导人员建设】

一是持续优化班子结构，科学精准做好领导人员“育选管用”各项工作，利用综合考评、日常考察和专业协同数据，完善领导班子综合分析研判机制，统筹优化各领导班子配备，增强队伍整体合力和战斗力。二是加强优秀年轻领导人员培养，立足公司长远发展需要，选拔使用一批年轻领导人员，80后干部占比达29%。探索行政副职、党务正职、行政正职干部成长路线，努力打造党性强、懂专业、会管理的复合型干部。三是修订《职员职级管理实施方案》，畅通领导岗位和职员序列双向流通，拓宽职业发展平台，让各年龄段领导人员都能充分发挥作用，施展才干。四是推进干部人事档案专项审核，完成复审1124卷、确认791卷。五是制定《领导人员管理办法》《领导人员日常考核管理办法》，加强制度解读宣贯，明确“红线”“底线”。主动落实研究第二批“放管服”事项，出台《县（区）供电公司中层干部二线管理指导意见》，明确退二线的基本条件、聘任程序等相关事项，完成应退即退44人，盘活内部资源，激发队伍活力。

【人才队伍建设】

一是完成各类人才选拔激励。完成各级专家人才考核23人，审核认定中级、初级职称78人，通过评定取得中级职称60人、高级职称65人，申报技师及以下技能等级评价267人。二是开展“双培”三年行动。制定《员工精准培训多元培养“三年提升行动”2020年实施方案》，深入推进精准培训，围绕业务短板、薄弱环节和突出问题，有的放矢地制作培训素材，累计制作变电、检修、调控、营销等各专业视频培训素材175项，评选优秀素材35项，切实提高培训实效性。

【劳动组织管理】

一是完成公司内设机构调整。制定《国网冀北电力有限公司秦皇岛供电公司部分机构设置和人员编制调整方案》，对运检、营销内设机构进行优化调整，实施运检、营销机构“管办分离”，优化区域供电中心机构设置，推进营配末端深度融合。二是继续推进岗位任职资格体系建设。在2019年部分试点的基础上，开展“建设”专业任职资格标准制定；将规划、物资、运检、营销专业岗位任职资格标准成果，在挂岗锻炼、内部竞聘方面积极进行应用，使其成为员工“能上能下”的标尺，促进人岗匹配水平提升。三是完成冀北公司岗位任职资格认证试点工作。制定《国网冀北电力有限公司岗位任职资格认证试点工作方案》，完成运检专业10人试点认证工作，增强员工自主学习动力，实现员工成长与企业发展深度融合。四是完成后勤职能优化调整。成立小型基建工程项目管理办公室并增加人员配置，实现管理和实施有效分离，进一步提升公司小型基建工程规范化管理水平。五是完成资金管理机构优化调整工作。根据冀北公司收付款业务省级集约和电费业务集约情况，核减县（区）供电公司3个技能类人员编制，实现公司电费业务进一步集约。

【劳动用工管理】

一是有序开展毕业生接收工作。按照冀北公司下达计划，主动对接毕业生，积极答疑解惑，圆满完成 55 名毕业生入职工作。二是畅通员工退出通道。依法解除劳动合同 2 人，中止劳动合同 1 人。三是联动更新岗位协议书。结合机构调整，完成 809 名岗位变动人员岗位协议书更新，夯实契约化用工基础。四是拓展员工职业发展通道。制定《职员职级管理实施方案》，细化聘任和破格条件，以业绩贡献为导向，强化职员动态管理和聘期考核，引导员工扎根一线，立足岗位成长成才，累计聘任职员 59 人。五是严格内部市场配置方式应用。对 38 个管理、技术、服务类岗位开展挂岗锻炼，对 5 个一线缺员技能岗位开展岗位竞聘，共完成挂岗（竞聘）42 人，促进员工在超、缺员岗位之间合理流动，有效缓解了部分部门（单位）急需岗位缺员现状，实现了人力资源高效配置。六是积极推进岗位聘任制。完成上一年度聘任制班（所）长 135 人年度考核，兑现考核奖励 10 余万元，完成聘任制契约化管理闭环。对新调整管理和技术人员、班（所）长全面实施岗位聘任制，共聘任 277 人。七是拓宽人才成长平台。完成国家电网公司东西人才帮扶 1 人，冀北公司本部挂岗锻炼 1 人、跨单位岗位竞聘 4 人。

【薪酬及福利保障管理】

一是构建以绩效为导向的薪酬分配体系。为优化公司薪酬分配体系，充分体现员工实际工作业绩和贡献程度，本年度对《国网秦皇岛供电公司绩效工资管理办法》进行了修订，进一步明确绩效工资的分配模式和考核原则，摆脱了与岗位、岗级挂钩的核算方式，实现了绩效考核结果与绩效工资的全应用，长效地激励员工提升绩效水平，提升公司整体效益。二是强化基础管理。根据国家、地方政府政策和冀北公司制度，公司修订了《国网秦皇岛供电公司考勤管理实施细则》，制定了《国网秦皇岛供电公司工资支付实施细则》，并组织全员进行培训宣贯，强化制度执行，严格规范本单位考勤管理和工资支付工作，维护公司正常的生产、工作秩序和员工合法权益，进一步规范公司考勤管理和工资支付行为。三是进行与人数脱钩的薪酬核算方式的探索。为进一步发挥“三项制度”改革中薪酬杠杆作用，以增人不增资、减人不减资为基本原则，在变电检修中心、海港区供电中心、开发区供电中心 3 个缺员单位进行试点工作，以人员配置率为基础，改变绩效工资与人数挂钩的核定模式，将绩效工资分配与人员配置情况相结合，引导从“要人”向“要效率”转变，从而激发各单位员工工作积极性和潜能，提升公司用工效率和经济效益。四是认真落实公司 2020 年提质增效专项行动工作部署，用足、用好政府社会保险阶段性减免政策，有效降低人工成本总额，全年共计减免社会保险金 2446.75 万元。五是积极对接政府失业保险管理部门，及时完成 2020 年失业保险稳岗返还资金申领工作，共申领稳岗补贴 236.50 万元。六是严格落实冀北公司退休人员统筹外费用管理的各项规定，在前一阶段退休人员统筹外补贴自查整改工作的基础上，规范列支和发放各项福利待遇，切实维护退休人员合法、合规利益。

【全员绩效管理】

一是深化绩效精准考核。完成 2019 年度企业负责人副职、各单位负责人和员工绩效考核分级，建立员工 C、D 级比例“三维联动”机制，引导组织绩效与员工绩效同频共振，提高考核精准度。二是强化企业负责人业绩考核。总结分析企业负责人业绩考核情况，进一步明确考核重点，强化过程管控，确保精准发力。优化公司业绩考核体系，在冀北公司通用考核模式下细化专业工作评价，进一步落实管理责任，提高指标执行力。三是首次组织实施绩效经理人履职评价。制定公司绩效经理人履职评价实施方案，在绩效合约签订率、考核结果偏差率等 7 个维度对各级绩效经理人履职情况进行评价，并按照管理权限，分层分级组织实施，进一步强化绩效经理人履职意识，落实绩效经理人主体责任。

【职工教育培训】

一是优化培训职责管理，建立“职能部门牵头、基层单位支撑”的培训项目管理模式，明确职责界面，理顺管理流程。强化培训制度落实，针对培训管理薄弱环节和问题，召开专题会议，明确具体措施，并将相关要求纳入单位负责人业绩考核，强化制度执行力。二是加强培训项目管理，科学制订培训项目储配计划，提升培训的统筹性和实效性，有效缓解工学矛盾。赴冀北公司技培中心、管培中心交流研讨，学习借鉴工作经验和典型做法，制定项目实施和资料归档统一模板，提高管理规范性。三是推进培训项目实施，积极应对疫情新形势，采用“线上 + 线下”模式，开展“阻击疫情、蓄力前行”网络培训活动，累计参与学习 8.2 万人次，国网学堂累计 92.32 万学时、366.58 万学分，学习强国累计 299.3 万分。四是规范开展集中培训，年内完成集中培训项目 45 个。

（蔡银菊）

（三）财务与资产管理

【经营和财务状况】

截至 2020 年年底，公司资产总计 56.46 亿元，比 2019 年年底增加 0.69 亿元，资产负债率 19.50%，较 2019 年降低 1.83 个百分点，利润总额 44.93 亿元，比 2019 年增加 0.19 亿元，经济增加值 42.64 亿元，比 2019 年增加 0.18 亿元。

【财务信息化管理】

面对多维精益管理体系变革的新要求，公司以加强信息化体系建设为手段，以强化信息化管控为途径，充分发挥财务信息化的特点及优势，积极推进多维精益的信息反映。深化 SAP 集中部署系统应用，大力推广国网商旅云试运行，扎实推进省级“直收直付”工作，提升公司财务信息化管理水平。在供应商信息梳理、往来款项管理等方面提升管控水平，深入挖掘数据价值，提升财务信息质量。

【预算与成本管理】

以提质增效为导向，以标准成本为基础，以业务工作特点为参照，坚持“花钱问效”，从严从紧统筹可控预算需求。建立业财联合预算执行机制，突出预算对公司各层级、各环节业务开展的引领与管理作用。以“防疫支出优先保障，质效提升重点投入，管理费用从严管控，电网检修适度倾斜”为原则，依托多维精益管理变革，做好成本预算分解，深化应用标准成本，优化成本支出结构。

【资产与产权管理】

优化资产卡片建卡转资等关键流程，落实新投运项目现场实物盘点工作责任，通过转资前盘点、前移工程财务管理，严把审核关口，从源头提高增量资产账卡物一致性和转资的及时性，规范有效资产增量。建立资产设备对应长效机制，同步存量资产设备增减变动，实物管理与价值管理统一联动，强化业财协同，拓展资产精益化的深度与广度。

【资金管理】

深化“1233”新型资金管理体系建设，全面做好收付款“省级集中”工作推广落地，主动适应新型管控流程，圆满完成“省级直付”试点工作，确保做到“变而不乱，平稳过渡”。健全资金收支双向考核机制，建立“月预算、周平衡、日调度”的工作机制，进一步提高资金使用效率，降低冀北公司融资成本。不断加强资金安全风险防范能力，重新制定资金分级授权管理办法，强化资金安全管控，提升资金风险防范和安全保障能力。

【工程财务管理】

以工程财务“两端三线”为主线，强化工程财务全过程管控。将“控成本、重效益”的理念贯穿到项目储备过程中，彻底转变粗放式管理模式，优化实现路径，在保证供电能力和质量的前提下做到精准投资。试点完成工程投资预算及资金一体化研究工作，建立投资预算及资金“按日排程”预测模型。

【全面风险管理与内部控制】

实行日常监督与专项检查、线上监督与现场检查相结合的联合监督机制，不断提升风险管控能力，切实防范各项风险。开展财务日常稽核工作，强化财务监督和保障职能。抓好重点专题稽核，深入挖掘问题产生的根源，发现问题及时纠正，合理降低审计检查风险。以财审联合检查及县公司提级巡察为抓手，进一步提升市、县公司一体化管控能力，查找财务管理的薄弱环节和管理漏洞。

【财务专业人员建设】

2020年的“财务大讲堂”活动涵盖预算、工程、电价、资金、税务、稽核内控等多个方面。通过“财务大讲堂”，不仅增强了基层单位之间的沟通与交流，也增进了业务部门与财务部门之间的协作效率，还展示了财务团队的管理能力，进一步增强了财务工作在企业管理中的影响力，快速提升了财务队伍整体水平。

（李卢）

（四）物资管理

【物资计划管理】

2020年累计申报冀北公司、国家电网公司需求计划24个批次490条，估算金额10.41万元；主、配网协议库存执行提报2674条，估算金额2.03亿元；服务框架执行提报1022条，估算金额2.78亿元。

（张颖）

【物资标准化管理】

严格执行国家电网公司标准化物料和固化技术规范，建立审批机制，严控非标物料和非固化ID应用。在巩固固化ID应用成效的基础上，深入推进优选物料使用，提高物资采购标准执行率和优选率比例。助力冀北公司标准化工作开展，协助梳理国家电网公司设备采购标准，并形成物料采购标识规则。

（高寅）

【物资采购管理】

公司采购主要为零星物资采购，涵盖办公用品、运维劳保、车辆、计算机、硅钢片、小e专区等物资，具有品类杂、数量多、单价低、需求频次高等特点。零星物资采购管理靠的是统筹的前瞻性、规划的大局观、管控的精细化。2020年，公司零星物资采购与供应即国网商城电商化采购工作继续以计划需求为引领，以物资供应协同为主线，受理2230行有效项目请购申请，创建410笔有效订单，执行金额4056.53万元。把为下一道工序服务纳入公司零星物资请购工作现场流程中，根据国家电网公司与冀北公司相关规定、规范，严格执行零星物资采购策略，即：优先选择一级专区商品，然后是二、三级专区商品。严格掌控新增请购物资上线第一级审批管理。

（沈凤利）

【物资供应管理】

完成65个物资合同、110条到货，到货物资金额0.076亿元。积极了解跟踪供应商的复产复工情况，对于因原材料价格上涨消极履约、不予确认合同的供应商进行沟通协调，确保供应商履约。特别是在重点工程物资供应方面，加强跟踪与管控，对于存在可能影响施工进度的物资，安排人员驻场催交，保证物资供应工作。

（王永红）

【物资仓储配送管理】

全面优化仓储网络布局，开展专业仓注册，构建实物资源协同管理体系。发挥物资专业管理优势，形成物资部门管“库”，专业部门管“仓”，项目部门管“现场”，职责清晰、分工明确、资源共享的跨专业协同机制，构建“库、仓、现场”全量实物资源协同管理体系。推动利库工作开展，完成利库金额 131 万元。有效压降库存，提高库存物资利用率，加快闲置库存周转。制定应急物资保障工作预案，加强应急物资储备体系建设。编制完成公司应急物资保障工作预案和应急工作手册。工作预案内容有较强的适用性和针对性，将应急物资信息报送要求、应急处置流程、应急工作组织机构和工作职责、应急资源分布和应急调配信息表都详细地写进预案，形成以库仓为主、以在库物资为应急保障资源的调配保障供应体系，对提高公司主业生产的应急保障能力起了重要推动作用。

（李守东）

【物资废旧管理 】

为适应国家对危险废物的环保要求，持续促进废旧物资业务高效合规运营，防范专业管理法律风险，助力变电站环评建设。自 2019 年 7 月起，公司积极谋划，加强与环保部门的沟通协调，2020 年 10 月建成柳村危险废物库。该危险废物库通过环保局竣工验收，成为冀北公司和秦皇岛市第一家危险废物库，为保护秦皇岛旅游城市环境做出了贡献。

（张立平）

【物资质量监督管理】

积极推进配网物资三级质量检测能力建设，筹备建设可实现 11 类电网物资 C 级检测能力全覆盖。开展电商物资质量评价，覆盖率 96%。加强监造抽检，主设备出厂验收一次通过率提升至 100%、入网抽检合格率 90% 以上，发现不合格物资 16 批次，避免价值 240 余万元的不合格产品流入电网。

（朱庆海）

【物资供应商关系管理】

配合冀北公司完成供应商资质能力在线核实 902 家次，组织配网供应商绩效评价 98 家次。配合冀北公司完成供应商不良行为处理 16 家次，形成有效震慑。

（朱庆海）

【物资监察管理】

严格按照《应对新冠肺炎疫情远程异地评标监督工作方案》，配合冀北公司完成批次集中招标采购现场全过程监督工作。强化公司物资从业人员廉洁自律教育，依据冀北公司物资部组织修订的《廉政保密风险防控手册》，明确物资在岗人员的廉洁保密责任，组织签订《廉洁自律承诺书》68 份。参加国家电网公司廉洁教育及风险防控业务培训，利用国网学堂 APP 参加线上培训，提升物资从业人员的廉洁意识，廉洁教育覆盖率 100%。落实冀北公司“物资监督专家师带徒培养计划”，培养两名均可独立完成招投标现场监督工作的监督专家，有效促进公司物资监督专家快速成长。完善“三全三化”物资监督体系，以 20 项重点措施为监督工作重点，全面提升公司物资日常监督管控水平。

（杨晓卓）

（五）互联网专业管理

【能源互联网建设】

紧密围绕能源互联网战略目标落地实施和年度绩效考核指标，以“建设冀北公司能源互联网示范区、打造国家电网公司能源互联网样板间”为目标，开展秦皇岛（北戴河）区域能源互联网示范建设。制定《秦皇岛供电公司 2020 年能源互联网示范区建设方案》，形成“1+12+64”（1 个人工智能样板间、12 项任务、64 项细化任务）年度建设任务清单，加快“三大创新”、构建“三个系统”、提高“三种能力”，各部门分工负责，主动作为，圆满完成各项建设任务，有效推进区域能源互联网示范建设，构建低投入、可复制、可持续、可推广的智慧保电模式，打造“五+”“六心”特色服务模式，形成电能替代、多站融合、数据增值等新型能源业态模式。

【规划计划管理】

强化计划执行管控，密切跟踪电网数字化项目执行进度，对执行偏差较大的项目及时提出预警。按照冀北公司重点储备方向和公司能源互联网建设要求，推进2021年电网数字化项目储备，主要涵盖智慧物联微应用建设、网络安全运行维护、信息网络基础设施改造等内容。开展电网数字化项目规范管理检查，进一步提升公司数字化项目规范管理水平，以自查和互查相结合的方式推进检查工作，确保项目单位全覆盖、项目范围无死角。

【新技术创新应用】

将人工智能建设应用与北戴河政治保供电工作相结合，落实“低投入、高成效、轻平台、重应用”的要求，按照“小步快跑、快速迭代”的技术路线，打造一流的北戴河人工智能综合样板间示范。遵循国家电网公司“两库一平台”总体架构，建立省、市云边协同模式，建设满足各级业务领域实时运行需求的人工智能应用平台，部署解决保电一线实际困难的专业模型。贯彻技术创新，应用图计算、图像识别等技术，推进人工智能平台及应用建设；贯彻业务创新，聚焦保供电一线痛点、难点，构建电网一张图、输电线路巡检等12项人工智能应用，在北戴河保电中心集成展示应用，50余类监测信息、40余种设备缺陷和作业风险得到全面智能监控，实现智能调度防风险、设备预警全监控、安全作业智管控、客户服务用到心。截至2020年年底，完成434次外围保电任务和257次核心区保电任务，实现北戴河暑期保电人员同比下降29%，运维费用下降超过30%，平均停电时长下降21.6%，运检效率提升70%以上，北戴河区域实现客户服务“零”投诉。

【智慧物联建设】

开展融合终端接入物联管理平台，在配电室采用APN方式部署融合终端，通过非加密光纤直连方式，采用思极网安安全程序建立软加密通道接入物联管理平台，开展一发一收部署接入测试，完成46台融合终端接入工作，收集总结3类22项问题解决经验。实现基于融合终端的配电室智能监控。结合秦皇岛多盐、高湿的典型沿海气候特征，开展配电室智能监控智慧物联体系建设。配电室内部署融合终端，按照“硬件平台化、软件APP化”的设计理念，开发兼容现有动环传感器、控制设备的微应用APP，数据上送物联管理平台及配电自动化主站，实现配电室自动监测、智能控制。预计每年可减少150余人次现场巡检次数，节约运维成本50余万元，实现互联网专业、业务部门及一线职工的多方共赢。配电室智能监控应用场景已纳入冀北物联体系，并作为冀北公司典型应用场景案例向国网互联网部汇报。

【商务拓展创新】

开展配电室+通讯机房融合建设，为冀北公司首家自行拓展单位。将配电室空余房间实施共享，出租给运营商作为5G基站或通讯机房，解决运营商站址落地、电源容量、直供电等需求。配电室+通讯机房融合建设已被国网互联网部收集为商务拓展典型案例。与中国移动公司达成建设意向协议站点17处，2处融合站室建设完成。发挥电力杆塔数量多、共享需求潜力大的优势，积极拓展杆塔资源共享助力提质增效。以杆塔私搭乱接整治为契机，开展杆塔核查，累计梳理被占用10 kV电力杆塔993基，私搭线路主体涉及中国移动公司、中国电信公司等多家电信运营商。

【数据应用管理】

完成《产能利用率》《住房空置率》等5项成熟数据增值产品数据更新和动态完善，精准服务秦皇岛市政府疫情防控和复工复产。测算电力旅游发展指数，挖掘电力数据与旅游数据融合后形成的指数所呈现出的相关性，助力市政府经济发展。用户用电大数据分析上云，实现全方位云展示。深化冀北云平台、数据中台的应用，实现数据上云赋能业务，利用数据中台营销业务数据开展单位用户日均贡献电量、投诉工单、行业分类占比情况分析等3项业务场景大数据挖掘分析，应用可视化工具对分析结果进行综合展示，为冀北公司首家完成数据中台应用的单位。

【网络安全运行】

构建网络安全智能保障。在北戴河保电中心配置网络威胁监控系统终端，对核心流量实时监控，进行态势感知和威胁分析，实现重要区域网络安全事件的主动预警和联动防御，为暑期保电保驾护航。冀北公司网络安全积分竞赛首夺第一。公司网络安全红队队员通过网络学习、每周一题、每月复盘等方式，在年度冀北公司网络安全积分竞赛中，首次获得冀北第一、个人第一的好成绩。秦皇岛市网络安全竞赛斩获佳绩。公司积极配合秦皇岛市委网信办，协办并参加“冀信2020”网络安全竞赛，荣获最佳组织奖。公司参赛选手精心准备，作风过硬，2组参赛团队分别夺得企业组第一名、第二名的好成绩。参加“护网2020”演习获国家电网公司互联网部表扬。按照冀北公司互联网部统一安排，参加并圆满完成国家电网公司组织的“护网2020”国家网络攻防对抗演习，完成攻击分析、全网联动、协同防御等保障工作，收到国家电网公司互联网部的表扬信。

（刘照拯）

（六）依法治企

【法律合规管理】

完善公司规章制度体系，全年共新建制度2项、修订制度4项、废止制度9项；按照“应审必审”原则，对《国网秦皇岛供电公司工资支付实施细则》和《国网秦皇岛供电公司考勤管理实施细则》出具重大决策法律意见书；深化合规和风险管理，印发2020年《法律风险防控计划》和《合规管理要点》，全面保障公司依法运营；常态化召开案件分析会，2020年共新发案件13起（市公司5起、县公司8起），涉案金额约1500万元；严格合同审查，2020年共审核经济合同1754份，涉及金额约8.25亿元，未发生合同纠纷；全力配合《秦皇岛电力设施保护条例》立法审议、调研和修改工作，2020年10月，秦皇岛市人大常委会已对该条例进行第二次审议。

【普法工作】

印发公司2020年《法治企业建设工作要点》《普法工作要点》，明确年度重点工作。制作《民法典》宣传动漫和海报，下发《民法典》读本，增强广大职工学习《民法典》的热情。对公司“七五”普法工作进行总结，高质量通过了秦皇岛市“七五”普法检查验收。

（赵晶晶）

【审计工作】

2020年累计开展内部审计8项，后续审计7项，实施审计签证1035项，发现问题105个，提出审计意见及建议137条，促进公司增收节支144.8万元。2020年公司审计工作总体向好，1篇数字化审计管理创新报告入选冀北公司2020年示范类项目，1篇理论研讨被推送至北京内审协会，1篇经验交流被国家电网公司采纳。数字化审计工作在冀北公司得到了充分认可。公司审计部被评为秦皇岛市内部审计先进集体。

1. 深入推进审计监督全覆盖

严格落实国家电网公司经济责任审计指导意见，逐步完善经济责任审计机制，突出对责任履行和权力运行的审计监督，完成公司所属县公司及集体企业分、子公司5项任期经济责任审计；强化重点领域监督监管，全业务链条开展大修项目管理情况专项审计，以一审多项模式开展职工教育培训经费使用情况及南山职业技能培训学校财务收支专项审计。

2. 高质量完成迎审参审任务

充分发挥迎审合力，积极反映公司工作成果，营造良好的迎审环境，完成公司任期审计、昌黎公司任期审计、国家电网公司营销专项审计、“煤改电”及光伏扶贫送出工程专项审计等4项迎审工作；主动对接冀北公司审计工作需求，积极协调专兼职审计人员25人，外出工作137天，完成国网北京市电力公司、冀北工程管理公司任期经济责任审计等7项参审任务，参审项目为近年之最。

3. 坚持督导问题整改

落实国家电网公司、冀北公司进一步加强审计发现问题整改工作要求，强化问题过程督导和指导，持续提升整改质效。建立内外部审计发现问题整改台账，持续增强问题整改部门协同，确保整改工作按计划有序推进。截至2020年年末，内外部审计发现问题已全部整改到位。

4. 持续深化数字化审计

发挥科技优势，应对疫情压力。克服疫情期间“办公不集中、人员不聚集”现实困难，利用数字化手段对全年8个审计项目集中开展审前调查，实现不同被审单位、同一审计事项远程一次性提取疑点，非现场审计问题发现数量超过全部问题的70%，大幅压缩项目时长。

（李立国）

（七）管理提升

【标准化建设】

依照冀北公司企协的工作要求，扎实推进制度标准宣贯，定期转发执行国网标准，强化制度标准宣贯执行和培训，建立严格的监督机制，鼓励创新等一系列措施，积极营造良好的标准化建设氛围，保证标准制度的有效落实，促进管理的不断提升，实现标准化工作的高效推进。2020年公司转发宣贯国家电网公司标准462项。

（张琳）

【管理创新】

2020年管理创新工作分为冀北公司级管理创新、河北省管理创新、电力行业质量创新成果3个部分。公司积极组织筛选各单位成果申报冀北公司，获得较好成绩。一是冀北公司级：通过组织汇总，筛选推荐数量据冀北最多，最终获得示范项目类二等奖1篇、三等奖1篇，推广类2篇。二是河北省管理创新成果：公司1篇成果获得二等奖，3篇成果获得三等奖。三是公司2篇电力行业质量创新成果获得冀北公司推荐，参加2020年电力行业质量创新成果现场评审会议，分别获得一等奖、二等奖。

（张琳）

（八）信息通信工作

【信息通信建设与管理】

围绕实际业务建设需求及通信网规划建设标准变化情况，全面梳理通信网络、设备资源运行现状，按照传输网、业务网、支撑网技术要求和骨干网、接入网及终端通信接入网建设要求，完成“十四五”通信网规划及配套技改规划编制工作。以提高公司核心业务安全运行率为出发点，综合考虑各类生产业务的数据流向、带宽需求及可靠性要求，对网络结构进行优化和完善，对业务承载方式进行调整。

编写通信优化方案3项，通信方式调整16项，提升了区调至县调、运维班的带宽容量，解决了县域配电通信网接入受限问题，均衡传输网承载业务种类和数量。

进一步强化检修计划管理，系统规划各项检修工作，坚持计划检修刚性原则，降低通信临检率。加强现场作业标准化管理与安全管控，及时发现、纠正不规范现象，促进工作人员作业规范化、标准化。

完成计划检修 198 项，执行标准化作业巡检卡 56 套，网管通信电路数据调整 526 条，蓄电池放电试验 68 组，纤芯测试 470 芯，发现并处理缺陷隐患 3 项，进一步提高了通信设备健康水平。

以落实通信网规划和通信网容灾建设为抓手，优化和调整通信网建设实施计划，加强公司通信网建设的规划和管理，稳步推进通信基础设施建设，进一步提升通信网光纤覆盖率和网络可靠性。有效实施了公司行政程控交换系统改造业务切改工作；完成了海滨、崔各庄、赤土山、上庄坨、靖安等站光传输改造，支撑调度数据网第二接入网建设；完成李庄、武山、龙家店站光缆单沟道改造工作；开展新区、河东寨等工程方式安排、业务调整、验收工作。

以“公司安全生产专项整治”要求为标准，加快推进公司信息专业网络设备及基础设施改造，先后完成公司信息机房 UPS 电源更换、公司变电站汇聚层网络设备改造等工作，提升公司信息系统运行可靠性。

【信息通信系统安全与保障】

按照冀北公司年度通信系统春检春查总体部署要求，结合冀北公司调控通信系统隐患排查专项行动、公司春季安全大检查等工作安排，统筹开展专业覆盖全范围春检春查等专项工作，重点围绕“四查原则”（查通信光缆、查通信设备、查机房环境、查业务保障），全面检查通信系统安全生产运行保障的落实情况。

发现隐患 15 项，其中通信光缆问题 6 项，通信电源问题 1 项，机房基础设施问题 2 项，通信设备问题 6 项，已完成整改 13 项，其余 2 项均为通信光缆问题，分别为 220 kV 站点光缆单路由隐患和 ADSS 三跨隐患，均已形成项目储备。

开展电网保护、安控业务通道重载情况核查工作，建立重载光缆及设备清单并制定重载治理方案。梳理单条光缆、单台设备故障可能造成的安全风险，分析并制定运行风险管控措施，通过方式优化、网络调整、改造建设等措施，合理控制、降低生产业务安全运行风险。

完成通信运行方式隐患排查全量方式，共计核查方式 1880 项，完成率 100%。通过核查，梳理通信系统及方式运行问题 2 类，隐患 3 类，方式优化 3 类，问题方式整改完成 100%；开展保护业务重载光缆和设备治理工作，共计调整保护业务方式 22 项，减少重载光缆 5 条，减少重载设备 4 套，地区通信网发生影响业务的故障同比下降 10%。

全面落实关于加强配网管理要求，编制下发配网通信管理细则，细化公司各单位配网通信运维界面，落实配电通信网运行检修责任。落实“十四五”配电通信网技术政策及建设原则，规范公司配网项目通信网网络建设设计方案。对配电通信网现状进行现场资料收集工作，完成了 29 个 110 kV 及以上变电站等存量 EPON、以太网汇聚层设备摸底，基于对 110 kV 及以上站点配网通信资源收集，汇聚节点现状、运行年限、接入能力、网络拓扑等参数分析，开展“十四五”电网生产技术改造规划编制。抢抓配网“十四五”规划契机，编制配网通信规划。

不断强化网络安全监测分析。按照端口、权限最小开放原则，对在网系统（设备）进行全面排查治理，并及时修复发现的系统漏洞。利用漏洞扫描网络设备完成 7 次公司信息网全网段设备（系统）漏扫，共发现存在中高危漏洞设备 23 台次，已全部完成整改。做好边界安全防护，高效处置 2 项风险预警，完成 253 台信息设备全面排查。

根据“安全生产专项整治三年”工作排查标准，对公司内网网站系统进行版本升级，消除三项网站安全隐患。对现有网站存在的功能不足进行了整体修复，提升了公司内网网站系统可用性、安全性。通过互联网网络空间搜索引擎并结合自行研发的脚本程序，建立57种跟公司相关的关键字字典进行全网扫描，对违规外网应用做到了及早发现并第一时间处理，填补了公司外网网络安全技术督查的空白。

发布6期月度态势感知信息安全分析报告，消除各类信息安全隐患，增强全员网络安全意识，有效落实网络安全防护措施。排查并治理网络数据垃圾，优化网络环境；加强信息外网建设，搭建具备通道冗余的外网架构。消除目前信息网络运行带宽不足情况，进一步增强公司业务保障能力。做好信息客户支撑保障工作。完成公司门户账号、邮箱账号申请新增业务146人次，终端设备调配118台次。受理各类终端报修2000余台次，配合调控专业完成备用调度办公区域信息办公环境快速搭建。

（李悦）

（九）供电服务指挥中心管理

【供电服务指挥平台建设成效】

供电服务指挥中心（配网调控中心）是对外以客户为导向的供电服务统一指挥机构，集中响应客户诉求；对内以可靠供电为中心的配电运营协同指挥平台，下设配网调控班、配电运营班、配电自动化班、服务指挥班、技术保障班5个班组。供电服务指挥中心（配网调控中心）负责开展统一指挥、协调督办、过程管控、监控预警、分析评价等工作，执行承接前端线上线下服务渠道接入与后端服务资源调配的指挥中枢职能，为打造公司“强前端、智中枢、大后台”的“互联网+”供电服务体系提供基础支撑。

以提升坚强智能、管理高效、服务优质为落脚点，以提高配网调控、配网指挥、服务指挥3项业务能力为抓手，夯实服务基础，构建过程透明、信息在线、流程融合的供电服务体系，实现诉求分析、主动研判、智能调度、实时响应，以客户需求为导向，以智能服务为目标，创新驱动服务提速，打造供电服务新名片，为建设与国际化滨海名城相适应、具有卓越竞争力的一流能源互联网企业做出积极贡献。

▶ 3月20日，供电服务指挥中心（配网调控中心）（张晓飞　摄）

【供电服务指挥中心深化运营】

供电服务指挥中心（配网调控中心）有效落实1+*N*“双调八联”工作保障体系，编制、修订各项供电服务制度、流程25项，实现供电服务统一指挥、协调督办、过程管控、监控预警、结果评价闭环管理。深化供电服务指挥运营，全力推进供电服务指挥工作提升，加深服务信息集约，强化专业横向协同，构建以供电服务指挥中心为源头的“立体式”数据治理及服务优化管理体系，打造“主动、智能、快速”指挥链条，实现各项业务水平质效提升。配网抢修指挥能力全面提升。大力支撑乡镇供电所管理提升行动，完成各供电所配电运行及优质服务等指标评价标准的制定，同步结合供服系统开展供电所各项指标的综合评价工作，客观公正反映供电所各项管理情况。

配网抢修指挥依托供服平台落实自动化、智能化，通过抢修工单自动精准派发、短信精准通知到户、主动抢修预警、故障分析细化、数据稽查贯通，推进抢修指挥三级督办管理，着力开展故障辅助研判、工单质检、现场行为管控等业务，实时回传故障信息及抢修进度，整体提升用户用电体验。配网主动运检能力全面提升。全面开展重过载、低电压、三相不平衡等重点运行指标监测与研判，派发主动检修工单，并督导反馈，形成闭环管理机制。实现配电运营监控全过程管理，对影响范围大、超计划送电、超停电预警次数、重复停电等工单执行预警管控。对故障处理和检修过程开展跟踪督办、操作规范评判、回复审核等监控。结合报修、投诉情况，定期发布分析报告，实现配网运行监控事前预警、事中研判和事后评估全过程管控。由“被动抢修”向“主动抢修”转变，以配电自动化、用电信息采集及 PMS 系统为依托，感知配网设备运行状态，精准研判故障，借助供服平台，构建重点运行指标监测、研判、督导、反馈工作机制，提升主动监测、主动抢修、主动服务水平，支撑配网设备抢修和运维管理。分步、分批次完成配网调度业务划转。2020 年 10 月 10 日顺利完成海港区 10 kV 电网设备配网调度业务划转。科学安排配调运行方式，提高电网供电可靠性。编制月度预计划停电分析，减少重复停电，随时掌握配电网的负荷变动情况和设备运行情况，合理安排配电网运行方式，提高供电可靠性。配电自动化业务高效开展。顺利完成人员和主站业务的划转，提前部署办公环境及自动化设备安装等工作，确保人员到位之后现场调试工作的无缝连接。提前部署，开展国家电网公司配电自动化实用化验收的前期迎检准备工作，认真对照验收标准逐条梳理存在问题，及时制定整改措施，针对接入率、在线率等硬性提升指标，制订日调试消缺计划并促其有效落实。规范配电自动化主站运行管理职责，完善工作流程，并积极利用人工智能创新开发并实施点号、点表模板自动生成、月度运行报告自动生成等系统功能，提高实用化工作效率。

依托供电服务运营全口径数据，全面支撑调控、营销、运检等专业管理部门，编制各类日、周、月通报 462 份，提供可靠数据近 2 万条，发送各类督办、催办短信 55 698 条，为公司决策提供有力保障。

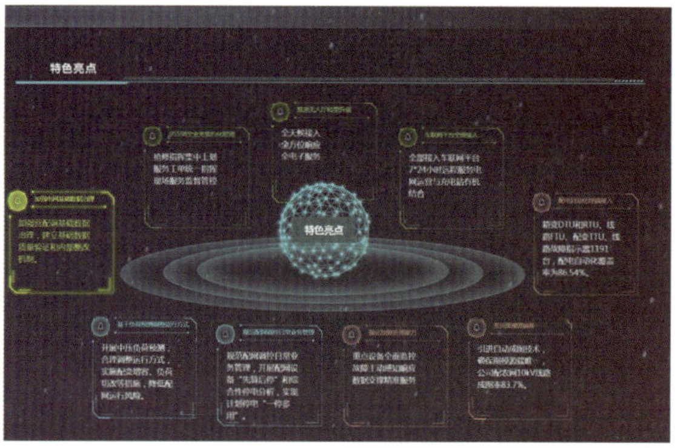

▶ 8 月 12 日，供电服务指挥中心深化运营业务亮点

（刘方圆　张志强）

【供电服务指挥中心系统建设】

供服系统建设工作逐步深化，全力推进供电服务指挥工作再提升。结合公司深化建设思路及管理创新，引入大数据、人工智能等前沿技术，深化供电服务指挥系统建设。一是深化客户服务能力，完成大数据分析客户画像程序开发工作，全面分析用电客户基本情况、用电数据、缴费数据、缴费习惯、投诉情况、欠费窃电等内容，建立客户标签，并对客户进行评级及标记敏感客户，通过 APP 下发至客户经理，提高基层工作人员客户识别能力。二是深化服务指挥能力，完成供电服务 APP 欠费复电功能应用工作，实现城区范围内欠费现场复电时限管控、轨迹跟踪、过程闭环等功能，有效压减欠费客户现场复电时间，提高客户满意度。三是深化配网调控能力，完成

配网检修计划流程管控模块上线，供服系统结合PMS系统站－线－变－户关系、各类型工单数据，实现自动研判计划检修线路近期停电次数、影响范围、时户数，自动关联涉及工单数等线上功能，实现了调控、运检、各设备运行单位等部门停电信息及时共享，系统自动计算停电影响时户数，自动判断该线路停电次数及停电投诉次数，平衡停电影响，真正实现“先算后停”。优化提升配电运营管控能力、配网生产指挥能力、业务协同指挥能力、客户服务指挥能力、服务质量监督能力、智能化供服APP移动作业能力、配网大数据高级应用、配网深度数据融合及接口，全方位拓展供服中心业务支撑能力。

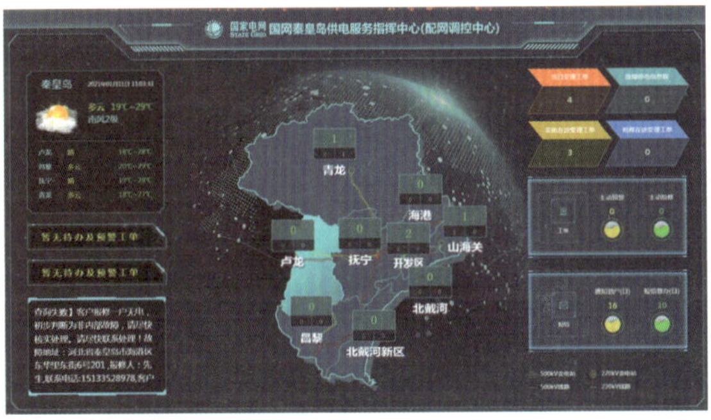

▶ 1月11日，供电服务指挥平台主屏

（刘方圆）

【供电服务指挥平台大数据应用分析】

依托大数据与人工智能，应用智能化、数字化、结构化的海量数据储备，不断提升供服指业务支撑能力、人员业务处置能力、科技创新能力，为公司经营决策提供可靠数据支撑，将中心打造成公司级的智能配网指挥调控中心、营配调协同服务中心、专业数据分析中心、辅助决策支撑中心。全面提升供电服务指挥系统易用性。一是结合业务实际，引入大数据、人工智能等前沿技术，构建“末端设备全面感知监控体系，探索全业务模式智能化抢修体系、全业务模式停电信息全过程管控体系”等实用化运营网络，重点深化“综合抢修调度指挥值班台，构建全业务模式智能化非抢修体系，全口径指标督办管控”等业务应用。二是持续推进供服平台拓展应用，全面提升配电运营管控能力、配网生产指挥能力、客户服务指挥能力、服务质量监督能力、营配调数据应用能力、大数据高级分析能力、配网调度管控能力、配电自动化数据支撑能力。三是持续深化设备监测能力及客户服务能力，实现多维度分析设备状态及客户行为信息，建立设备标签，形成配网设备多维度评价分析体系，以及重要客户、区域性群体画像，提升时限预警与主动服务；全面监控配网设备运行状态及用户用电（停复电）状态，多渠道提升督办效率，加强主动服务，优化客户用电履约监控；开展监测预警分析，优化服务风险敏锐感知能力，实现全业务、全口径服务过程高效管控；实现基于馈线和配变的可开放容量的计算、发布和查询，提升业扩业务效率效益。

充分运用大数据技术数据支撑能力，多频度、多角度实现对全业务关键指标实时监控，围绕指标计算路径和数据流入，运用设置阈值、同比、环比、拟合、趋势等工具，实现数据对比分析，主动发现指标异常、数据异动和趋势波动，推送异常信息。开展关键指标定期统计通报，定位异常节点，建议改进方向，标注工作重点，为公司管理提供工作思路及智慧支撑，为公司全业务开展提供多样化支撑管控服务。开展各专业管理决策方案联动推演验证，推演方案辐射业务、影响范围、影响效果，归集管理短板及决策优势，避免管理疏漏，优化管理决策，落实全局统筹一体化管理格局，将配网调控、配网指挥、服务指挥3项业务做强做精，全面助力管理转型升级。

（刘方圆）

四、安全生产

（一）安全管理

【安全生产与监督管理】

按照冀北公司2020年安全生产工作的整体部署，强化安全基础管理、开展安全专项活动，加强春（秋）检预试、电网建设安全风险管控，完成了各项重大保电任务，电网保持安全稳定运行。

落实安全生产责任。严格落实“党政同责、一岗双责、齐抓共管、失职追责”和“三管三必须”要求，强化各级责任落实，组织安全责任清单修订。对业务范围内电网、人身、设备、网络信息及交通、消防安全负直接管理责任，做到了“横向到边、纵向到底、不留死角”。在部署开展专业工作的同时，同步履行安全投入、教育培训、风险管控、安全检查、隐患排查治理、应急处置、反违章等安全管理职责。开展全员安全生产承诺，持续抓牢抓实领导干部、一般管理人员、一线员工三级安全责任。

开展“安全大检查”专项工作。认真贯彻落实习近平总书记对安全生产工作的重要指示精神和李克强总理等国务院领导批示要求，切实增强政治意识、责任意识和风险意识，组织开展春（秋）季安全大检查、建设施工大检查、专题安全调研、安全生产专项整治三年行动等，及时发现并跟踪治理存在问题。组织开展专题安全日活动，主要领导深入基层、深入班组、深入现场亲自组织学习事故快报，开展专题讨论。

加大现场安全监督力度。强化“双随机”检查和“四不两直”督察，落实领导干部和管理人员作业现场到岗到位管理和安全监督检查，强化现场安全管控和反违章。组织风险管控工作督查会议，落实生产作业安全风险的超前分析和流程化控制，完善作业现场保证安全的组织措施和技术措施，实施风险分层分级的闭环管控。加强作业现场各类安全工器具的检查和管理，严格按照规程进行预防性试验，避免检验不合格或没有合格标识的安全工器具进入作业现场。

（王松　王伟）

【安全长效机制建设】

紧密围绕国家电网公司、冀北公司2020年安全生产工作整体部署，落实“四个最”要求，以保证安全生产为底线，以“七个不发生、两个确保”为目标，坚守安全红线和底线，压实各级安全生产责任，突出预防为主、源头治理和过程管控，全面深化安全风险管控，健全预防为主的安全管理体系，强化疫情期间供电保障，不断夯实安全管理基础，切实增强安全管控能力。

部署全年安全工作。召开公司2020年安委会会议，印发2020年安全生产工作意见，明确全年工作重点。坚决落实抗击疫情举措，制定《新型冠状病毒肺炎防控应急保障预案》，确保公司实现双“零”目标。严格执行国家电网公司《安全工作规定》《安全职责规范》《安全工作奖惩规定》等规章制度，强化责任意识，落实“党政同责、一岗双责、齐抓共管、失职追责”要求。规范安全生产秩序管理，切实将各级领导和管理人员的安全责任落实到安全生产“月计划、周安排、日管控”日常工作中去。

严格安全考核和责任追究。强化目标管理，严格综合计划、企业负责人绩效考核全过程管控。坚持严抓严管，对未实现安全目标、未落实安全责任、安全事件等依规严肃处罚。完善各级安全考核奖惩机制，修订《安全工作奖惩实施方案》，加强安全激励考核，突出正向激励，设立安全生产专项奖，对“两票”执行无差错、查改重大隐患、高效处置突发事件的集体和个人及时给予表彰和奖励，加强对基层一线安全生产先进典型的表彰奖励，保证安全专项奖的足额投入和奖励效果。

加强安全教育培训。探索建立电网安全“云讲堂”，以线上碎片化培训推动安全知识的常态化学习。开展安全准入考试，常态化开展《电业安全工作规程》（简称《安规》）季度调考，以及“收心会”、安全生产调研等专项活动，引导广大干部职工树立制度意识。开展网络安全讲堂，针对到岗到位工作要求、现场安全管控重点、违章辨识等组织3期安全讲座。积极与秦皇岛市应急管理局沟通，完成企业负责人和安全生产管理人员安全生产培训取证（复审）。

深化本质安全建设。全面加强安全监督体系建设，补充市、县安全稽查队人员，完善管理规范和工作标准，开展稽查专项培训，提升各级安全监督队伍素质。丰富安全监督手段，落实国家电网公司“一平台一中心”要求，建设安全风险管控平台，成立安全管控中心，实现了作业安全智能化管控、现场安全监督可视化等功能。

（王松　王伟）

【安全管控中心建设】

成立安全管控中心，依托安全生产风险管控平台、监控大屏和现场视频设备，大力推进“互联网+安全监督”。健全完善安全监督体系，不断丰富监督手段，延伸监督触角，实现对生产检修、基建工程、大修技改等作业现场全过程、实时、集中安全管控。同时，发挥安全风险管控平台在作业现场安全监督中的枢纽作用，实现“信息集成、快速响应、上下联动、协同配合”的管理模式，构建远程监控与现场互为补充的工作机制，努力实现管住现场、遏制风险、防范安全事故发生。

安全管控中心在原运营监测中心基础上按照国家电网公司最新要求改建完成，具备独立的监控区与会商区。中心硬件设备由大屏幕矩阵系统、通信支撑系统、文稿处理系统三大部分组成，采用先进的信息技术和设备，建立起集“远程监控、综合会商、日常管理”于一体、高度信息化的安全管控中心。

安全管控中心与安全督查队采用协同办公、一体化运作模式，目前共6人。安全管控中心对照各单位上报作业计划制订督查计划，每日轮流安排2名督查队员值班，其他人员参加现场安全督查，使用安全风险管控APP开展现场督查工作，及时记录督查情况及违章信息。通过“远程+现场”模式，已做到三级以上作业及六级以上电网风险的全覆盖督查，同时兼顾其他较低风险作业现场。抚宁、昌黎、卢龙、青龙4家区县公司在原应急指挥中心基础上一体化改造，分别成立安全管控中心，配置安全督察人员，满足安全管控中心运行要求。

公司安全监察部（简称“安监部”）是安全管控中心的归口管理部门，负责安全管控中心建设、管理及评价、考核。依照《国家电网公司安全管控中心工作规范》，制定了《秦皇岛供电公司安全管控中心管理方案》及“值班制度、工作流程、岗位职责”等制度规范，建立了“日管控、周通报、月考核”机制，将安全管控中心的建设、管理和运行情况纳入绩效考核、安全奖惩和评先评优，提升了安全管控成效。

安全管控中心建设是国家电网公司践行“四个管住”，推行数字化管控的重要手段，促进了公司安全管理各项工作的提升。通过安全中心建设及风控平台实用化工作，公司以“反违章”工作为抓手，深入开展“四个管住”安全生产专项活动，大力营造思想上能够时时想到安全，技能上能够熟练掌握岗位安全知识，行动上自觉遵守安全规章制度的安全氛围，监督体系发挥实效、保证体系主动履职，全面防控，各级员工逐步实现了从要我安全到我要安全、我能安全的转变。

（杨洪波　张策）

【安全隐患排查治理】

按照“全覆盖、勤排查、早发现、快治理”工作思路，巩固完善隐患排查治理工作机制，加强隐患排查治理闭环管理和动态监控。

结合春季安全大检查活动和秋季安全大检查及缺陷隐患排查活动，常态化开展安全隐患排查治理。按照冀北公司的统一部署及各专业专项隐患排查全覆盖工作要求，开展专项安全隐患排查，包括充电设施安全隐患排查、网络安全专项督查检查、变电站消防隐患、防汛隐患排查整治、基建施工现场“查风险、治违章、抓落实”安全主题活动等。对重大隐患挂牌督办，实行“两单一表”（督办单、反馈单和过程管控表）管控。

开展安全生产三年专项整治行动，印发了《安全生产专项整治三年行动计划细化落实方案》，组织各级单位开展了覆盖11个专题、42个方面的安全生产排查梳理。“一下一上”阶段，公司全面部署各专业协同合作，建立“1+20”总体及专业联络员机制，自下而上开展排查梳理，共排查问题隐患151项，通过专业审核和规范性审核，其中13项重点问题隐患由公司纪委办公室督办。按照专项工作推进要求，深入分析问题隐患成因，逐项把关“五定”要求落实，梳理合并同类型问题隐患，经冀北公司各专业部门审核后，形成“问题隐患”清单51项，顺利完成“一下一上”阶段工作。

开展隐患排查治理工作培训。宣贯并落实国家电网公司及冀北公司安全隐患排查治理制度，狠抓隐患源头整治，提前消除事故苗头。组织安全隐患管理制度、安全隐患范例学习，提升管理人员及基层员工排查隐患的能力。

加强隐患排查治理档案信息管理，按照《国网冀北电力有限公司安全隐患档案填写规范》，明确档案填报要求和注意事项，指导各单位逐字段梳理安全隐患档案中现有不规范的问题，加强整改。依据《国家电网公司关于开展安全隐患排查治理过程考核的意见》，每月对系统内隐患档案进行审核，切实提高安全隐患档案质量，进而推动安全隐患排查治理工作的规范化、长效化。

提前谋划安全隐患治理工作，结合全年综合计划的编制工作，将安全隐患治理纳入2020年电网规划和年度电网建设、技改、大修、专项活动、检修维护等工作中，保证安全隐患治理资金、措施的落实。完善隐患排查工作机制和考核机制。将隐患排查工作纳入现行的每日、每周、每月的例行安全生产工作中，同时加强隐患排查奖惩工作，做到分析“安全生产”必谈“隐患排查”，谈“隐患排查”必落实工作奖惩。

（黄萌）

【安全生产风险管控】

逐级建立覆盖电网运行、现场作业等安全风险预警管控体系，全面开展安全风险辨析，落实“先降后控”要求，规范风险发布、反馈单填报及闭环管控，严格执行风险控制措施，强化作业过程风险管控，确保风险可控、能控、在控。

人身风险管控方面。狠抓安全责任制落实，构建全员知责明责、明责履责、履责尽责、失职追责的安全责任体系。强化各级人员的责任意识、风险意识，加强现场安全措施的规范设置，切实做到标准化作业。规范开展领导班子成员安全述职、安全总监述职、管理人员安全履职评价，切实做到知责明责。深化安全巡查和“四不两直”安全督察两条战线，以安全巡查抓管理人员履职尽责，以安全督察促作业人员遵规守纪。

设备风险管控方面。统筹安排设备检修预试，深化状态检修，稳步推进迁改工程，推广应用集中带电检测和专业化检测，推进人机协同巡检机制，确保设备状态可控、能控、在控。全面推广实施三级巡护机制，落实输电线路“六防”措施和输电线路综合治理工作，重点提升输电线路抵御冰害、山火等自然灾害、外力破坏的能力。完善配网运行管理，推进配网合环倒电，消除管理薄弱环节，落实保暖保供措施要求，对保暖保供设备实行重点监控和挂牌督办，极寒天气和保暖保供多重考验下保持总体稳定。

电网运行风险管控方面。严格落实《电网运行风险预警管控工作规范》，加强电网运行风险预控。实施风险分级预警和分层管控，加强领导审核批准、落实先降后控要求。优化电网风险预警管控工作中预警工作流程，细化管控措施。

输变电工程施工风险方面。着力加强与建设、运检、调控等部门的协同，全面开展输变电工程施工安全风险预警管控工作，确保10类施工作业项目的“全覆盖”，全力保障电网安全运行和重点项目的顺利推进。

作业现场风险管控方面。严格执行《生产作业安全管控标准化工作规范》《作业安全风险预警管控工作规范（试行）》，遵循“全面评估、分级管控”的工作原则，落实“三级”风险布控会和“四级”风险管控要求，规范领导干部和管理人员生产现场到岗到位，依托安全生产风险管控平台，实施生产作业安全全过程管控。

（王伟）

【政治保电】

全面加强保电工作部署，落实各项保电工作部署，成立保电工作组织，明确各级保电职责，制定了“1 + 10”保电工作实施方案，成立以党政主要负责人为组长的保电工作领导小组。全年共投入保电人员 19 805 人次，车辆 2051 辆次，发电车 25 辆次，发电机 135 台次。按照最高的标准、最有效的组织保障、最可靠的技术措施、最饱满的精神状态、最严明的工作纪律“五个最”的要求，实现“三个确保和一个不发生”：确保秦皇岛地区电网安全稳定运行，确保人身、电网、设备和网络信息安全，确保不发生有影响的停电及服务事件，不发生失泄密事件。

结合国家、国家电网公司现行文件要求与公司工作实际，研究制定《国网秦皇岛供电公司重大活动电力安全保障实施方案》，规范公司在重大活动中的电力安全保障工作，强化监督管理，确保重大活动供用电安全可靠。2020 年重大活动保电工作严格执行实施方案，圆满完成全国“两会”、“两节”、中高考等 48 项保电任务，赢得了秦皇岛市委、市政府的赞誉，展现了国家电网公司良好的企业形象。

做好保电值班和应急值守。保电期间，公司启动应急机制，市、县两级应急指挥中心互联互通，安监、运检、营销、建设、信通、调度等专业协同，加强安全管控，强化信息报送，及时处置安全生产突发事件，保证了电网安全稳定运行。秉承“保电工作无小事”理念，依托“群防群治”机制，充分发挥“三级巡护”能效，安排群众护线员、督查人员，对 500 kV 重要输电通道、电铁线路、重要用户电缆沟进行特巡特护。

（谷文卓）

【工程建设安全管理】

2020 年，公司贯彻落实国家电网公司和冀北公司各项要求，强化现场管理，严格安全监督考核，做好疫情防控，确保全年各项基建任务的完成。

强化安全责任的落实，制定、完善各项目部安全责任清单，在建设施工过程中，落实《国家单位公司输变电工程安全质量责任量化考核办法》，对工程项目开展安全量化考核。业主、监理和施工项目部落实各自安全职责，加强了对作业前期准备、施工过程管控、现场安全等方面管理。

严格复工安全管理。根据国家电网公司和冀北公司关于加强节后复工安全管理的各项要求，制定工程复工检查方案，确保复工检查覆盖到每一个参建单位、每一个施工现场、每一个工作人员，对照“复工五项基本条件”、停工“九条红线”要求，对分包管理、施工机械使用、施工作业票执行、作业人员现场行为进行全面的复工督查，对存在的问题提出整改要求。加强施工作业人员管理，强化对复工人员的安全培训，做到复工安全培训的全覆盖。强化疫情防控工作，落实冀北公司建设工程疫情期间防控工作要求，做好入场人员管理，确保了人员的“零感染”。

积极开展“查风险、治违章、抓落实”安全主题活动，制定活动方案，对在建的施工项目开展督导检查，对存在的问题下发整改通知，并落实整改。

强化安全教育培训。采取多种形式，开展以“电力安全工作规程（电网建设部分）”、“安全施工作业票”、国家电网公司通用管理制度等为主要内容的培训。特别是强化对基层施工单位管理人员和作业人员的安全培训，提高现场施工安全管控能力。

加强施工安全技术管理，严格落实“三算四验五禁止”工作要求，在落实安全措施的同时，加强施工安全技术管理，重点针对跨越架、深基坑的拉线设置、承力计算及边坡防护等作业项目，进行施工方案的审核，保证各项措施的科学、完善。

强化配电网小型基建现场安全管理。继续开展配电网建设“安全管理提升”活动，加强配农网施工过程的监督检查，开展施工项目标准化建设，在农配网基建、“煤改电”工程中，不断规范工程项目的安全管理。强化作业现场“十不干”和防止人身事故的“三十条措施”“十八项禁令”的执行，规范配农网基建施工作业票的使用，做到现场作业安全可控。

加强重大风险作业安全管理。结合河东寨输变电工程施工跨越多、危险大的情况，对跨越带电线路、跨越铁路、高速公路等高风险等级作业开展施工风险预警。在施工过程中，业主、监理、施工单位认真落实预警管控措施。

严格现场检查，强化监督考核。全年对主网和配农网基建施工项目开展“四不两直”安全检查 20 余次。结合施工特点，对施工现场进行各项专项检查。全年共下发整改通知单 10 份，有效遏制现场违章情况的发生。

（居荫芳）

【农电安全管理】

2020 年，按冀北公司县供电企业安全性评价工作计划，组织开展对青龙公司、抚宁公司专家组的评价和昌黎公司的专家组复查评工作。一是公司安全性评价领导小组分别对青龙和抚宁公司安全性评价工作进行督导检查，对存在的问题提出整改意见，并对各基层单位、各站所班组查评发现的问题整改情况进行再督查，各单位建立健全安全性评价资料档案，规范填写、保存相关资料。二是青龙公司、抚宁公司分别召开安全性评价专题会，细化安全性评价实施办法，按照评价标准、评价项目逐条进行梳理分解分工，责任到各部门、站所和班组，要求针对发现的问题制定出相应的整改措施、整改时限和责任人。三是按照安评实施方案时间节点要求，昌黎公司 6 月底完成了安全性查评整改工作，并向冀北公司提交专家复查评申请。2020 年 8 月 27—28 日，按冀北公司要求，组织专家组对国网昌黎县供电公司进行安全评价的专家复查评，复查评共查评综合安全、电网安全、设备安全、供用电安全、工程建设安全、作业安全、电力通信及信息网络安全、交通消防及防灾安全等八大部分内容，总计 456 小项。其中无关项 16 项，实际查评 440 项。2019 年通过查评共发现问题 112 项，已完成全部整改 70 项，申报相关项目或制订整改计划正在整改中 42 项；2020 年专家复查评新查出问题 16 项（4 个合并项），合并未整改问题合计 58 项，其中，重点问题 15 项，均已列入计划整改或与上级部门沟通中。四是受冀北公司委托，北京思恩电机工程有限责任公司组织专家组于 2020 年 9 月 14—18 日对青龙公司县供电企业安全评价进行查评工作。专家组听取了青龙公司安全性评价自评价情况和自查报告，并在此基础上通过现场查看、询问、检查、核实与专业管理人员交换意见等方式进行查评。本次安全性评价，应查评 456 项，其中无关项 9 项，实际查评 447 项，应得分 9760 分，实得分 8699 分，得分率 89.13%。存在问题 100 项，其中重点问题 30 项，提出整改建议 100 条。五是受冀北公司委托，北京思恩电机工程有限责任公司组织专家组于 2020 年 11 月 2—6 日对抚宁公司开展了安全性评价的查评工作。专家组听取了抚宁公司安全性评价自评价情况和自查报告，并在此基础上通过现场查看、询问、检查、核实与专业管理人员交换意见等方式进行查评。本次安全性评价查评，应查评 456 项，其中无关项 10 项，实际查评 446 项。应得分 9755 分，实得分 8522 分，得分率 87.36%。存在问题 86 项，其中重点问题 27 项，提出整改建议 86 条。

结合冀北公司开展星级供电所建设要求和公司工作计划，按星级供电所建设标准开展供电所安全管理提升工作。一是细化分解安全生产目标，逐级签订安全生产承诺书，确保安全责任得到层层落实。二是强化安全责任意识，巩固和加强安全生产基础地位，认真执行管理人员到岗到位规定制度。三是强化供电所安全管理建设和现场安全管控，加强安全生产工作的领导、检查和监督。四是强化工作审批流程，严格各项工作的审批力度，充分发挥安全员工作职能，对生产现场进行“全过程、全方位”安全管控，确保人员到位、措施到位。五是组织开展了安全工器具专项检查。针对安全工器具使用、管理、存放、报废等进行全面排查，对发现问题已全部进行整改。2020 年配合营销部完成了 1 个五星供电所创建工作。

强化现场安全管控，对各单位领导干部和管理人员到岗到位履行职责情况进行监督，督导检查各单位落实施工“三措一案”和施工审查批准情况，加强现场“两票三制”、危险点分析控制措施执行的检查力度，加大现场安全措施落实的监督力度，加强违章行为的查处，排查农网工程安全隐患，确保了农网工程安全顺利开展。

（沈广秦）

【应急体系管理】

完善应急预案体系。依据国家应急相关法律及规定，适应政府机构改革应急管理职能变化和公司管理架构、部门职责的变动情况，结合上级单位的新要求，组织应急预案修订工作，结合公司实际，新增城市地下电缆火灾及损毁、森林草原火灾和新冠肺炎疫情防控应急预案，公司预案体系调整为“1+30”。

完善应急指挥体系。完成市、县（昌黎、卢龙、青龙）应急指挥中心改造，完成应急指挥车改造和功能完善，通过车载高清 T 形云台、移动式高清布控球，实现电力突发事件多维度的信息采集，实现应急指挥纵向互利互通，为应急指挥决策提供丰富的信息支撑和有效的辅助手段。

完善应急队伍体系。重新梳理完善包括输电、变电、配电、计量、通信、后勤保障等各专业应急救援队伍 17 支，基干队伍 5 支，应急救援队员 303 人，应急救援车辆 110 余台。加强各级应急救援队伍专业知识和业务技能培训，提升应急救援队伍的实战能力和协同作战能力。

提升应急演练实战能力。有针对性地举办专项应急演练 25 次，其中自然灾害类 6 次，事故灾难类 13 次，公共卫生类 1 次，社会安全类 5 次，共 870 人次参加。通过演练，使各参演人员增强了预案的熟悉度，检验各级人员应对突发事故的判断、处理能力。贯彻迎峰度夏工作要求，组织“挑灯夜战——2020 年配网反事故应急实战演练”，利用应急库房内“蜘蛛侠”应急照明系统，顺利完成夜间恢复照明、电缆抢修，提升应急指挥能力、协调联动能力和应急处置水平，保障重要用户供电万无一失。

健全应急物资保障。2020 年以高空救援装备为重点，投资 60 余万元，完成高空救援装备、紧急救护类、单兵装备类等二十小类应急装备的采购，并利用装备圆满完成了年度应急基干队伍实训，提升队伍高空绳索救援能力。不断加强应急库房规范化管理，建立应急装备全寿命周期表，对应急装备进行定期维护，实现应急救援装备全寿命周期的规范化、动态化管理，做到装备配置合理、维护到位、使用正确，为突发事件应急处置提供充分的物资保障，有效提升应急救援能力和水平。

强化应急协调联动能力。加强与社会应急资源协作，实现资源共享和优势互补。与国网唐山供电公司签订应急联动协议，建立应急救援协调联动和资源共享机制；与应急局建立信息沟通机制，与气象局实现信息共享机制；与社会团体间协作支援，协同开展突发事件处置工作。

（谷文卓）

【电力设施保护】

坚持以问题为导向，紧密围绕公司整体工作部署，针对电力设施保护工作形势和存在的问题，努力挖掘自身潜力，夯实工作基础，依托政企、警企联动机制建设，全面推进电力设施保护各项工作开展。

全年共清理树障284处、78 697棵。发现并制止线路保护区内违章作业（包括建房、盗挖沙土、开矿）隐患59处，清理堆放易燃物品隐患389处，制止烧荒、烧纸等威胁线路安全行为27次。积极协调公安机关、电力行政主管部门配合营销单位加大对窃电案件的打击力度，针对窃电场所环境复杂或窃电人员拒不配合检查的情况，警务室发挥巨大作用，全年警企联动，共参与查处窃电案件10起，追缴电费170余万元。协调市公安局参加冀北公司营销部组织的窃电取证、认定等工作情况调研会议，会议过程中参会人员对两法衔接、取证规范性等问题提出了独到的见解。

在“关注电力保护，电靓美丽河北”主题电力设施保护宣传月活动中，安监部倾情打造创意宣传片《小恶魔伏法记》，采用反转“反面案例”方式，采用时下较为稀少的“纸片人”展现形式，来表现“保护电力设施安全”这一主题。在2020年度“电力奥斯卡”全国电力行业优秀影视作品展评及颁奖大会上，该片在全国32个省、市、自治区，600多家电力企业报送的2500余部作品中脱颖而出，荣获动漫组一等奖。

（张伟　贾晏升）

（二）生产管理

【生产设备管理】

1. 变电专业管理

检修预试工作。全年共完成21座变电站的春、秋检预试工作，检修变压器36台；220 kV间隔31个、110 kV间隔77个。消除危急缺陷19项、严重缺陷42项、一般缺陷384项，确保电网设备运行安全平稳。

设备状态评价工作。针对67座110 kV及以上变电站及203条输电线路的开展设备状态评价工作，涉及变压器、断路器、输电线路、组合电器、电流互感器、电压互感器等共计17类设备，评价设备共计9188（台/条），其中正常状态设备8377（台/条），占比91.17%；注意状态设备401（台/条），占比4.36%；异常状态设备390（台/条），占比4.25%；严重状态设备20（台/条），占比0.22%。

电气试验工作。开展高压试验1797台/次，包括主变压器28台/次，开关及组合电器146台/次，隔离开关292台/次，电流互感器303台/次，电压互感器140台/次，开关柜540台/次等，发现缺陷15例；开展油色谱试验549台/次，发现缺陷3例；开展SF_6气体试验160台/次，未发现缺陷。

▶ 4月10日，110 kV赤土山变电站春检预试（史文全　摄）

2. 输电专业管理

防雷工作。开展输电线路雷害评估和雷害差

异化治理，完成接地电阻大修 108 基；安装线路避雷器共 42 支。防污闪工作。结合停电检修，完成 25 条线路 731 基杆塔，52 752 余片瓷绝缘子的零值检测；完成复合绝缘子、防污闪涂料憎水性测试，85 条线路 114 基憎水性测试，测试结果合格；全年累计喷涂防污闪涂料 22 000 片。防鸟害工作。按照《高压架空线路鸟害区域划分与防鸟害配置原则》，规范驱鸟器的安装，对线路驱鸟装置进行调整补充，共计安装 13 400 余支驱鸟装置。线路改造工作。2020 年完成了 110 kV 五南线、220 kV 龙小二线改造和仙南线绝缘子更换；主动对接市政工程的线路迁改工程，完成秦徐二线等 6 条 220 kV 线路、王汤一、二线等 3 条 110 kV 线路，白汤一、二线等 3 条 35 kV 政工程的线路迁改工程；加装线路防外破在线监测装置 92 套。

▶ 4 月 4 日，陈建军到 500 kV 高天线检查指导防山火保供电工作（史文全　摄）

3. 带电作业管理

主网带电作业项目主要为整紧线夹螺栓、摘除异物、绝缘子测试等。全年开展 227 次带电作业，其中 220 kV 带电作业 25 次，主要完成龙小一线、武龙一线等电位作业；110 kV 带电作业 32 次，主要完成徐北线、李铁一线悬垂线夹螺母缺失、导地线及塔身异物消缺等工作。

▶ 7 月 16 日，10 kV 水厂线带电作业（左加伟　摄）

配网带电作业积极推进不停电更换变压器等工作。协助国网冀北电力科学研究院在秦皇岛南山带电作业培训基地开展带电作业取证培训。承接冀北公司试点应用智能带电接引机器人。创新成果获得第九届中国（河北）青年创新创意大赛河北赛区优秀奖、国网冀北电力有限公司第五届青年创新创意大赛银奖、第四届“中国创翼”创新大赛河北选拔赛秦皇岛赛区一等奖等多个省部级奖项。全年开展 10 kV 配网不停电作业 2662 次，减少停电时户数约为 25.3 万时户，不停电作业化率为 90.31%。其中带电消缺 10 次，配合配电工程作业 2112 次，配合用户工程作业 540 次。

（刘占戈　白杰　徐江　袁艺）

【生产技术改造】

1. 生产技术改造完成情况

2020 年公司共下达网技改项目 91 项，当年计划资金 10 180.11 万元，全年共完成 74 项非跨年技改项目的实施工作，项目投资完成率 100%。

输电专业，完成 220 kV 平肖一线等线路防雷装置改造，41 基的杆塔三相均安装避雷器，共安装 123 支；完成 220 kV 龙小二线混凝土杆老旧更换改造，更换杆塔6根；完成110 kV龙蒲一线等线路绝缘子改造，改造绝缘子共4656片；完成110 kV肖青线等线路防雷装置改造，改造48基杆塔上避雷器，共安装144支；完成110 kV徐玉线杆塔升高改造，更换杆塔4根；35 kV徐马线跨电气化铁路改造，拆除1基杆塔、导线0.31 km，新增1基杆塔、2基电缆终端塔、电缆200 m。

变电专业，完成抚宁变电站110 kV 1号主变改造，相关设备更换1号主变110 kV中性点成套设备，更换35 kV中性点避雷器1台，更换35 kV进线避雷器3台，改造10 kV母线桥，更换110 kV软导线3跨，35 kV软导线4跨，更换110 kV 145母联间隔电流互感器3台；完成220 kV武山变电站直流充电装置改造，更换直流充电机屏3面、直流馈出屏4面、直流分电屏4面，增加直流远程监控装置1套，更换低压电力电缆头6个，控制电缆头496个；完成220 kV李庄变电站9组220 kV单柱单臂垂直伸缩型隔离开关更换，4台110 kV断路器更换；完成五里台等变电站4个10 kV电容器组更换；完成碣石变电站和海阳变电站在线监测装置改造；完成昌黎公司35 kV东窑、党各庄变电站35 kV电压互感器改造；完成赤土山变电站4套10 kV消弧线圈更换；完成220 kV平方等8个变电站消防控制室建设消防隐患治理。

配电专业，完成海港区10 kV航海里等配开箱2000个台区加装智能融合终端；完成大台线扶崖沟分支等10 kV线路改造9条；完成祖山线五道岭分支6 kV线路改造；完成朱庄支线31右2号等低压台区线路改造；完成10 kV凡南线七里涧新200等48台配电变压器改造更换；完成配电自动化主站系统改造。

保护专业，对6座220 kV变电站的27套220 kV保护装置和1座110 kV变电站的5套110 kV保护装置进行改造。

自动化专业，完成孟姜站、港东站UPS系统改造4套；完成2个110 kV变电站、8个35 kV变电站监控系统后台改造。

通信专业，12个变电站各配置2.5 G光传输设备1套；昌黎公司通讯机房架设48芯ADSS光缆一条。

2. 生产设备大修完成情况

2020年公司共下达网专修项目48项，计划资金2732.81万元。

输电专业，完成龙小二线等线路防污闪涂料大修，复涂绝缘子38 127串；完成肖娄线等5条线路驱鸟装置大修，合计473基杆塔，每基安装18支驱鸟刺，共安装8514支驱鸟刺；完成肖青线等10条线路驱鸟装置大修，共522基线路杆塔，每基安装16支驱鸟刺，共安装8352支驱鸟刺；完成平隔一线等线路杆塔接地装置大修，共108基杆；完成天肖线等11条线路标识牌大修，线路杆塔宣传牌、警示牌各755块，相序牌380块；完成碣安线等线路杆塔防洪防撞大修，5基杆塔基础外围修筑防洪护坡共858.4 m^3。

变电专业，完成肖营子变电站室外设备防污闪大修，对肖营子、施各庄、归提寨等变电站全部室外，以及16台断路器、50组隔离开关、16组CT、4组PT、4组避雷器、8组（192台）电容器等设备和外瓷绝缘部分双层喷涂PRTV约9807 kg；完成徐庄等变电站电缆夹层及电缆沟等防火措施综合治理，对主控室、继电保护室、交直流屏、室外端子箱等电缆封堵进行检查维修；完成双山子等4个变电站屋面防水治理项目；完成杜庄等8个变电站变压器分接开关大修，对15台变压器的有载分接开关进行吊芯检修，更换老化、损坏的零部件，注入试验合格的绝缘油；李庄等5个变电站主变压器油池大修，修复总面积2250 m^2。

配电专业，完成红桥站10 kV出线电缆沟大修，修缮电缆沟长350 m，修筑防火墙9面，做沟道防水1680 m^2，新做镀锌电缆支架644个，边角钢共计5.34 t，拆除坏损电缆支架644个，做防爆盒35个，防火纱3500 m，防火涂料118.8

kg，封堵电缆孔洞396处，共封堵泥1980 kg；完成10 kV兴华一线等线路电缆中间头大修，共计86套，使用电缆中间头防爆胶387 kg；完成六号小区等17个配电站房大修，涉及10 kV开关柜131台，更换接地刀闸74组，更换线圈34只，储能电机20台，加热器55只，10 kV套管138只，绝缘热缩套管360 m，变压器温控器6组。

保护专业，完成35座35 kV变电站的15类继电保护设备的数据录入、台账整理、数据校核工作。

自动化专业，完成白塔岭等变电站纵向加密认证装置设备维护；完成李庄等变电站监控系统安全加固大修；完成赤土山等变电站测控装置电源插件大修。

通信专业，完成武山等3个变电站光缆双沟道大修，引入光缆1250 m，挖土方616 m^3，破坏及恢复彩砖770 m^2。

（魏国华　叶鞠）

【技术监督管理】

动态调整公司技术监督网络，全过程技术监督高效运转，累计开展46项全过程技术监督工作，涉及3个基建工程，5个技改工程，38个在运变电站，共发现问题173项，覆盖安装调试、竣工验收等各个技术监督阶段，发布预告警单21张，发现杨庄站主变交接局放试验不合格、仙螺岛站3号主变有载调压开关油箱内漏等重大设备安全隐患，同时重视问题闭环整改，监督管控力度持续加强，有效遏制设备故障苗头，保证电力设备安全运行。专项技术监督能力持续提升，组织开展新区、河东寨等4个输变电工程、26个配电工程专项监督工作，新建工程专项监督实现全覆盖，新入网设备做到应检必检。其中开展配电变压器、开关柜、电力电缆、防污闪涂料等电气性能专项监督277项，发现开关柜温升不合格、电缆绝缘厚度不合格等问题4项；开展开关触头镀银层、户外箱体厚度、铜部件材质分析等金属监督528项，发现隔离开关镀银层厚度不够、线路耐张线夹压接质量不达标、输电杆塔地脚螺母尺寸不合格等问题64项，专项监督频次和发现问题数量均有提升，取得良好监督效果，入网设备质量不断提升。

（刘占戈）

【设备隐患排查治理】

输电专业。落实公司电力设施保护属地化管理文件要求，强化政企、警企联动，开展输电通道隐患排查治理工作。针对500 kV高天一、二、三线中俄天然气管道施工隐患，国道G102线路迁改角山隧道爆破施工，京秦高速遵秦段小峪隧道施工，昆仑燃气施工等输电通道外破隐患，下发中止用电通知书1份，办理施工许可证4份，联合执法4次，向政府报送电力设施隐患情况汇报8份，签订爆破施工安全协议3份，批复燃气施工申请1份，起草树木清理函、施工受阻协调函各1份。强化输电线路山火防控，聘用群众护线员113人，清理线下及周边秸秆堆、茅草、垃圾等易燃易爆物品303处，处置山火火情69起。对重点管控区段加装32套图像监拍装置，累计下达隐患通知书232份，布置安全警示装置9处，安插警示旗21面，用激光除异物装置清除异物67起。共计清理通道树竹56 756棵，拆除违章建筑16处，发现并制止线路保护区内违章作业65起，进一步优化了电力设施运行环境，确保了电网设备安全稳定运行。

▶ 4月15日，刘少宇到国道G102线电力迁改现场检查指导工作（史文全　摄）

变电专业。动态修订变电差异化运维检修举措，对于变压器周边异物检查、大负荷及风冷系统特巡、高低温天气油位分析和重要时段带电检测进行了重点工作要求。组织变压器专业专家联合诊断，针对长期遗留设备异常和隐患，暑期前进行设备专项巡检，结合设备评价进行联合诊断，制定针对性强的检修策略。做好设备评价工作，对评价出的问题进行审查，制定相应措施，降低运行风险。结合《国家电网有限公司十八项电网重大反事故措施》要求，组织各专业完成变电站电气设备、消防设备、安防设备、防小动物设施、防汛设施和房屋建筑物等设施隐患排查治理工作。完成 110 kV 及以上断路器防拒动排查治理、110 kV 及以上变电站内低压母线断路器动作次数排查治理工作，并根据排查结果完成了王校庄、五里台共计 20 台低压侧断路器动作次数接近机械寿命的大修储备。对老旧及抗短路能力不足的抚宁变电站 1 号变压器，老旧的抚宁变电站 145 电流互感器，双山子变电站 110 kV 4 ~ 9 电压互感器，110 kV 5 ~ 9 电压互感器，徐庄变电站 146 电流互感器，双山子变电站 101、111、114 电流互感器进行了更换。对仙螺岛变电站 3 号主变有载分接开关内漏，海阳变电站 1 号主变有载分接开关内漏，石门变电站 1 号主变有载分接开关切换波形异常，娄杖子变电站 1 号主变 110 kV A、B、O 相套管油色谱异常等缺陷进行了处理，确保各类设备安全运行。

配电专业。开展故障频停专项治理，通过梳理投运年限、线路长度、负荷密度、线路负载率、自然因素和周边环境因素影响，编制频繁停电治理专项行动方案，并按照“一线一案”原则对 42 条频停线路差异化制定整改策略。通过增加巡视频度、专项带电检测、加装用户分界开关、与水务公路燃气等施工部门形成联动等手段全力降低设备老化、外力破坏、异物短路和用户故障等造成的故障跳闸。2020 年频繁故障停电线路同比减少 19.40%，累计发生故障停电次数同比减少 29.06%。

（徐江　刘占戈　孙凌辰）

【生产信息化管理】

2020 年公司将运检信息化建设作为重点工作，以运检信息化为手段，完成公司日常各项运维检修工作，公司信息化管理水平进一步提高。开展输电、变电、配电台账完整性及图数一致率治理工作，治理问题数据 1 万余条，输变电设备台账完整率 100%，配电设备台账完整率 99.98%。开展 PMS 图形问题数据治理工作，治理问题数据 2 万余条，变电站、线路、配电站房质检率达到 100%。系统应用一种工作票 932 张、操作票 3190 张、缺陷 255 条、巡视记录 13 000 条，保证 PMS 2.0 系统各项应用要求，完成了 PMS 系统应用指标。

（魏国华）

【防汛安全管理】

完善各级防汛应急组织机构，5 月、8 月开展两轮次防汛应急预案修订工作，提升应急预案可操作性。更新 2020 年防汛工作手册，重新修订印发《防汛重点区域精准管控措施》，对 8 座低洼变电站、5 家特级保电用户、9 家一级保电用户、28 家二级保电用户、9 座沿海变电站制定精准防控措施。参与 2020 年秦皇岛市防汛抢险应急救援演练，完成公司 2020 年防汛实战应急演练、调度综合楼防汛应急演练。强化应急值班值守，公司行政值班、防汛值班与安全生产值班合属值班，15 支应急抢修队伍，729 名应急队员，162 辆应急车辆，5 辆应急发电车 24 小时待命。

开展防汛隐患治理。在 220 kV 平方、110 kV 红桥、桃园等防汛重点变电站的集水井、电缆隧道、电缆沟等部位加装智能水位监测系统 16 套，防水挡板 5 面，布置新型 BBS 防凝露封堵材料挡水密封墙 2 面，全面提升防汛技防水平。

完善防汛物资及装备，补充大型排水设备 1 套，移动排水泵 30 台，普通排水泵 40 台，配套水带 1200 m，电源电缆 600 m，防汛帆布袋 6000

个，塑料布 800 kg，应急照明灯具 86 套，小型应急发电机 4 台，铁锹 200 把，做到宁可备而不用，不可用而无备。

消防方面，公司全面做好消防管理提升工作，对 110 kV 河东寨变电站采用了开关柜七氟丙烷、电缆沟气溶胶等主动灭火新技术试点应用。在 220 kV 龙家店变电站与属地消防应急救援队进行了消防联合演习。完成公司全部变电站的消防取证政府批文。

（张昊　赵春利）

（三）电网运行

【2020 年电力供需形势分析】

1. 2020 年秦皇岛电网负荷情况

2020 年地区最大负荷 267 万 kW，出现在 12 月 30 日，同比升高 6.84%，刷新历史同期最高纪录。其中 4 个县最大负荷分别为：昌黎县 31.2 万 kW、卢龙县 20.23 万 kW、青龙县 20.47 万 kW、抚宁区 29.9 万 kW。

2020 年地区负荷受疫情影响，上半年负荷明显低于往年，暑期旅游业也受到较大影响，下半年随着复工复产的全面开展及冬季的到来，地区负荷再创新高，其中由于国家大力推广清洁能源供暖，适逢 2020 年冬季秦皇岛地区遭遇严重寒潮，电采暖负荷成为地区负荷新的增长点。

工业负荷方面，地区产业升级的进一步推进，政府大力扶持高技术制造业和战略性新兴产业，提高 GDP 能耗比，同时受全球疫情及国际环境影响，整体工业生产有明显增长，其中黑色金属采矿业涨幅最为明显。

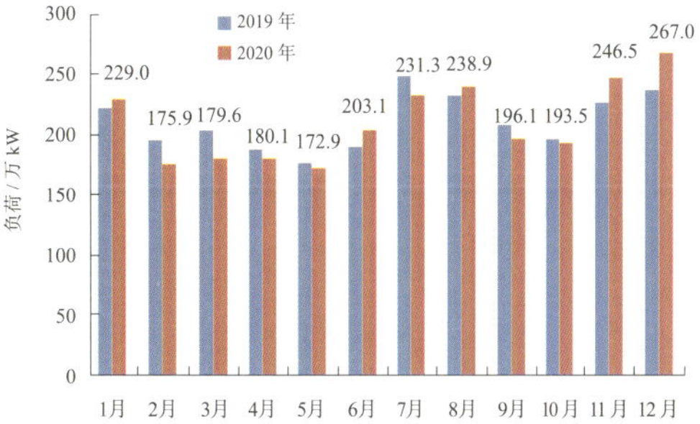

▶ 2019 年与 2020 年各月最大负荷对比图（连盟　制）

2. 发供电能力

秦皇岛地区电网，运行冀北公司电力调度控制中心统调电厂 13 座，包括 4 座风电场和 9 座光伏电站，总装机容量 60.28 万 kW，其中 2020 年新投风电场二期工程 2 座，投产容量 13 万 kW；运行地调调度分布式光伏电站 3 座，总装机容量 1.18 万 kW；运行地方自备电厂 7 座，包括水电厂 4 座、生物质电厂 3 座，总装机容量为 10.348 万 kW。其中 4 座水电厂均以防洪灌溉、为居民供水为主，发电为辅，发电计划按照地区用水需求制定；生物质电厂为灵海电厂、佰能林昌电厂和国能生物质电厂，发电计划按照生物质燃料供应量而定。7 座电厂均不参与电网调峰调频，发电机出力按照调控中心下发的发电计划曲线执行。

▶ 4 月 20 日，两吉七道河光伏电站（陈自强　摄）

3. 电网供需平衡情况

秦皇岛电网属于典型的受端电网。2020 年地区电网共有 3 个主要电源点：一个是位于地区东部装机容量为 172 万 kW 的秦皇岛热电厂，另外两个电源点分别为位于地区中部变电容量为 150 万 kV·A 的 500 kV 天马变电站和位于地区西南部的变电容量 240 万 kV·A 的 500 kV 昌黎变电站。2020 年秦皇岛电网电力供需平衡无问题。

（连盟　刘华德）

【2021 年电力供需形势预测】

根据2020年地区经济形势及地区负荷特性，预测 2021 年秦皇岛电网地区最大负荷 280 万 kW。电力供需平衡由冀北电网统一协调。

（连盟）

【电网调度管理】

1. 筑牢电网安全运行根基

（1）电网保持稳定运行。面对突如其来的新冠肺炎疫情，调控中心迅速落实公司要求，72 小时完成调度异地第二值班场所搭建，组建调度备用值班力量，确保运行体系安全运转；受疫情影响，全年停电工作有效时间大幅缩短，调控中心统筹安排、周密部署，按计划完成全年停电工作，正确执行停电计划申请票 709 张，安排检修方式 214 项，平稳度过五级电网风险 14 次，六级电网风险 100 次，检修计划平稳有序落实。

（2）监控信息大幅优化。根据《秦皇岛地调监控信息治理指导意见（试行）》（秦供调〔2020〕55 号），指导开展监控信息治理工作。全年共减少频发和干扰信息 816 683 条，占全部统计周期内实际动作信息的 62%，实现站均日监控信息量由 57.7 条降低为 21.9 条，优于站均日监控信息量 30 条的专业要求。

（3）缺陷整改稳步推进按照。《国调中心关于 2018 年部分型号继电保护装置 30 项家族性缺陷情况的通报》要求，共梳理存在问题的设备 45 台，按照《冀北地区 220 kV 及以上 PRS － 753 常规线路保护装置设备排查、整改工作通知》要求，共梳理存在问题的设备 8 台，以上问题设备均已完成整改。根据《关于开展冀北地区北京四方智能站“六统一”保护隐患排查的通知》的要求，共梳理存在问题的设备 11 台，并按计划完成整改。

（4）调度数据网建设全面推进。一是完成调度数据网 2 个骨干节点的 2 台路由器和 6 台交换机改造，升级网络带宽至千兆。二是积极推进第二套地区调度数据接入网建设，年底前完成全部 4 座核心节点、13 座汇聚节点、87 座接入节点共 100 台路由器、190 台交换机和 190 台纵向加密认证装置建设工作，完成调度主站网管系统搭建，形成地区双接入网运行架构，可靠支撑调控业务。

▶ 11 月 24 日，调控中心人员赴胡石门光伏电站开展涉网安全检查（刘华德　摄）

2. 提升职能管理工作质效

（1）加强农配网运行方式管理。在暑期对 4 个县供电公司、5 个供电分中心开展专项调研，并编制完成《2020 年农配网运行方式管理提升调研报告》，对农配网存在和即将面临的问题与形势进行全面细致总结，提出整改建议及管理要求。针对调研发现的管理弱项开展有针对性的专业培训，因地制宜布置并指导县公司开展《35 千伏 AVC 系统全覆盖标准化操作规范》等制度规范编写工作。

（2）强化农网低压自投管理。对 45 座 35 kV 农网变电站、132 座配网纯一级开闭所自投方式及自投装置进行全面排查。综合考虑设备状况、自投装置状态、运行方式，梳理出 26 座 35 kV 变电站、58 座 10 kV 纯一级开闭所集中开展自投装置校核并投入。完成 58 条 35 kV 及 10 kV 线路在线修改低周定值工作，确保地区低频减载方案各轮次保质保量切出负荷。

（3）实施营销调控数据贯通。根据冀北公司调控中心统一部署，积极推进用电信息采集系统数据接入配网调度技术支持系统系列工作，落实《国调中心、国网营销部关于全面推广用电信息采集系统数据接入配网调度技术支持系统的通知》文件精神。组织相关部门及厂家，编制公司配网调度集成用电信息数据技术方案，探讨用电信息采集系统配变停复电信息、准实时负荷、历史负荷等接入配调技术支持系统管理及技术难点，实现配变有效感知率达到 70% 以上。

（4）完善配调管理制度体系。落实国家电力调度通信中心（简称“国调中心”）及冀北公司调控中心关于加强配网调度管理工作意见，在供电服务指挥中心深化运行的同时，进一步明确配网调度功能定位，强化专业管理、技术体系和队伍建设，确保调控中心对配调、配抢专业管理更高效、更精益。制定《秦皇岛电网配网设备异动管理办法》《秦皇岛电网配电网故障处置规范》等管理规范，构建配电网运行指挥精益管理体系，积极适应配电网发展新形式。

（5）安防体系建设走在前列。一是按照国调中心可信计算功能部署工作要求，公司作为冀北公司的试点，率先完成秦皇岛智能电网调度控制系统主备调 10 台核心服务器的部署工作，全面提升秦皇岛智能电网调度控制系统“主动免疫 + 主动防御”能力，得到冀北公司认可。二是开展地区 112 个变电站和 13 座新能源厂站网络安全监测装置信息接入工作，变电站信息接入达 84.3%，新能源厂站信息接入达 95.2%，处于冀北地区优秀水平。

（6）新能源管理成效丰富。完成国能昌黎生物质发电项目、冀东水泥资源综合利用发电项目、凯润少佛林风电场二期项目、建投七里风电场二期项目、灵海电厂 #3 机并网任务，完成英利庙岭沟光伏电站恢复并网任务。完成分布式光伏全景监测系统部署，实现分布式光伏运行数据与预测出力展示、扶贫光伏监视等功能，科学指导扶贫光伏运维。

▶ 6月1日，克服疫情影响服务生物质电厂高效并网获赠锦旗（刘华德　摄）

3. 荣誉成果丰富

2020 年 1 个集体获评冀北公司工人先锋号，1 人获评冀北公司先进工作者，1 人获评冀北公司优秀班组长，1 人获评 2015—2019 年度秦皇岛市劳动模范，3 个 QC 小组分获河北省质量管理小组活动一、二等奖。

（刘长春　刘华德）

【电网运行管理】

1. 电网调度范围

公司负责对秦皇岛地区 220 kV 及以下电网的调度运行管理，其中 220 kV 系统，即与周边电网的联络线、地区内部的环网线路、环网运行变电站的母线系统、本地区接于 220 kV 电网的发电机组为冀北公司电力调度控制中心调度。

公司调度范围为秦皇岛 220 kV 环网运行变电站的变压器及以下设备、负荷终端线路及以下设备。监控范围为地区 220 kV 及以下全部设备。

2. 2020 年主要设备投产情况

6 月，110 kV 河东寨站投运。

10 月，少佛林风场二期投产 100 MW 装机。

11 月，抚宁站更换 #1 变，由 40 MW 更换为 50 MW。

11 月，灵海垃圾发电站新增一台 12 MV·A 机组。

12 月，七里风场二期投产 30 MW 装机。

3. 一次系统运行

（1）2020 年重大方式变化。220 kV 武山站 110 kV 母线由分列运行改为并列运行。

（2）2020 年运行方式安排。500 kV 网络经高天三回线与东北电网联结，经天乐双、黎亭双与唐山电网联结。

220 kV 网络实现分区运行。电磁环网在陈官屯站和武山站打开。

电网保持全接线、全保护运行方式，负荷站供电的 220 kV 线路开环运行，其余 220 kV 线路均环网运行；除武山站外 220 kV 变电站的中低压侧母联开关断开运行。

110 kV 网络分别以 220 kV 变电站为电源呈辐射状运行；全部 110 kV 变电站的低压侧母联开关断开运行。

4. 二次系统运行

（1）秦皇岛电网二次装置概况和运行指标。截至 2020 年年底，公司主网变电站继电保护及安全自动装置 2516 台，其中 220 kV 设备 457 套，110 kV 设备 577 套，35 kV 及以下设备 1482 套，微机化率 100%。2020 年全部电压等级继电保护正确动作率为 100%。秦皇岛地区主网 220 kV 系统保护动作共 77 次，110 kV 继电保护及自动装置共动作 36 次，35 kV 及以下继电保护及自动装置共动作 551 次，故障录波 29 次。正确动作率均为 100%，录波完好率 100%，220 kV 系统继电保护故障快速切除率 100%。秦皇岛地区县域继电保护共动作 1414 次，正确动作率为 100%。

（2）继电保护装置运行概况。2020 年秦皇岛电网变电站继电保护装置运行状况良好。故障录波器联通情况良好，未发生与冀北主站超过 72 小时的通信中断事件。

2020 年继电保护专业完成针对龙家店站 220 kV 1 号、2 号变压器保护改造等工程的高风险作业管控工作。细化从编制“三措一案”至现场验收各环节的安全要点与技术、管理保障措施。在大型项目实施现场，调控中心—运维单位两级专业领导及管理人员到岗到位，110 kV 新区、河东寨等变电站基建工程进行现场技术监督，杜绝“三误”事故的发生。开展二次设备家族性缺陷排查整改工作。按照《关于开展冀北地区北京四方智能站“六统一”保护隐患排查的通知》的要求，共梳理存在问题的设备 11 台，并全部完成整改。

（3）调度自动化系统运行概况。强化自动化设备和基础数据运维。核查整治基础运行数据，全年结合预试和基改建工程实传开关 266 台，完善系统图形、报表 165 项，编制系统应用公式 130 项。完成 D5000 系统磁盘阵列双活改造，实现数据实时冗余备份，提升系统容灾能力，确保数据安全。完成自动化各机房 8 台 UPS 电源不间断供电试验，更换老旧电源风扇。完成调度大屏幕设备检查保养、设备除尘等工作，补充必要备品备件。暑期前完成机房空调检查保养，空调冲洗、更换滤网，确保机房可靠运行环境。

根据冀北公司自动化整体工作部署，完成调度数据网骨干节点的 2 台路由器和 6 台交换机改造，升级网络带宽至千兆，系统切改平稳过渡，业务数据运行稳定，地区数据网络骨干网架整体坚强。针对地区调度数据接入网单网运行情况，积极推进第二套接入网建设，完成全部 4 座核心节点、13 座汇聚节点、87 座接入节点共 100 台路由器、190 台交换机和 190 台纵向加密认证装置建设工作，完成调度主站网管系统搭建，形成地区双接入网运行架构，可靠支撑调控业务。

完善地区二次系统安防体系建设，按照国调中心可信计算功能部署工作要求，作为冀北公司试点，率先完成秦皇岛智能电网调度控制系统主备调 10 台核心服务器的部署工作，全面提升秦皇岛智能电网调度控制系统“主动免疫 + 主动防御”能力，得到冀北公司认可。完成地区 112 个变电站和 13 座新能源厂站网络安全监测装置信息接入工作，变电站信息接入达 84.3%，新能源厂站信息接入达 95.2%，处于冀北公司优秀水平，实时监测地区二次系统各类网络安全事件并全过程管控缺陷处理。完成李庄等 16 座 220 kV 变电站和海滨等 44 座 110 kV 变电站监控系统后台主机设备、站控层交换机、防火墙等安全策略加固和完善工作。完成内网安全监视平台系统升级，增加系统内存容量，提升系统运行稳定性。完成主站系统隔离装置程序升级，优化安防策略，完善恶意代码防护技术手段，提升对恶意代码入侵、病毒行为的及时识别和有效阻断能力。开展新能源场站网络安全技术监督和专项检查工作，严把基建场站网络安全验收关，积极推进网络安全工作要求落地。

强化调控云维护职责，健全调控云维护机制。开展秦皇岛地区 35 kV 以上变电站及其站内设备和线路、10 kV 以上发电厂及其场内设备模型数据维护核查，完成一次模型数据维护核查 15 000 余条，二次模型数据维护核查 23 000 余条；实现调控云、D5000、OMS 设备模型参数源端维护、全局共享、多系统模型互联互通；开放省地云地调用户权限，完成模型数据查询、主题查询等展示等功能在地调的推广及应用。

（刘长春　焦明　徐娟　王莉　宋轶）

五、市场营销及优质服务

（一）市场营销

【电力营销管理】

全年售电量完成133.43亿kW·h，同比增长0.02%；售电均价完成546.10元/（MW·h），可比口径上升0.32元/（MW·h）。

政策落实及时到位。快速响应春耕春灌办电需求，“线上+线下”协助客户开展用电安全隐患排查整治，多方面保障农村中小企业用电。落实疫情防控各项部署，为6个疫情防控点提供“三零”服务，积极助力各类企业复工复产，办理暂停、减容业务461户，涉及容量48.12万kV·A，电价累计优惠1.53亿元，确保客户享受到政策红利。

营商环境持续优化。完成1285家企业用电变更，55家实行“零手续”办理，低压接入标准提升至160 kV·A，“三零”服务1789户，减少客户投资5000余万元。累计开展转供电主体梳理统计9轮、梳理转供电主体896户，送达政策文件3500余户次，圆满完成国家能源局华北监管局走访调研。深化“网上国网”内外推广，累计绑定58.10万户。

供电所管理更加精益。对区县37个供电所实施“补短板、堵漏洞、强弱项”供电所管理提升活动，量化专业指标考核，发布周简报28期，月通报8期。召开供电所管理提升活动第一阶段总结会，对第一阶段综合评价排名前五名及进步前五名的供电所授予流动红旗与奖金奖励，供电所营销管理水平和各项评价指标得到整体提升。

精准扶贫取得实效。以“旅游产业+扶贫”产业链整合全市农产品，线上通过国网“慧农帮”设置“秦皇味道”专区，线下开设“出头石”品牌扶贫产品实体店，已打造五大类、40多种“出头石”品牌扶贫产品，试点系统单位南北合作，共产生有效订单6350份，产品远销京津冀、陕西、江苏、福建等地，累计销售收入300余万元，在国家电网公司、冀北公司和省市领导现场视察时得到好评。

供电服务水平不断提升。深化“十项承诺”“十个不准”新政策解读，强化一线人员服务意识、规范服务行为，修订供电服务考核机制，严格供电服务红线问题考核，开展考核11次，考核1771人次，投诉及工单同比分别降低7.77%、14.70%。低压居民卡表远程化改造总体完成进度达到100%，实现地区远程化费控全覆盖。

降损增效工作大力开展。下发台区线损周报29期、月报8期、异常台区治理工单38期。开展营配贯通低压台区档案现场核查，治理营配贯通异常台区62个。制定高损台区攻坚治理工作方案、打击窃电及违约用电专项行动工作方案，治理异常台区4237个，治理超高损台区156个，台区同期线损率3.57%，反窃电成效完成1668.07万元。

能源结构加快转型。在电动充电、港口岸电、电锅炉、电气化改造、全电厨房全景景区、“煤改电”等方面，推动电能替代。投运充电站点72座，充电桩635个。完成电能替代项目363个，替代电量18.33亿kW·h。扩大虚拟电厂和电能替代规模，实现多方互动、多能互补，峰谷调节、绿电应用，带动社会能源转型升级。

（张婧　潘科　毕小玉）

【电费回收】

1. 电费回收情况

截至2020年年底电费回收考核期，公司当年电费回收率实现100%，无陈欠电费，全面完成冀北公司指标要求。

2. 电费回收的主要措施和成效

一是扎实落地“一户一策”管理。重点加强高耗能、高污染客户电费风险管控。提前做好高风险客户清单梳理，预判欠费风险点，制定灵活催费预案，专人盯防，积极与存在潜在欠费风险的客户协调沟通，驻场催收，必要时缩短电费结算周期，有效防范高风险客户欠费情况发生。二是加大小额欠费管理力度，增加欠费催收频度，积极引导客户通过线上渠道进行交费，上门张贴催费单，保证小额欠费快速回笼，防止累积大额欠费的产生。三是加强电费回收日常督导。坚持电费回收日报制度，实行回收关键时期日日报。每日进行电费回收情况统计，对重点客户、重要时段、重要节点等回收事项进行督导与提醒，做到日过问、日跟踪、日落实。累计发布关键时期电费回收日报 128 期，累计催回高风险欠费 0.9 亿元，共 5.87 万户，确保公司 2020 年电费回收实现 100%。

（杨凤祥　万芮萱）

【电能计量】

全年未出现计量类安全及服务事件。提高资产、用电信息采集运维质量，累计接收冀北公司直配电能表 36.6 万只，集中器、终端 1.9 万只。配送各区县电能表 36.4 万只，集中器、终端 1.5 万只，计量箱 0.94 万只，HPLC 模块 42.8 万只。累计推广 HPLC 通信模块 461 336 只，实现低压台区高频、全量数据采集，HPLC 累计安装比例 79.44%；累计完成本地卡表远程化改造 191 510 只，卡表改造完成率 100%，成为冀北公司第二个完成卡表改造的单位；实现秦皇岛地区低压居民远程费控全覆盖，方便用户体验线上缴费，助力公司“网上国网”APP 推广。累计更换 2009 版老旧终端 9623 只，2009 版终端改造率 99.06%，推进采集设备上行通道改造，累计完成光纤改造 3039 条，在线率 83.84%，在运采集设备实现 4G 与光纤覆盖。进一步提升设备感知水平及面向对象规约兼容性，公司整体日均示值采集成功率 99.80%，较 2020 年年初提升 0.05%，开发区、北戴河区日均示值采集成功率达到 99.99%。强化营配贯通与台区同期线损管理，制定图形维护规则与营配数据异动管理细则，规范营配过程管理，累计核查低压台区 190 个，核查专变 3111 个，处理营配问题数据 43 838 条。加大异常台区及线损率 7% 及以上台区治理力度，累计下发台区线损周报 44 期、月报 12 期、异常台区治理工单 54 期。制定高损台区攻坚治理工作方案，治理异常台区 4237 个、超高损台区 156 个，台区同期线损率 3.57%。开展变电站、专变表计消缺工作，累计处理变电站采集故障工单 101 个，其中调控类 72 个，运检类 29 个。现场校验电能表 506 只，处理故障表 38 只，处理故障采集器 874 台。

（冯杨　毕小玉）

【电能替代】

2020 年，累计推广电能替代项目 363 个，完成电能替代电量 18.33 亿 kW·h。其中，电锅炉替代电量 30 077.99 万 kW·h，电窑炉替代电量 15 186.52 万 kW·h，矿山采选类替代电量 10 784.23 万 kW·h。

深入贯彻落实国家电网公司、冀北公司关于做好取暖季“煤改电”供电服务保障的工作部署，构建前端服务网络，强化便民服务措施，做好“煤改电”用户的全流程服务工作，营造“煤改电”良好环境氛围。主动对接政府部门，全力配合政府推进地区清洁取暖工作，助力大气污染防治攻坚战及蓝天保卫战取得实效。

挖掘红薯育秧电热炕新技术。结合疫情形势及地区特色，积极推广电能替代技术，推动乡村再电气化，挖掘卢龙县红薯育秧电热炕新技术，育秧成功率提高约 30%，保障当地农民稳产增收。创新推广冷链物流新领域。依托秦皇岛绿色港城发展规划，推进冷链物流、仓储技术在农业、医疗产业、物流业等领域应用，积极推介冷链物流及仓储技术，量身定制实施方案，推进北港物流园区打造电气化物流枢纽基地，推进北戴河疾控中心建设疫苗冷链仓储基地。利用北戴河营业厅打造能源消费体验新模式。利用北戴河区营业厅宣传体验区和休息区，进行智能化家居场景模式展示、控制体验及模拟智能家居应用场景。引导了解智能家居应用技术和优势，推动地区居民家庭电气化发展。全面推动绿色生态港口建设。推动建成5套覆盖8个泊位的船舶岸电系统，通过宣传手册、宣传视频、现场服务等多渠道在港区进行宣传，推广电能替代技术及综合能源服务，将绿色发展理念贯穿到港口建设、生产、运营全过程，有效控制靠港船舶大气污染物排放，改善港口城市环境质量。

累计开展用户需求调研48次，宣传活动36次，发放电能替代、家庭电气化、电采暖等主题宣传手册11 700余份。

（周树刚　刘宇壮）

【综合能源服务】

2020年，秦皇岛地区共收集综合能源服务项目39项，累计签订项目合同10项，实现项目营收10 288万元，超额完成综合能源服务营收指标。

创新市场开拓领域。在开拓能源托管的基础上创新拓展秦皇岛佰工钢铁、昌黎兴国、冀东水泥等一系列配电运维项目，进一步拓展综合能源项目新领域。

融合5G新基建，开展综合能源服务。在国家“新基建”5G发展战略背景下，与秦皇岛铁塔公司、秦皇岛移动公司等运营商充分对接，了解5G新基建建设规划及客户需求，助力5G建设，推动移动多站融合项目落地。

全面挖掘楼宇用能优化项目。基于智能化控制手段及虚拟电厂试点项目，实现楼宇负荷与电网的友好互动。推动公司营销部办公楼、居然之家家居建材公司、胜茂港湾购物广场3个用户楼宇用能优化项目落地。

开展地区综合能源服务市场大规模调研分析23次，走访调研企业348家，开展综合能源服务业务专题培训13次，持续跟进重点项目，逐户走访调研，力促项目落地。

（周树刚　刘宇壮）

【节能服务体系建设】

按照河北省发展和改革委员会关于电网企业实施电力需求侧管理目标责任考核工作要求，确定目标，推进电力需求侧管理工作有效实施，完成年度节约电力电量指标任务。

1. 节约电力电量指标完成情况

2020年公司承担节约电量指标5144万kW·h、节约电力指标0.67万kW。

2020年公司节约电量7436.78万kW·h，完成年度指标的144.57%；节约电力1.9890万kW，完成年度指标的296.87%。其中：公司自身项目节约电量完成5259.3958万kW·h，占年度指标的102.24%；社会节电项目（所属节能服务公司实施及推动社会节约电量项目）节约电量完成2177.3850万kW·h，占年度指标的42.33%。

2020年公司累计完成节电项目26个，其中电网企业自身节电项目25个，全部为线路改造项目；社会节电项目1个，为资源综合利用项目。

按项目技术类型划分，其中线路改造项目节约电量完成5259.3958万kW·h，占年度指标的102.24%；资源综合利用发电项目节约电量完成2177.3850万kW·h，占年度指标的42.33%。

2. 组织管理

公司市场拓展中心主要负责电力需求侧管理示范项目推广与市场开拓、市场调研分析、能效管理、有序用电方案编制与执行督查等，配备电力需求侧各类专业人员6人。市场拓展中心设置市场、大客户和智能用电专业。同时在县级公司设立相应专兼职岗位。

3. 工作措施落实情况

制定分解2020年节约电力电量指标，并下达给基层单位，为专业工作有序推进和顺利开展打下良好基础。

4. 开展能效网络小组活动推动社会节能

为落实国家节能减排发展战略，提高社会节能意识和能源使用效率，公司于2011年成立能效网络小组，为区域内企业提供能效咨询、节能诊断等用能服务。2020年开展不同形式的小组活动4次，推动实施社会项目1个，实现节约电量2177.3850万kW·h。

3 月 30 日，第一次小组活动，活动内容是学习抗疫条件下恢复能效管理的经验，为今后正常生产情况下提高能源利用效率而准备。

7 月 3 日，第二次小组活动，通过请专家宣讲省级智慧能源平台的功能、范围和各业务流程，使小组各单位人员了解智慧能源的意义，熟悉各模块的作用，为综合能源管理提供有效的工具。

10 月 13 日，第三次小组活动，通过讲课宣传电力需求响应，为推广需求响应的实施、新能源消纳、电力负荷的削峰、填谷做准备。

11 月 23 日，第四次小组活动，通过学习，介绍了楼宇用能类型、特点，并推广新型节能技术。楼宇节能技术有热泵、光伏、太阳能利用取暖技术，智慧能源互联网管理系统，以及高效空调系统。对于新型楼宇用能，国家和地方有支撑政策。活动进一步拓宽、提高电能利用知识，为节约能源提供新的成果和思路。

5. 开展需求侧宣传培训

开展需求侧宣传和培训活动，大力宣传节能技术，客户培训内容为讲授先进节能技术、知识、理念。

需求侧宣传培训统计表

序号	地点	时间	内容
1	国网秦皇岛供电公司	2020-05-08	昌黎公司多举措加强用户侧管理
2	国网秦皇岛供电公司	2020-06-05	卢龙公司开展世界环境日主题宣传活动
3	国网秦皇岛供电公司	2020-06-29 至 2020-07-05	充分利用营业窗口，做持久的节能宣传基地
4	国网秦皇岛供电公司	2020-06-29 至 2020-07-05	利用微信进行宣传，拓宽宣传渠道
5	国网秦皇岛供电公司	2020-05-20 至 2020-05-21	有序用电演练培训
6	国网秦皇岛供电公司	2020-10-14 至 2020-10-16	市场营销生产技能培训
7	国网秦皇岛供电公司	2020-10-16	秦皇岛开展第一次用户培训
8	国网秦皇岛供电公司	2020-10-23	秦皇岛开展第二次用户培训

（周树刚　董宏晓）

【有序用电】

开展有序用电预案编制，优先保障医院、学校、居民生活、主要党政军机关等 6 类用电需求，重点调控高耗能、高排放等 5 类用户用电需求。

综合考虑 2020 年用电负荷增长情况、负荷特性、负荷调控能力等因素，对应 4 个不同预警等级，制定 12 万 kW、25 万 kW、33 万 kW 和 40 万 kW 4 个负荷等级预案，一级预案总参与用户 319 户。5 月、12 月开展两次大规模有序用电预案集中演练，提高电力供需紧张形势下的有序用电执行能力。

（周树刚　谢欣荣）

（二）优质服务

【服务体系建设】

一是推进营销内设机构优化改革。2020 年 4 月 7 日完成营销机构优化设置，实行“管办分离”，构建一部三中心新型营销运作模式，强化营销部职能管理责任意识和统筹能力，有效对接冀北公司专业要求及营销精细化管理需求，捋顺专业职责界面，强化市场、计量、电费 3 个专业中心集中业务处理和监督管控能力，独立设置区域供电中心，深入推进营配末端融合。

二是严格兑现“十项承诺”“十个不准”。开展国家电网公司新版供电服务“十项承诺”、员工服务“十项不准”、投诉规则优化等制度的逐级宣贯落实工作，各供电营业场所公示覆盖率达到 100%，完成 4 期优质服务培训，针对服务管理人员及一线服务人员开展能力提升专项培训，深化新条款、新承诺的政策解读，推动服务机制落实到位，加强相关 95598 工单及供电服务业务时限承诺的监控和问题分析督导。

三是推进漠视侵害群众利益问题专项整治。

将漠视侵害群众利益专项整治工作与“抓整改、除积弊、转作风、为人民”整治工作相结合，建立公司专项整治长效机制，明确问题清单，强化频繁停电、低电压等问题治理，因地制宜提升供电可靠性，加大靠电吃电、吃拿卡要等问题查处整治，加强服务规范管理，维护人民群众切身利益。

四是开展“获得电力”迎检工作。贯彻落实国家能源局华北监管局、冀北公司工作部署，开展“获得电力”自查整改工作，配合开展针对海港区、抚宁区的现场检查工作，完成检查通报 11 项问题整改工作。

五是加强服务应急保障与处置。发挥服务牵头及协同职能，制定各项重大活动服务保障方案，督导落实各项服务保障措施，强化服务应急保障能力，圆满完成 2020 年“春节”、全国“两会”、“五一”和“国庆”等重要活动优质服务保障工作。

（刘铁　陈洪涛）

【分布式电源并网服务】

2020 年公司致力于提高分布式并网管理整体管理水平，深化推广应用“互联网 + 分布式电源并网服务”。积极推广国网分布式光伏云网、“光e宝”手机 APP 线上办电业务，实现 7×24 小时全天候、全方位客户报装服务。

2020 年分布式电源并网服务工作制定了严格的工作要求：一是严肃整改，加快规范并网管理。对照突出问题限期整改。通过开展全公司分布式电源并网服务规范性监督检查，查找问题、分析原因，制定措施，狠抓责任落实，完善评价标准，加大考核力度，有效缓解分布式光伏发电激增带来的服务压力，规避舆情风险。二是加快制定措施，解决突出问题。贯彻落实国家电网公司、冀北公司关于分布式电源并网服务工作的有关要求，营销、发展、财务、运检、调控、经研等部门加强协同配合，加强与冀北专业管理方面的沟通，重点解决规划计划、业务办理、并网接入、补贴结算、系统缺陷等方面的突出问题，有效防控公司经营和管理风险。三是加强宣传培训，推动并网服务秩序进一步规范。加大客户宣传工作力度，重点在屋顶光伏建设条件较好的农村地区，制定“包村到户”的宣传计划，开展专题宣传活动，确保农户获得正确的并网服务信息。加强学习交流，推广先进经验，组织基层人员开展集中培训，确保公司业务规则、操作流程、标准要求落实到位。四是强化管理措施，严控服务风险。细化管控措施，落实管控责任，确保管控措施落实到位，组织开展突出问题排查整治，通过明察暗访、不定期检查等方式，严格管控服务风险。

（周树刚　张媛媛）

【供电服务标准制度】

2020 年，公司开展供电服务明察暗访工作，及时通报服务问题，优化供电服务流程，落实供电服务问责考核，有效提升供电服务规范。

公司建立日监督、周通报、月考核、季暗访的供电服务监督机制，常态化开展多种形式的明察暗访工作。以日为周期开展供电服务工单预警监控及营业窗口音视频监控，对公司辖区供电营业厅进行服务监督，发现不规范行为及时提醒、督导改正，全年共计开展营业厅服务监督 40 660 次，督导窗口服务规范问题整改 115 项。以周为单位，监控投诉、意见、服务申请等工单数量，及时发现供电服务热点、难点问题及典型案例，各专业部门协同服务管控，2020 年共计发布《供电服务周报》52 期。以月度为周期开展供电服务考核，强化服务闭环管控、严格落实服务问责，有效促进各类服务问题整改，全年共计考核 2215 人次、考核金额 54.65 万元。以季度为周期，对公司各供电所、营业厅开展明察暗访工作，重点加强对专业工作落实、服务考核落实、上级通报事件整改、95598 客户诉求处理、营业厅服务规范、业务报装管理等情况的暗访检查，及时通报有关情况，督办相关单位整改，有效防范服务舆情和风险，公司投诉 368 件，同比下降 7.77%。

（刘铁　陈洪涛）

【舆情应急管理】

2020年，公司进一步强化供电服务事件应急处置能力管理，加强电力服务事件应急处置工作要求的宣贯和解读，开展电力服务事件处置及信息报送演练，有效提升各单位服务事件处置能力，确保在供电服务过程中迅速响应客户需求，及时解决客户投诉、客户关注和反映的焦点、难点问题，切实维护广大客户利益，努力提升客户服务满意度。全年未发生重大舆情事件。

（刘铁　陈洪涛）

【服务培训】

2020年，公司供电服务培训管理工作遵循"统一规划、统一标准、分级负责、归口管理"的原则，贯彻国家电网公司、冀北公司供电服务培训管理制度，强化优质服务培训与业务交流，先后组织95598服务及营业厅人员专项培训、优质服务提升培训、供电所管理人员培训，通过业务知识、案例分析、模拟训练等方式进一步提升前端服务水平，全面提高人员的综合素质。

（刘铁　陈洪涛）

（三）品牌建设

【品牌策划】

聚焦特殊形势，围绕疫情防控、重点工程、改革发展等选题，主动策划、创新宣传，有效支撑了公司改革发展的话语体系，展现责任担当和精神风貌。

【品牌推广】

通过与各级媒体搭建全方位、多渠道的沟通平台，持续传播公司发展成果。2020年对外发稿865篇，其中，发表在学习强国13篇，发表在中央媒体126篇。公司拍摄的电力设施保护宣传片获得全国电力优秀影视作品动画类一等奖，作品《高压线上的"舞者"》荣获国资委第三届中央企业优秀故事三等奖，品牌故事《"百年蝶变"的电力博物馆》《永不退色的红马甲》同时入选《2020年中国电力优秀品牌故事专辑》，作品《一盏灯的百年故事》获评中国电力优秀文学作品，秦皇岛电力博物馆受到中国电机工程学会表彰。

【品牌传播】

围绕抗"疫"讲故事。充分利用新媒体传播优势，在微信公众号发布"防控疫情倡议书"，浏览量达4600多人次。制作"防控疫情科普宣传动画短视频"，在公司机关办公楼电梯间循环播放，提高了员工自我防疫意识和能力。组织文艺骨干创作歌曲MV《众志成城》，在冀北公司党委宣传部大力推动下，先后在新华社客户端、国资委官方网站、学习强国等媒体平台广泛转发，浏览量突破50万次。制作"抗疫"快板书短视频，代表冀北公司被国网团委组织的《青春国网》"艺起抗疫，共克时艰"主题原创作品创作活动第一期选播。创新活动载体，策划"凝心战'疫'以'读'攻毒""凝心战'疫'　全力以'复'"线上专题宣传，利用新媒体开启"云讲堂"，累计举办27期，约8000余人次线上参与，收到良好效果，国家电网公司党组宣传部、工会、党建部对该活动予以推广，起到了典型示范作用。推出《夫妻"战友"携手　一线同心抗疫》《24小时接通隔离病房》《从扶贫村干部"变身"抗疫先锋》等重点报道，讲述职工家属、一线员工、优秀党员抗"疫"保电的温情故事。

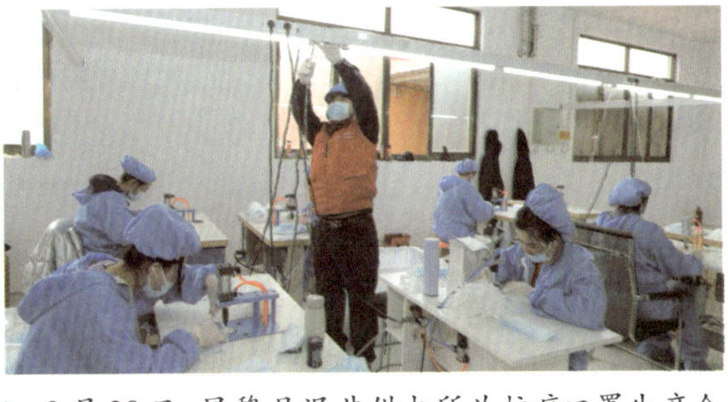

▶ 2月28日，昌黎县泥井供电所为抗疫口罩生产企业提供服务（史文全　摄）

围绕典型示范讲故事。选树宣传在疫情防控、脱贫攻坚、重大工程建设等方面的先进典型，成功推出了全国劳模高会民、河北省劳模郭宏伟、河北省工匠张庚喜、抗疫先进个人于泉等大批先进典型，激励广大干部职工立足岗位奋斗奉献、建功立业。

▶ 6月10日，举行“守正创新　负重前行”演讲比赛（史文全　摄）

围绕脱贫攻坚讲故事。借助中央、省、市主流媒体平台，全方位、多角度报道公司精准扶贫的先进做法和典型经验，讲述公司扶贫故事。8月，中国电力报、国家电网报、人民网、学习强国、电网头条、河北日报等10余家重量级媒体分别刊载《出头石村“出了头”》《出头石村迎来“出头日”》等公司扶贫通讯稿件，充分展现了公司助力打赢脱贫攻坚战的责任央企形象。

▶ 7月1日，共产党员服务队为北戴河民宿区提供用电服务（史文全　摄）

组织“学进去、讲出来、干精彩”主题宣传和“守正创新、负重前行”主题活动，开设专题网页，策划专题报道。在本部一楼大厅展示窗布置“国网公司战略目标”专题展板，全面展示国家电网公司战略目标的丰富内涵。

【品牌维护】

落实上级意识形态工作要求，进一步加强和改进公司意识形态工作。及时收集监测公司层面和基层单位的舆情风险隐患，加强分析研判，强化意识形态领域风险点梳理排查，有针对性地进行引导，维护意识形态安全；加强网络舆情的监督管理，进一步保持和加强与地方媒体沟通协作，积极化解舆情风险，确保全年舆情平稳。提升宣传工作成效。加强公司重点工作宣传报道，紧密围绕国家电网公司建设“具有中国特色国际领先的能源互联企业”战略目标和公司年度重点工作任务，组织开展相关宣传活动，充分展示公司发展成果；深度挖掘基层工作亮点和典型人物，统筹好内宣外宣，追求高端、高质量传播，营造干事创业的工作氛围和企业发展的良好舆论环境。加强宣传阵地建设，积极尝试新媒体运营方式，紧跟时代潮流，切实发挥新媒体的宣传功效，全面提升宣传工作的传播力、引导力、影响力、公信力。

在冀北公司党委宣传部指导下高质量完成融媒体分中心建设工作任务，整合宣传资源，媒体高效融合，集中发力，形成合力。加强宣传队伍建设。积极适应新变化带来的新形势、新任务、新要求。邀请冀北公司融媒体中心的业务骨干到公司交流指导，提高融媒体分中心人员的新闻策划、新闻采编能力和水平。

构建“融媒体分中心—区县融媒体联络站”二级融媒体网络矩阵，形成业务交叉融合的工作状态。建立公司融创团队，吸收公司不同岗位、不同专业相关人才加入，定期轮岗锻炼，既体现出在选人用人方式上的灵活性，也保持了新闻产品生产环节上的常有常新特点，从而保证在视频制作和新媒体应用上保持一定量的产品输出。重点吸纳公司员工中的摄影达人、甜美主播、文案高手、抖音大神，通过“每周一策、每旬一议、每月一创、每季一结、每年一验”的工作机制进行头脑风暴和思想碰撞，每两周组织骨干成员参加融媒体工作轮岗实习，锻炼人才，提升能力和水平。

（许明思）

六、和谐企业建设

GCEP
706、707
智能高压岸电系统

智慧保电 青力青为
秦皇岛市供电系统青年创新创意大赛
共青团秦皇岛市委
国网秦皇岛供电公司

（一）党建工作

【基层党组织建设】

印发从严治党主体责任重点任务和贯彻《条例》工作方案，落实“基层党建巩固提升年”20项措施，开展党组织书记述职评议，完成党建工作绩效考核，调整35个党组织机构，推进31个基层党组织换届选举，做好离退休党员党组织关系移交，夯实基层组织与队伍管理基础。完善党建联系点制度，深化党建量化计划系统管理督促机制，将巡察、审计问题整改等内容纳入党建考核体系，发挥好指挥棒作用。在疫情防控与助力复工复产工作中，广大党员挺身而出、攻坚克难，捐款近20万元。96个党支部、47支共产党员服务队、12支青年突击队冲锋在前，在抗疫情、保供电一线筑牢坚强堡垒。

▶ 公司召开基层党组织书记抓党建工作述职评议会议

【党员教育管理】

举办党的十九届五中全会精神宣讲报告会2场，两级党委理论中心组累计开展学习研讨66次。巩固深化主题教育成果，推动“不忘初心、牢记使命”制度化长效化。强化党员队伍教育管理，制定党员教育管理计划，举办党务工作者培训班3期，组织397人参加党员轮训，开展主题党日活动34次。依托党建督查单和“两队一岗一区一日”等载体，深化“党建+”工程，成立2个暑期保电和涉暑工程临时党支部，完成北戴河暑期保电任务，组织党员服务队优化营商环境专项行动。组织“学进去、讲出来、干精彩”和“守正创新、负重前行”系列活动，助力战略目标落地。

▶ 共产党员服务队助力高考保电

（二）宣传文化建设

【企业文化建设】

实施企业文化项目制管理模式，确立2个冀北公司级、16个公司级企业文化重点项目。在公司网页和办公场所设置企业文化与战略目标宣传专栏，开展建党99周年暨企业战略落地10项系列活动，组织战略目标践行大讨论、演讲比赛事迹分享会与以战略落地为主题的党日活动，查找存在问题短板376项，改进措施453项。开展“文化铸魂、文化赋能、文化融入”专项行动计划，组织“学进去、讲出来、干精彩”战略谈体会、“践行战略、彰显作为”实践活动，征集心得体会42篇，开展活动177次，促进形成与公司战略一致的动力趋向。

【精神文明建设】

落实意识形态责任制，策划“抗疫情保供电”系列专题报道，在中央主流媒体刊发报道59篇，在重要报刊媒体刊发通讯147篇。建立“共同战役　以读攻毒”微信读书分享平台，推送《秦电抗疫逆行者》《党组织书记咋都跑去当主播了》《“双线发力”跑出复工复产“加速度”》等作品7篇，刊发疫情防控成果做法经验4篇，征集复工后抗击疫情小妙招微视频15个，推动复产复工凝聚正能量。建设“互联网+思想政治工作”平台，完成线上、线下思想动态调研3次。规范学雷锋志愿服务站，开展5类典型选树，精神文明建设成果丰硕。高质量通过全国文明单位复审，1个单位成功申报河北省文明单位，1人获评河北省优秀志愿者。

（三）团青工作

【青年思想引领】

广泛开展十九届五中全会精神学习宣贯，严抓“青年大学习”，实施“青马工程”，88名青年完成《共产党宣言》21天线上打卡诵读并提交读书心得，累计推出《马克思靠谱》在线展播11期。开展“践行战略目标　担当青春使命”“致敬抗美援朝　争做时代新人”“号声嘹亮——向祖国报告”等主题活动，通过道德讲堂、读书分享、闯关竞赛、主题团日、文化沙龙、红色教育等载体，让爱党爱国爱企情怀生根落地。

▶ 开展“践行战略目标　担当青春使命”主题活动

【服务中心工作】

以“号手岗队”为抓手，激励青年岗位建功。开展“青安先锋”“青年安全巡查”等专项行动，实施“青年安全生产示范岗”积分量化管理，圆满完成北戴河暑期等重大保电任务。

▶ 疫情期间开展青年安全巡查

定期开展“冀青春·创青春”创客分享交流，联合团市委举办秦皇岛市供电系统青年创新创意大赛、青年职业技能竞赛，获“中国创冀”大赛河北选拔赛地区金奖1项，获河北省“创青春”大赛奖项8项。开展“寸草心”爱老敬老活动7次，组织“青春助力脱贫”“我为双创献青春”“青年文明号关爱留守儿童”等活动，累计捐献爱心款物2.8万元。3个集体获评“秦皇岛市青年文明号”，1名青年评为“河北省优秀志愿者”。

【服务青年成长】

坚持心系青年、服务青年，通过推优荐才、青年岗位能手评选，让青年榜样脱颖而出，3名青年分获“河北省青年岗位能手”“河北省优秀安全生产志愿者”“国网冀北电力青年五四奖章”称号，7名团员通过推优入党。举办“守正创新　负重前行”主题演讲比赛和新员工才艺展演，助力青年奋进成长。开展“团团互联　一见青心”青年联谊2次，组织青年参与“三生石”青年婚恋交友活动，开展困难青年慰问、新员工结对帮扶、“青心相伴　团聚中秋”关爱活动，有效增强青年获得感。公司被评为河北省中长期青年发展规划实施试点。

▶ 举办“守正创新　负重前行”主题演讲比赛

【团的自身建设】

坚持抓基层、打基础，规范团的机构设置，严肃团内政治生活，认真开展“三会两制一课”，规范“智慧团建”录入，规范团费收缴、使用和管理，实施团青对标考核和团干部述职评议，加强团的组织建设。举办团干部培训班，评选“魅力团干部”，提升团干部队伍素质。建立“青心·云讲堂”，加强“一网秦深”微信宣传，建成“幸福心动力”青年之家，增强团组织有效覆盖。公司获评“河北省十佳企业团委”。年内，团省委郭旭涛书记、孙贺副书记分别到公司调研团青工作，并予以充分肯定。

▶ 团青工作推进会暨团干部述职评议会议

（林帅）

（四）纪检监察

【管党治党责任】

坚持党委对党风廉政建设和反腐败工作的统一领导，推动全面从严治党责任落实。召开公司2020年党风廉政建设和反腐败工作会议，对全年党风廉政建设重点工作任务进行全面的安排和部署。印发《2020年纪检工作重点任务》《落实全面从严治党主体责任和监督责任清单》，细化23项重点任务、42项职责，层层压实责任。以提级巡察、审计检查和纪律审查发现的廉洁风险隐患为重点，开展党风廉政约谈，有针对性地约谈基层单位负责人74人次，进一步传导压力。细化廉政安全考核指标，划出纪律红线和减分考核标准，以严格的考核促进全面从严治党要求落实。

【专责监督工作】

严格落实冀北公司纪委“十不”“一严禁”工作要求，结合国家电网公司30项举措，制定细化疫情防控和复工复产监督检查12项指导方案，公司领导多次带队加大办公场所、复工现场监督检查，推动公司有效防控疫情、有序复工复产，确保疫情防控和服务经济社会发展“两手抓”“两促进”。结合冀北公司2020年扶贫重点任务和监督重点工作，制定公司扶贫领域工作责任分工表，细化分解6个方面78项工作责任，运用指导手册规范开展电力扶贫监督4次，重点监督扶贫责任落实、扶贫资金使用、扶贫项目实施等情况，确保决战脱贫攻坚政治任务落实落地。

【纪律作风建设】

持之以恒落实“中央八项”规定精神，围绕假期节点，常态开展重要节假日监督检查，坚持“节前预防、节中检查、节后总结”的工作原则，下发提醒通知5期，累计对16家基层单位开展督查，严防隐形“四风”变异反弹。持续整治形式主义、官僚主义，结合“放管服”改革要求加强和改进机关本部工作作风，最大限度为基层减负。针对供电服务领域“位低权实”和“小微权力”岗位，加强对供电服务一线的廉洁风险隐患排查整治力度，开展对供电所监督检查6次，提出监督建议3条，处理供电所人员违规违纪问题1项，给予行政警告处分1人，绩效处罚2人，有效形成震慑，监督执纪触角进一步向基层延伸。联合市委纠风办共同开展“履承诺、见行动、促发展”活动，公司在活动中积极履诺践诺，充分展示国家电网公司干部职工的良好作风形象，进一步促进优质服务和群众满意度水平的提升。

【纪律审查工作】

灵活运用监督执纪“四种形态”，对初核发现的苗头性问题早提醒、早纠正。对信访举报、提级巡察、日常监督发现的违规违纪问题，依纪依规严肃处理，坚持“一案双查”，倒逼主体责任落实，问责追责22人次，开展警示教育2次，有力形成震慑。坚持“一案一建议”，深入剖析案件背后存在的症结，发挥好以案促鉴、以案促改的政治效果，对全年受理的信访举报案件进行分析，排查出矛盾隐患3个，为改进管理、堵塞漏洞，将执纪成果转化为制度建设成果提供依据。

【廉政教育工作】

建设南山反腐倡廉警示教育基地，成为公司深入开展党风廉政建设和反腐败工作的重要阵地和各级干部员工开展廉政教育、风险防控的重要载体和平台，充分发挥警示教育、形象展示的重要作用。自投入使用以来，接待公司系统内外参观共计345人次。制定公司家庭助廉“五个一”活动方案，征集活动作品207项。突出教育在先，警示在前，为广大新员工讲授廉洁第一课，通过岗前廉洁专题教育，违纪违法案例教育，教育引导新员工走好事业第一步。开展“自律修身，廉洁从业”心声寄语活动、“廉洁从业大家谈”活动，教育引导党员干部算好人生“七笔账”，筑牢“不想腐”的思想防线。

【纪检队伍建设】

利用中纪委视频讲义教材，举办全体纪检人员培训，组织纪检干部培训班2期，邀请秦皇岛市纪委专家进行专题讲座，利用线上培训学习国家及上级单位纪检工作制度，培训率达到100%。选派3名纪检干部参加冀北公司提级巡察工作，4名县公司纪检干部参加公司交叉检查，通过以干促培，促进纪检干部在巡察、检查工作中多岗位、多专业得到历练，履职能力不断提升。坚持优进优出，全年调整交流纪检干部6人次，结合支部换届选举工作，组织新任纪检委员座谈会，要求各纪检委员要争做专业廉洁风险防控的“排头兵”，针对重点领域和关键环节的问题，要敢于监督，善于利用自身专业优势发挥专业廉洁风险防控作用。

（陈静）

（五）工会工作

【职工民主管理】

1月20日，公司召开二届四次职工代表大会（简称“职代会”）。全体职工代表审议《提质增效　攻坚克难　全面推进公司高质量发展》工作报告及7个专题工作报告，通过了《关于国网秦皇岛供电公司二届四次职工代表大会总经理工作报告的决议》等5项决议。2019年度国网劳模、冀北劳模、冀北工匠、冀北感动人物、2019年度公司先进集体、2019年度冀北先进工作者、2019年度公司先进工作者代表、2019年度冀北工人先锋号、公司先进班组代表、2019年度公司技术能手在会上受到表彰。

▶ 公司召开二届四次职工代表大会（史文全　摄）

【职代会闭会期间民主管理】

二届四次职代会闭会期间，召开五次职工代表团（组）长联席会议，讨论审议《国网秦皇岛供电公司工资支付办法》等10项内容。开展职工代表巡视检查活动和总经理联络员调研活动，征集调研报告34篇，评选出20篇有价值的进行表彰。开展集体合同宣传和集体合同履约监督检查工作，《公司关于2020年度履行集体合同情况的报告》提交职代会审议。开展“我为公司献一策”合理化建议活动，征集合理化建议109条，采纳97条，评选出70条优秀合理化建议并进行表彰。开展提案工作、民主管理知识培训。开展提案“提质增量”专题工作，征集55件职工代表提案及建议，1件提案获评冀北公司优秀提案，36件获评公司优秀提案；印发职工代表提案催办书，承办部门对各项提案进行专题研究并进行书面答复，结案率和职工代表满意率均为100%。

【厂务公开】

完善公司厂务公开联络员队伍，优化厂务公开专栏公开流程，审核发布厂务公开事项30余项。维护更新基层单位厂务公开栏57次。健全完善各供电所所务公开管理制度和办法，建立供电所所务公开档案，为1个基层班组制作阳光班务公开栏。学习落实《职工代表大会实施细则》《国家电网公司职工民主管理纲要》《企业民主管理规定》等法规制度，组织职工开展企业民主管理知识学习宣传活动。

（刘淑洁）

【班组建设】

班组建设探索新模式。制定落实冀北公司《关于减轻班组负担促进班组提质增效的实施意见》责任分工方案，细化减轻班组负担重点工作任务24项，基本实现班组瘦身健体。2020年，公司职工高会民荣获全国劳动模范称号，3名职工分获河北工匠、国家电网公司劳动模范和冀北公司劳动模范称号，8名职工荣获冀北公司先进工作者称号，1名职工荣获冀北公司巾帼建功标兵称号。3个班组荣获冀北公司工人先锋号称号。

【技术创新】

以“秦电创客联盟”为平台，职工创新创效活动从单一专业型向融合型转变，研发出跨专业融合型成果。征集职工技术创新成果34项，9项成果分获中国能源化学地质工会、冀北公司、秦皇岛市职工技术创新成果奖，2名职工被聘任为秦皇岛市职工技术创新导师，1个劳模创新工作室荣获第六批河北省劳模和工匠人才创新工作室称号，改造3个职工（劳模）创新工作室。

【职工文化建设】

职工文化成果丰硕。一是不断完善职工活动阵地，新建南山职工书屋，改造职工活动中心健身房、舞蹈房、文艺协会活动阵地，新建基层职工书屋4个、瑜伽室2个、职工活动室1个、书画室1个，为职工提供身边的文化空间。二是举办以“为美好生活充电，为美丽中国赋能”为主题的第二届职工文化体育艺术节暨“迎国庆”职工文化系列活动，参与职工达800余人次。三是在疫情期间，公司文学协会举办“凝心战‘疫’以‘读’攻毒”云分享活动，引领职工科学化解压力、增强防疫能力。自活动上线以来已成功举办27期，参与职工500余人，活动有关报道先后在学习强国、人民日报等20多家媒体刊发。文艺协会创作“众志成城”抗疫主题歌曲、书画协会创作抗疫专题书画作品，推动形成上下一心抗击疫情的强大合力。四是承办“冀北好声音”职工歌手大赛，两首原创歌曲分获“国网好声音”

金奖、铜奖，公司两名职工分获“国网好声音”银奖、优秀奖。

（刘继东）

【实施送温暖工程】

落实困难职工救助工作，为9名困难职工发放补助4.8万元；春检预试期间，公司领导深入一线慰问30余个现场，惠及职工500余人；暑期保电期间为基层一线班组发放防暑降温“应急包”25套；对于受疫情影响不能回家的值班人员，公司领导对其后方家庭进行走访慰问，把“送温暖”工作落到实处。

引领职工文明健康生活方式。为全体在职职工做好市大病医疗互助保险、家庭财产保险的投续保工作。2020年，秦皇岛市帮扶中心共计为370余人次补偿互助金56.17万元。

【女职工工作】

宣传女职工先进典型事迹。“三八”妇女节前夕，开展网络表彰会，表彰巾帼建功先进个人。组织女职工投保女性重大疾病安康保险，截至2020年年底，公司已有15名女职工受益。关注女职工的健康需求，开展妇女病普查活动，累计检查350余人次，以实际行动将女职工权益保护落到实处。

开展女职工建功立业活动。为建设一支高素质的女职工干部队伍，开展以“为美好生活充电，为美丽中国赋能”为主题的拓展训练活动。举办“从‘心’出发”心理健康讲座，促进广大女职工心理健康，减轻心理压力。

▶ “为美好生活充电，为美丽中国赋能”拓展训练活动（杨桦　摄）

丰富女职工文体活动。开办“韵律飞扬”瑜伽班，女职工参与率达80%；举办“平安吉祥　唯爱永恒”主题布艺手作活动；扎实推进“培育好家风——女职工在行动”主题实践活动，充分调动女职工积极性，让女职工增强爱国热情和报效祖国的责任感、使命感，打造“书香冀北·书香秦电”女职工特色文化品牌，为女职工工作增色添彩。

▶ 举办“平安吉祥　唯爱永恒”主题布艺手作活动（杨桦　摄）

（杨桦）

【工会组织建设】

召开工会2020年工作会议，传达冀北公司工会2020年工作会议精神，审议2019年经费审查报告和2020年工会经费预算安排。青龙公司工会等4个基层工会在工作会上做了交流发言。会后对工会主席、女工主任、工会委员进行年度重点工作培训。

健全完善工会组织机构。调整更换及新选举基层工会主席6人，调整基层工会委员31人，调整基层女职工委员会主任4人、女职工委员11人，更新完善会员档案。

开展工会标准化建设。制定2020年工会工作标准化建设年度工作计划、2020 年工会主要工作项目横道图、2020 年基层工会例行工作、2020 年基层工会年度重点工作任务要点、工会工作标准化建设模板文件。开展职工代表、工会干部培训工作，提升职工代表、工会干部履职能力。参加冀北公司工会干部管理培训，15 人参培。2020 年公司工会获得秦皇岛市先进职工之家、冀北公司工会工作先进单位等荣誉。开展“强素质、作表率”工会干部主题读书活动和读书心得征集，征集读书心得 64 篇，评选出 42 篇优秀读书心得并进行表彰。在中国电力企业联合会关于开展弘扬社会主义核心价值观征文活动中公司职工刘淑洁、曲世龙撰写的《浅谈电力企业文化建设对弘扬社会主义核心价值观的作用》被《中国电力企业管理》杂志刊发，公司报送的 5 篇工会调研论文在秦皇岛市总工会获得优秀奖。

完善基础档案。维护更新基层工会组织机构、工会小组、职工代表、职代会专门工作委员会、代表团长、工会委员会、工会会员档案，完成基层工会主席、委员的补选工作。及时办理会员关系调转手续。

开展干部队伍建设。开展工会干部培训，220 余人次参培；开展工会读书活动，为 4 个基层工会职工书屋及职工小家购置10余万元图书。

（刘淑洁）

（六）后勤管理工作

【办公管理】

以安全管理为基础，持续加强安全管控。一是持续加强新冠肺炎疫情防控工作。严格落实疫情防控各级工作要求，按照防疫工作整体部署，健全应急机制，完善应急预案，全力做好疫情监测、排查、预警工作。细化办公场所及人员密集区域管理，严格落实通风、消毒防控措施。加强门禁管控，对进入办公区域和公共场所人员逐一测量体温、实名登记。积极筹措并按需、按时发放防疫物资，为职工做好安全防疫保障，公司整体疫情防控态势实现可控在控。二是持续抓好后勤在建工程安全管理。强化后勤工程项目安全管理和质量管理，结合北戴河新区综合楼、开发区生产综合楼等生产辅助项目管理实际，严格落实工程现场安全质量巡检制度，深入施工现场检查 80 余次，提出管理意见 10 条，督办单 4 条，及时跟进管理意见的整改落实，全力杜绝安全质量事故。扎实开展后勤岗位安全生产问题清单梳理，建立健全后勤安全管控措施，推动安全责任落实，确保项目全过程安全可靠。三是持续强化办公场所安全管理。加强后勤安全管理常态化，提高隐患排查力度，完成 2017—2020 年电气火灾专项治埋“回头看”安全检查等工作，发现安全隐患 15 处并已及时进行了整改。开展安全生产专项整治三年行动工作，结合工作任务表对消防安全进行了专项整治排查，并编制了问题隐患清单和制度措施清单，梳理出消防安全隐患 6 条，并录入安全生产三年专项整治系统，为下一步隐患整治工作打下基础。积极完成突发公共卫生事件应急预案和重点场所消防安全应急预案的编制和审议工作。强化后勤设备设施和消防设施的日常巡检、巡查制度的落实，办公场所安保“四个能力”建设得到进一步提升，强化安全防卫能力，提升执行服务能力，顺利完成“两会”等重要时段的安保工作。

以精益管理为途径，扎实推进后勤重点工程建设。一是扎实推进抚宁生产综合用房建设工程。完成抚宁生产综合用房项目发改备案，顺利通过国家电网公司可研评审及批复，并完成了项目设计招标提报，为项目初步设计编制奠定了坚实基础。二是扎实推进配电运检用房建设工程。完成配电运检用房项目施工许可办理，老旧房屋已拆除完毕，施工围挡已完成搭建，现场已具备施工条件，由于工程施工许可手续办理受阻导致配电运检用房项目施工进度稍滞后于里程碑计划，公司倒排工期并结合施工现场实际情况，在满足施工安全和工程质量的前提下加快推进工程进度，确保按照里程碑计划顺利推进配电运检用房项目建设。三是扎实推进惠民改造工程。完成公司经济技术研究所（简称“经研所”）办公楼、老调度办公楼、北戴河新区办公楼整体改造、开发区供电中心空调改造、5 个院落的门禁人行通道改造升级、基层 103 台老旧空调轮换等工作，着力改善基层职工办公环境，将有限的资金充分利用，持续推进后勤“乐业工程”建设。四是扎实开展后勤“十四五”谋划。完成电网小型基建项目规划，拟规划项目 21 项，共计 40 403 m^2，总投资 32 295 万元。完成生产辅助技改大修项目规划，拟规划项目 18 项，计划投资 4323 万元。

以创新管理为手段，稳步推进智慧后勤建设。一是高效完成后勤资产实物“ID”建设。作为地市公司唯一试点单位，按照依法合规、体量合理、资产最优、持续保障和信息准确完整的原则，在摸清资产家底的基础上，进一步梳理房产资源、土地资源、楼宇设备、办公物资、服务设备、公务用车等六大类二十小类后勤设备设施资产实物，在后勤资产实物管理模块内录入各种后勤资产实物信息 4569 条，其中楼宇设备 545 条、办公物资 3996 条、服务设备 9 条、公务用车 19 条，公司后勤资产统一信息库已初步建成。完成调度综合楼 3D 数据采集及赋码贴签工作，超前完成国家电网公司考核要求。二是持续推进管理创新应用。创新工作理念，改进方式手段，结合后勤资产实物“ID”建设、配电运检用房项目管理及房产资源管理工作的实际，提炼专业管理经验，构建后勤创新工作体系，深化管理创新应用，不断提升后勤创新化管理水平。

（高岩　孙亚超　董佳博　严保军）

【综合管理】

以规范化管理为依托，持续增强后勤保障能力。一是全面推进物业一体化规范管理。完成基层单位物业保洁标准制度上墙明示化管理，定期对各单位征求物业保洁服务质量的意见，共发放职工满意度反馈表 56 张，征求建议 18 条，意见建议全部得到落实。制定统一标准，整合物业保洁资源，全面提升了保洁服务质量。二是全面规范房产信息化职能管理。全面加强房产土地基础管理，对主业 17 宗共计 334 659.57 m^2 非生产性房产土地、64 幢共计 73 944.03 m^2 非生产性房产房屋进行全面梳理。认真梳理自有权属土地使用情况，全面完成 2019 年占地总面积 531 793.67 m^2 土地变更调查工作。对县公司房屋土地使用情况进行全面摸排，定期深入基层及县公司开展常态化办公用房监督检查，巩固办公用房管理成果。三是全面提升规范化服务水平。梳理办公场所设备设施维修及办公家具维修、领用工作流程，规范维修管理程序，及时地完成报修项目 300 余次，不断提升规范化管理水平。对办公楼电器设备及照明设施进行节能更新，对机关楼、档案楼等 5 个办公楼的外墙进行清理。完成计划生育管理工作，发放独生子女父母退休奖金 147 000 元。高质量组织完成在职职工 1245 人、离退休职工 1238 人的健康体检及三批次 250 余人的无偿献血工作；扎实做好劳动防护用品管理工作，结合一线员工工作需要对工作服进行细节改进，完成 1200 余人劳动防护用品的计划、采购及发放工作。

以开源节流为目标，强化职能管理穿透力。一是持续优化后勤资源配置。深入落实公司开源节流工作要求，对公司各单位物业保洁现状进行了调研，在规范资金使用的同时采取有力措施，合理整合物业保洁、安保资源，完成压降成本 30% 的目标。二是不断落实后勤职能管理。深入基层及县公司开展各专业检查督导，制定标准化作业流程，加强职能管理力度，提高公司整体后勤专业规范化管理水平，着力提升工作质效。三是进一步强化后勤管办分离。与鑫晟企业管理服务有限公司就物业、餐饮、安保工作做好界面划分，明确责任归属，完善管理相关制度，常态化开展督导检查，确保物业、餐饮、安保工作规范化运行。结合公司房产土地资源情况，与北山华实电力能源有限公司进行业务对接，推进房产资源盘活利用，做好公司整体后勤各项业务支撑工作。

彰显央企责任，协助社区完成团结里、红旗里小区的防控工作。按照秦皇岛市政府要求，组织共产党员先锋队下沉到社区对团结里 37 栋与红旗里 9 ～ 12 栋，5 栋楼 97 户居民开展“八防六必须”入户排查登记工作，在两处居民区设立防疫管控点 3 个，搭建围栏超 60 m 进行封闭，抽调 12 名安保人员进行安全管控，从关心与关爱的角度为值班的防疫人员搭建临时帐篷，严格执行出入检查防疫制度。

▶ 7 月 29 日，收到团结里社区锦旗（严保军　摄）
（张英蕾　刘宏　李冀荣　董佳博　严保军）

【公务用车管理】

深入贯彻落实冀北公司、公司年度安全生产会议精神，以安全行车为重点，着力抓好制度落实和驾驶员的安全教育，认真做好公司的交通安全管理工作，圆满完成了公司各项保障工作，确保公司交通安全稳定。公司公务车辆已保持安全运行记录 6104 天，未发生负主要责任刮碰事故，车辆损毁、盗窃事故和国家电网公司考核的同等及以上责任交通事故。交通安全局面保持平稳有序，公司连续 17 年被评为秦皇岛市交通安全管理先进单位，1 人多次获得秦皇岛市模范车管干部荣誉。

公司公务车辆管理采用集中管理，统一调度的管理模式，严格落实《秦皇岛供电公司公务车辆管理规定》，加强车辆的日常使用和管理，杜绝公车私用，严防发生舆论风险。加强驾驶员队伍建设和车辆精细化、标准化、信息化管理，与冀北公司要求同步，利用统一车辆管理平台，加强公务车辆的跟踪管理，全方位地监控公务车辆的运行情况，确保公务车辆在可控、在控状态。加强车辆“三检”制度的宣传与落实工作，经常性地开展车辆安全检查工作，及时排除车辆故障隐患，保证车辆始终处于良好的健康状态，确保公司公务车辆行车安全。

教育驾驶员严格执行车辆管理制度和交通安全法规，加强交通事故防范工作，落实公司制定的交通安全防范措施，坚决杜绝驾驶员疲劳驾车、带情绪驾车现象，杜绝习惯性违章行为及超速行驶、强超强会、酒后驾车和疲劳驾驶等交通违法行为。

切实加强车辆使用、管理及考核，避免车辆使用中的随意性和车辆管理死角，对车辆使用派车单进行了严格要求，做到所有车辆使用必须以《车辆派车单》为工作命令和行车依据，按《车辆派车单》上的工作要求、内容和行车路线完成出车任务。加大公务车辆使用费用管理力度，严格落实公司《关于加强汽车加油卡管理的通知》

《关于加强车辆维修保养管理的通知》《关于加强车辆 ETC 速通卡使用通知》要求。严格执行国家电网公司车辆维修保养单车费用标准。对公务车辆单车油料费、过桥费、存车费、保险费按月进行登记考核，进一步降低车辆运行成本，确保公务车辆运行费用合理、合规。

（袁继平　王玉良）

【离退休管理】

关心关爱离退休群体，依法依规落实好离退休人员政治待遇和生活待遇。一是多措并举，确保离退休群体零疫情。及时通过微信群传达疫情防控总体要求，动员广大退休人员履行好个人防控义务，全方位关注离退休群体的身体状况。二是克服困难，保障福利待遇、服务标准不降低。组织退休人员申报慢性病保险理赔，完成退休人员医药费报销单据审核、填报、收集工作，组织离退休人员开展健康体检。三是慰问帮扶，保持与离退休老同志的感情纽带不间断。坚持开展节日期间走访慰问活动及特殊群体慰问帮扶活动，协助患大病退休人员办理异地就医手续，指导退休人员完成“北京通”APP 社保认证工作。四是发挥退休人员引领作用，开展离退休干部学习教育活动。利用微信群、公众号等多种形式，先后开展国家电网公司新战略学习活动，学习宣传贯彻党的十九届五中全会精神。

坚持稳中求进工作总基调，高质量、高标准全面推进退休人员社会化管理工作。一是健全组织机构，为退休人员社会化管理移交工作提供组织保障。成立以总经理、党委书记为组长，纪委书记为副组长的退休人员社会化管理工作领导小组，制定《秦皇岛供电公司退休人员社会化管理工作实施方案》，成立了 7 个专项工作小组、1 个整体移交组，对移交过程中涉及的移交内容、档案资料、党员数量、活动场所等情况进行专业审核把关，确保各项工作依法合规，有据可查。二是加强学习宣传，关注隐患苗头，确保退休人员队伍稳定。注重舆情导向，针对苗头隐患及时疏导化解，为有序移交畅通渠道。全面走访退休老领导，主动与退休骨干交流政策精神，认真解答个别退休职工问询，通过多种形式、以点带面开展退休人员社会化管理、统筹外待遇等政策宣传，广大退休人员从情绪上做到了能接受，从行动上做到了不抵触，保障了社会化管理移交工作顺利推进。三是落实方案要求，分阶段完成退休人员社会化管理工作。根据秦皇岛市剥离国有企业办社会职能解决历史遗留问题专项领导小组办公室工作要求，结合每月陆续接收退休人员的实际情况，分两个阶段全面推进社会化管理工作。

（孟艳君　李红军）

七、公司所属单位

（一）海港区供电中心

【概况】

海港区供电中心隶属于国网冀北电力有限公司秦皇岛供电公司，担负着海港区的电力供应、销售及全区配电网络的设计规划、运行管理和检修维护。供电总户数 41.002 万户。海港区供电中心共管辖开闭所 1124 座，其中开闭所 117 座，配电室 362 座，箱开 210 座，箱变 435 座，公用变压器共计 1790 台，其中柱上变 302 台，室内变 1488 台，总容量 1210.85 MV·A；10 kV 线路 158 条，线路长度为 1943 km，其中架空线路 214 km（含架空裸导线 86 km，架空绝缘线 128 km），电缆线路 1729 km。

【人员情况】

海港区供电中心设经理 1 名，书记 1 名，副经理 3 名，下设 1 个配电管理室、1 个营业管理室、1 个工程管理室、1 个综合管理室，18 个一线班组和 2 个郊区供电所，共有在册正式职工 145 人，其中女职工 33 人，高级职称 4 人，中级职称 31 人，年龄构成为 50 岁以上 49 人，40 ~ 50 岁 53 人，40 岁以下 43 人，平均年龄 44 岁。供电服务职工 51 人。

【安全生产】

1. 深化安全生产管理责任

强化安全制度体系、监督体系、保障体系和应急体系建设，抓牢抓实三级安全责任，严格履行“管业务必须管安全”职责，开展全员安全生产承诺，做好安全文化建设。

2. 深化安全风险防控举措

切实执行配调现场管控流程，严把安措落实，细管安全交底，落实到岗到位，以人防补足技防；坚持安全生产布控周会和班前班后会，分析研判安全风险，部署安全措施，做好管控前置。全年累计工作现场 287 个，现场工作 1044 人次，到岗到位 339 人次，现场安全检查记录 86 张。

3. 深化安全查治专项行动

开展安全生产专项整治三年行动、配合上级安全生产巡查、做好各阶段安全大检查，问题导向，自查自纠，集中整治，巩固提升，持续、全面夯实本质安全。

4. 落实配电环境综合整治

以年久失修、防水失效程度为“锚点”，完成第一批 64 座配开箱屋顶、墙面、照明、排风等整体修缮，清理周边杂物 27 处，封堵积水电缆沟 4 条，修理空调 132 台、新装空调 14 台，对 306 个大门刷防锈漆，对设备及时检修维护，配电系统健康水平得到极大提升。

5. 落实运维检修隐患排查

科学制定预试方案和检修计划、消缺计划，共预试配电站房 37 座，消除各类缺陷（并电缆、变压器加油，温控器，更换套管或 CT 等）89 项；检修架空线路 34 条，砍剪威胁线路安全运行的树木 1283 棵。开展安全隐患排查治理专项工作，及时消除设备缺陷。对辖区内 10 kV 架空线路周期巡视 185 次，安排道路施工、防汛排查、设备隐患排查、保电线路特巡及线路测温特巡 264 次，测温 378 点次，处理影响线路安全运行隐患 32 处。对海滨路延伸工程、102 国道新建工程、热力相关施工现场进行每日特巡和隐患告知。巡视配开箱 1626 次，贴设备识别码 1448 个。

6. 强化基础数据核查梳理

继续夯实实物资产基础管理工作，围绕提高实物资产台账和准确率，对 286 座配开箱进行现场盘点，同时保证新投运设备的台账准确率，从源头入手进行现场验收核实，登记资产台账。开展二次设备基础台账整理工作，对保护装置、DTU、FTU、直流装置等设备型号、定值、运行年限等进行核对，完善 PMS 系统数据。对一、二级开闭所自投装置情况和 121 座北部小电阻改造站房进行摸底排查。

▶ 配电设备日常巡视

7. 推进配网设备监控智能化建设

供电可靠率、城农网综合电压合格率、用户停电平均时间、技改大修资金完成率、技改大修督办单、配网基础资料完成率等按要求完成；未发生八级以上人身事件；未发生七级以上电网、设备、信息系统事件。

【电网建设】

1. 强化统筹配网建设规划

完成海港区“十四五”规划及2021—2023年项目需求编制工作。结合圆明湖大街修建工程，完成拦马线改造，新建第二电源，提高负荷转供能力。配合市政完成海滨路延伸工程和102国道线路迁改工程。开展杨庄站、耀华站10 kV小电阻接地改造工作，完成17座站房整站改造、11座站房部分改造，16台柱上开关改造。配合海港区政府完成东港镇“电采暖”用户供电方案制定。

2. 强化推进工程项目实施

完工年度配网基建工程7项，技改8项，大修4项。完成2021年度基建储备工作，共计储备基建项目42项，技改9项，大修11项，其中17项基建项目下达了资金，技改大修项目未下达。项目实施后改造重载台区4处，改造配开箱13座，能够提升建设一、二线，文化一、二线等重要节点老旧配开箱的健康水平，降低故障率，提高高考供电可靠性。

▶ 工程施工现场

【经营管理】

累计完成售电量38.57亿kW·h，同比下降2.11%；售电均价559.58元/（MW·h），同比下降8.48元/（MW·h）；电费回收月均水平完成100%；业扩报装服务规范率100%；台区同期线损合格率93.55%，分线日损平均合格率88.31%；采集成功率99.84%，在线监测率97.95%；累计查处窃电、违约用电199起，追补电量399.88万kW·h，追补电费及违约使用电费473.81万元。

1. 优化电费电价执行管控

深化“以催代停”“一户一策管理”，全员助力疫情后电费回收工作。以专项业务培训为支撑，开展电费电价执行纠查行动，提升执行准确率。落实优惠电价政策，为12 898户非高耗能工商业用户减免电费4255万元；清理转供加价，降价红利传递到终端用户。

2. 优化计量采集运维管控

轮换123 174块本地费控卡表及全部非智能电表、2009版终端、2009版集中器，改造台区上行光纤316处，拆分300户以上大台区110处，更换采集终端4G模块732处。采集成功率99.84%；在线监测率97.95%，较年初提高2.61%。

3. 优化降损增效措施管控

专业协同治理，大数据分析精准查源；成立治安办，政警企联合反窃查违。10 kV线损合格率同比提高6.12%，台区线损合格率同比提升7.22%，负损线路和超高损台区基本清零；查处窃电、违约用电199起，追补电量399.88万kW·h，追补电费及违约使用电费473.81万元。

【优质服务和品牌建设】

1. 严格供电服务监控要求

严抓严管投诉红线，及时贯彻服务新规；用好奖惩指挥棒，研究落实满意率提升措施。推进营业厅综合服务平台全面应用，严肃窗口综合服务规范。发挥供电服务监控特色，深化服务中枢职能，供电服务监控班接电12 468件，拦截风险事件192件。

2. 严格营商环境优化举措

严格落实160 kW及以下项目配套政策，成立“1+N”业扩报装服务团队，高压办电时长压缩为49天，低压办电时长平均为6天。开展省优化营商环境评价、自查及迎检工作，获得上级部门高度评价。严格落实“网上国网”推广，绑定户号116 519户，增设线上办电专区，提升线上办电效率。

3. 圆满完成各类政治保电任务

结合设备实际运行情况，编制保电工作方案。合理规划、调配人力物力，对孟营线、拦马线、工业一线等18个“煤改电”台区和低压线路进行巡视和测温测负荷。完成“两会”、中高考等53次保电任务，协助完成各类会议、考试、活动等政府保电要求，为公司树立良好的社会形象。

【党的建设和精神文明建设】

1. 准确把握站位方向

认真落实“基层党建巩固提升年”各项工作部署，坚持和加强党的全面领导，推动党要管党、全面从严治党，党内管理和基础建设不断深入，持续完善党支部标准化建设，提升党建管理水平，发挥党建引领保障作用。加强对支部工作的指导，带领支部落实工作任务及支部管理，更好发挥党建优势。针对疫情的持续影响及国家电网公司新战略目标的提出，党组织切实发挥引领作用，引导广大党员坚定思想意识，在安全、服务、质效、创新等方面，带领大家立足岗位，负重前行。

2. 持续强化政治引领

一是常态化开展“不忘初心、牢记使命”学习教育，学习《党章》《党史》《习近平谈治国理政》《生命重于泰山：学习贯彻习近平总书记关于安全生产、应急管理重要论述》等书目，积极学习贯彻党的十九届五中全会精神，坚决贯彻习近平总书记重要指示批示精神和党中央重大决策部署，增强“四个意识”，坚定“四个自信”，结合网络学习、党建知识线上学习，引导广大党员守正创新、负重前行。二是建立“不忘初心、牢记使命”长效机制，在严格落实党内七项组织生活制度基础上，建立学习制度、配网隐患排查与治理制度、为民服务制度，践行“为中国人民谋幸福，为中华民族谋复兴”的初心和使命。三是落实实践活动。党总支成立后共完成“三会一课”学习教育90次，组织开展“守正创新、负重前行”“学战略、讲担当、干精彩”“做好电力先行官、架起党群连心桥”“纪念建党99周年”等主题党日活动12次，落实学习讨论及岗位特色实践，推进国网新战略目标的学习领会及落地实践，提高党性认识，以实际行动践行初心使命。落实“清风冀北　家庭促廉”主题活动要求，签订廉洁承诺倡议书6份，征集“立家训、晒家风”活动照片142张，“我的家风家训”故事9篇，廉洁文化书画作品 3 幅，以家风的传承和弘扬进一步营造崇德向善、崇俭尚廉的廉洁从业氛围。

3. 严格落实制度要求

一是严格落实“一岗双责”。制定《海港区供电中心党风廉政建设责任分工》，积极落实班子成员党风廉政建设工作任务与责任。二是严肃党内考核制度。试运行党小组及党员积分看板，严肃党内七项组织生活制度，深入推进支部标准化建设。三是落实党建与中心工作有机融合。结合预试、大负荷及窗口班组的日常工作，推进“三亮三比”及“党建 +”系列活动要求，鼓励党员同志立足岗位，创先争优，充分发挥疫情防控电力保障党员突击队的作用，为特殊时期电力正常供应提供政治保障，助力安全生产及优质服务；加强供电所党员管理，吸纳供电服务工党员同学习同管理。

4. 注重加强氛围建设

一是企业文化统一价值理念。开展供电所及中心文化上墙，完成青年文明号活动室及走廊文化建设。二是精神文明提升责任意识。积极配合政府“创城、创卫”工作，开展相关助力活动；落实共产党员服务队活动计划，月度开展活动总结，年内开展急抢修服务 2000 余次，义务帮扶及慰问 20 次，义务服务及宣传 12 次。三是思想调研促进队伍和谐。发放调查问卷 5 次，充分了解员工需求及工作建议，解决实际问题。四是先进引领发挥带头作用。开展各类先进及榜样选树申报工作，争创“十佳共产党员服务队”“星级党员示范点”升星建设；持续推进青年文明号建设，发挥青年文明号集体的先进作用，积极参与青年文明号开放周活动。五是正面导向把握形势方向。及时落实公司疫情防控相关要求，成立海港区供电中心“新冠”疫情防控应急领导小组，编制新型冠状病毒肺炎防控应急预案，疫情防控工作有序开展。

▶ 共产党员服务队助力站前防疫点疫情防控

5. 着力提升工团水平

一是发挥团组织生力军作用。开展团青“互教互学”课堂，累计举办 10 余次，培训青年员工 90 余人次，组织青年人积极参与青年大学习，激励青年员工立足岗位、建功立业，青年创新创意项目分别获得省、市级奖项。深化“青春光明行”活动，组织青年员工开展志愿服务，积极奉献社会，彰显个人价值。二是发挥工会服务职工作用。推进职工活动室、职工诉求服务分中心、职工书屋及供电所“五小”建设，丰富职工业余生活；组织召开退休职工欢送会，让退休职工感受到大家庭的温暖；在特殊天气和节假日慰问一线职工 4 次，慰问在外帮扶员工及患病职工 4 人。

（张莉莉）

（二）开发区供电中心

【概况】

开发区供电中心隶属于国网冀北电力有限公司秦皇岛供电公司，担负着秦皇岛经济技术开发区的电力供应、销售及全区配电网络的设计规划、运行管理和检修维护。供电总面积为 128 km^2（其中开发区西区 108 km^2，东区 20 km^2），供电区域内人口数量约 31 万人。截至 2020 年年末，开发区供电中心供电总户数 15.10 万户，变电站直接出线 10 kV 公用线路 85 条；共有中心开闭所 46 座，二级配电室 85 座，箱开 21 座，箱变 236 座，公用变压器合计 627 台，总容量 532.17 MV·A。

▶ 开发区供电中心办公楼

【人员情况】

开发区供电中心下设 7 个一线班组和 1 个供电所。共有在册员工 50 人，其中，高级职称 4 人，中级职称 11 人；员工平均年龄 45 岁。共产党员 23 人，占总人数的 46%。

【安全生产】

强化红线意识，筑牢安全防线。开展 2020 年全员及秋检准入《安规》考试，并上报“三种人”工作；组织开展安全大检查、安全生产月等专项活动，编制了《开发区供电中心 2020 年春季安全大检查行动实施方案》，排查治理隐患、缺陷共 9 条；组织安全专题日学习 5 次，重点学习事故快报。组织一把手讲安全课 1 次，上报第一责任人署名文章 1 篇，开展宣传活动 2 次，编制应急处置方案 12 个，应急处置卡 9 个；有效检验预案适用性和可操作性，组织防汛演习、反事故演习、高考保电应急储能车演练 3 次，提升应急处置能力；开展安全工器具到期试验工作，完成工器具检查试验 101 件，夯实安全作业基础；严格执行领导和管理人员到岗到位制度，计划工作现场 42 个，领导班子、管理人员深入工作现场到岗到位 84 人次。实现安全生产 8766 天。

▶ 运检员工开展设备巡视工作

【电网建设】

运维建设有序推进。2020 年共执行停电检修 40 项，完成率 100%。结合停电计划完成配网工程施工 5 项，技改 1 项，设备消缺 7 项，完成栖云山开闭所等 9 座配电室和箱变的自动化传动工作，配电自动化覆盖率达 81.18%。共执行第一种工作票 87 张，第二种工作票 13 张，低压工作票 34 张，工作票、操作票合格率 100%。圆满完成暑期，高考，英语四、六级考试等重大保电任务。深化宁海大道开闭所及移动储能项目的应用，参与北戴河家庭旅馆区、园博园指挥中心、“煤改电”等重要地区、场所供电服务。

▶ 国网首台移动储能车成功完成高考保电运行

密切跟踪项目实施进度。开展“党建＋工程建设施工安全大检查”活动暨长城东街开闭站项目开工仪式。强化工程建设全过程管控，注重影像资料留存，确保安全、质量和进度。碧海道、渤海东道环网箱新建工程等配网基建项目全部竣工，未出现滞后工程。

【经营管理】

2020年，开发区坚持以习近平新时代中国特色社会主义思想为指导，深入贯彻落实党的十九大精神，牢固树立“四个意识”，坚定“四个自信”，坚决做到“两个维护”，坚决贯彻落实公司党委决策部署，助力服务地方经济发展。

深入开展提质增效。开发区积极落实公司各项工作要求，助力服务企业复工复产，深入挖掘电网供电潜能，坚持“电量第一”的经营策略，全力保障供电量稳增长。提前完成宏启胜精密电子3号主变并网投运，7—12月增售电量4220万kW·h，实现挖潜增效。加大反窃查违力度，查处窃电及违约用电45户，追补违约使用电费155.22万元，有效提升经营效益。全年完成合环倒闸操作48次。做到“一停多用”，减少停电时户数57时户。

2020年，开发区供电中心在公司综合计划执行、营销综合评价考核中位于前列。渤海乡供电所在供电所管理提升考核中位居第七，进步幅度位列第一。细化指标管理，固化优势指标，对弱势指标制定有针对性的整改措施。将指标进一步细分到班组，按月考核。深入开展专项稽查工作，完成日常稽查191条，专项稽查243条。加强营配基础数据治理，结合低压卡表轮换，开展低压数据集中治理工作，全年治理异常台区42个，低压异常数据2500余条，治理高压异常数据230余条。保持用电检查高压态势，做好异常用户排查治理工作。截至12月底，综合线损率完成1.94%，同期线损率完成1.89%，低压线损率完成2.36%，均提前完成全年损率指标。台区线损合格率完成95.29%，较年初提升了6.39个百分点。

【优质服务和品牌建设】

复工复产扎实推进。在疫情防控常态化的形势下，开发区高度重视供电保障工作，进一步加强安全风险管控，落实复工复产工作要求，认真开展疫情防控、安全生产各类隐患排查，编制新版安全责任清单1个，开发区新型冠状病毒疫情防治及应急方案8个，实现一现场一方案。对小区监测站用电开通绿色通道，对重点防疫场所、负荷大的老旧小区开展特巡特护，第一时间为腾飞路派出所提供志愿服务无偿抢修，确保辖区电力可靠供应，获高度赞扬。

▶ 收到宏启胜精密电子公司送来的锦旗

2020年，开发区顺利完成7万块卡表轮换、终端更换、HPLC更换、光纤改造等工作，采集综合指标在公司系统位列第一。积极推广“网上国网”，累计推广4.22万户，完成全年指标的136%。深化业扩流程管控，实行“160 kV安及以下由低压接入”，已完成4户低压用户“零投资”接入，“获得电力”指标完成99.99%，在冀北19家单位位列第四。巩固漠视侵害群众利益问题专项自查成果，全年共受理6件投诉，同比减少10件，优质服务满意率完成95.15%。开发区应收电费13.53亿元，在疫情期间不停电、卡表批量轮换、区内企业经营形势不乐观的情况下，全力抓好电费回收，贯彻落实新电价政策，梳理“一户一策”高风险用户，多措并举确保电费“颗粒归仓”。为辖区转供电用户送达相关政策文件，规避服务风险。

【党的建设和精神文明建设】

突出党建引领作用。利用线上APP、线下党员活动室等多种形式落实“三会一课”制度，开展《习近平谈治国理政》第三卷学习、企业战略目标研习等主题党课6次；落实“党建+”安全生产。结合《生命重于泰山：学习贯彻习近平总书记关于安全生产、应急管理重要论述》讨论学习，支部书记以“强化安全意识、提升安全素质”为主题讲授专题党课，开展电力设施保护宣传主题党日活动，切实提高全员安全生产意识、安全技能素质；深化党风廉政建设，对关键岗位员工开展集体约谈；组建党员突击队。落实优化营商环境专项行动，将党建工作融入安全生产、优质服务，同时，积极参与战“疫”宣传工作，完成战“疫”朗诵及视频投稿共4篇，切实发挥战斗堡垒作用和先锋模范作用，凝聚“红色力量”。

（杨迦茗）

（三）北戴河区供电中心

【概况】

北戴河区供电中心隶属于国网冀北电力有限公司秦皇岛供电公司，担负着北戴河区域电力供应、销售及全区配电网络的设计规划、运行管理和检修维护。供电总面积为67 km²，供电区域内人口数量为110 000人，供电总营业户数63 808户（其中高压用户977户、低压客户62 831户）。截至2020年年底，开闭所、配电室69座，环网柜47台，箱式变电站233座，公用变压器共计498台，总容量279 165 kV·A；线路长度为577.7 km，其中电缆线路531 km，架空线路46.7 km。

▶ 北戴河区供电中心办公楼（王霏　摄）

【人员情况】

北戴河区供电中心设经理1名，党支部书记兼副经理1名、四级职员1名、副经理1名、主任助理1名，中心下设综合办公室，配电管理组，用电管理组，高压现场服务一班、二班、三班，配电抢修班，低压供电服务班，政企客户服务班，营业班，以及戴河镇供电所。共有职工65人，平均年龄52岁，其中女职工13人，党员37人。生产岗位通过技能鉴定的职工52人，生产人员持证上岗率为100%。农电劳务派遣工13人全部通过中级工技能鉴定。2020年，面对世所罕见的疫情，北戴河区供电中心始终全面贯彻落实秦皇岛公司各项决策部署，团结带领中心全体职工继承传统、笃正实干，经受住了暑期旅游和艰巨任务的重重考验，各项工作取得了预期成效。

【安全生产】

坚决贯彻习总书记关于统筹推进疫情防控及经济社会发展的一系列重要讲话和指示精神，筑牢疫情防控和安全生产“两条底线”，科学编制春检预试及疫情防控工作预案，严格执行到岗到位及现场安全监督制度，管理人员到岗到位117人次。压实各级安全责任，修编《安全责任清单》，全员签订《安全生产承诺书》，组织专题安全日活动 8 次，开展安全大检查 4 次。在配网运维中履行使命职责。辖区内全面实现配电室层级站室合环倒负荷，累计操作 62 次，变电站出线电缆停电检修期间客户零停电，有效保障了用户供电可靠性，最大限度降低了用户投诉概率。春检预试高压开关柜 101 面，试验保护装置 74 路、10 kV 电缆 115 条、配电变压器 22 台，消除缺陷 11 处。圆满完成中直、国务院等重要客户电气设备的预防性试验，完成春节、高考、省重要会议等 18 项重大事件保电任务，实现连续安全生产 7256 天。在用户侧管理中展现担当作为。暑期前对辖区内公网线路和专线所属电气设备进行全面排查，特巡用户设备 335 次，下达用电检查结果通知书 23 份。针对用户设备故障造成越级跳闸的隐患风险，明确风险源头、故障原因和解决方案，形成书面报告报备至区政府。积极协助区政府开展智慧城市建设，集中整治区域内配电设施外部环境，清理东经路、剑秋路等临街沿线配电室外观 26 处，更换刘庄、草厂等城中村及北戴河艺术村落破旧表箱 530 只。

【电网建设】

落实属地公司管理责任，凝聚全员合力，调动一切资源，全力推进北戴河新建 110 kV 河东寨输变电工程建设，尽职尽责做好属地协调，确保工程按里程碑计划有序推进。河东寨站 110 kV 戴河至河东寨、110 kV 小营至河东寨 2 条变电站进线于 12 月 1 日全线贯通，该站的竣工投运对于提升重要用户供电可靠性、优化北戴河网架结构、缓解城乡接合部负荷开放问题具有标志性意义。2020 年承接涉暑工程配网基建项目 3 项，10 kV 河东寨站至拔道洼配电室电缆线路、10 kV 海滨站至文化宫配电室电缆线路及业扩项目等新建工程均严格按照时间节点要求高质量完成。以临时方式替代的民宿区供电提升工程于 5 月底前全部实施完成，困扰刘庄、薄荷寨、草场等重点民宿聚集区的供电能力不足问题得到彻底改善。此外，中心科学调配内部资源，在崔各庄、蔡各庄等城中村加装 3 台柱上变，合理分割负荷，解决新扩城区的台区过载问题。在实施的业扩配套项目中，解决低压新装增容需求 16 户，通过绝缘化改造朱庄支线 5 km 低压线路，消除裸导线的安全隐患和窃电风险。

【经营管理】

加强综合计划统筹管控，形成持续改进的闭环管理模式，指标管理能力稳步提升。营销各项重点工作有序推进，严格落实优化营商环境各项举措，进一步规范和加强营销业务管控，服务水平有效提升。完成辖区内转供户梳理，对 27 处转供电主体单位进行张贴告知，确保电价优惠政策真正落到实处。因地制宜，制定高风险客户“一户一策”电费回收措施，日监控、周预警，实现费控覆盖率 100%。力邀区热力公司担保电费，共同承担缴费责任，通过预收、技术、外联等措施“多管齐下”，力保年底电费“颗粒归仓”。深入推进电费回收“日清日结”，更换远程费控表计 3.26 万只，已轮换全部卡表与 2009 版终端及 HPLC 模块。通过业扩配套项目解决了 16 户低压客户的新装增容需求，已全部送电。引入线上办电新模式，落实“网上国网”推广任务 1.49 万户，严格执行全面提升“获得电力”服务水平 9 项举措，辖区内低压非居民用户平均接电时长缩短至 1.5 天；高压用户平均接电时长缩短至 38.6 天。

▶ 深入社区推广“网上国网”（王松　摄）

【优质服务和品牌建设】

严格落实国家电网公司“细之又细，实之又实，确保安全”要求，将履行好暑期保电职责使命作为全年工作的重中之重，通过不断优化保电机制，强基础、防风险、明责任，全力以赴确保北戴河暑期政治保电万无一失，辖区电网安全平稳度夏。迎峰度夏保电期间，全体班子成员、管理人员、班组长将在岗时间延长至 23 点，恶劣天气和特殊情况随时到岗。在公司党委的大力支持下，遴选 10 名党员支援北戴河，共计 17 人从 6 月 25 日进驻重要用户，全封闭值守连续工作 68 天、1632 小时，累计完成重要用户保电 257 场次，重要用户院内供电安全平稳。9 月 2 日中共中央直属机关北戴河服务局特此给冀北公司来信，感谢公司对该局工作上给予的支持和暑期期间提供坚强的供电保障，为该局圆满完成 2020 年暑期服务工作做出的重要贡献。

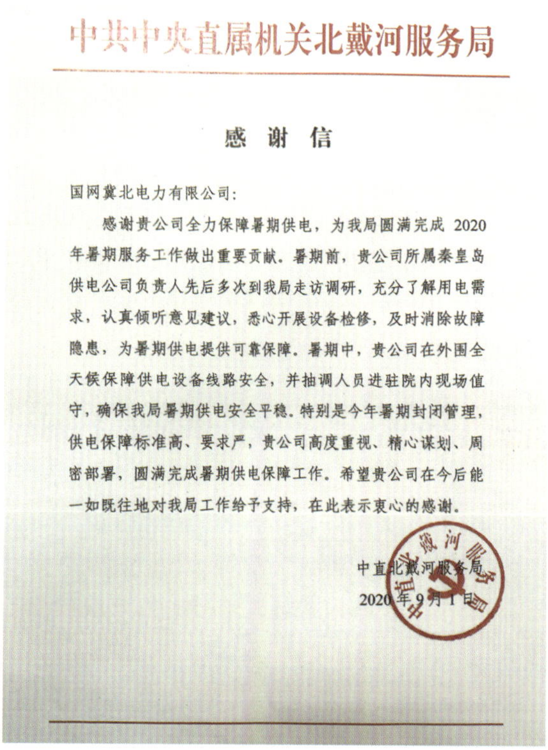

中共中央直属机关北戴河服务局

感 谢 信

国网冀北电力有限公司：

感谢贵公司全力保障暑期供电，为我局圆满完成 2020 年暑期服务工作做出重要贡献。暑期前，贵公司所属秦皇岛供电公司负责人先后多次到我局走访调研，充分了解用电需求，认真倾听意见建议，悉心开展设备检修，及时消除故障隐患，为暑期供电提供可靠保障。暑期中，贵公司在外围全天候保障供电设备线路安全，并抽调人员进驻院内现场值守，确保我局暑期供电安全平稳。特别是今年暑期封闭管理，供电保障标准高、要求严，贵公司高度重视、精心谋划、周密部署，圆满完成暑期供电保障工作。希望贵公司在今后能一如既往地对我局工作给予支持，在此表示衷心的感谢。

中直北戴河服务局

2020 年 9 月 1 日

▶ 收到中共中央直属机关北戴河服务局感谢信（王松　摄）

【党的建设和精神文明建设】

进一步优化和精简暑期支暑力量，在借鉴去年成立支暑人员临时党支部经验的基础上，提高支暑人员的党员比重，强化岗前培训、明确岗位纪律和行为规范，力求不断提升保电工作质量效率，提升队伍素质形象。依托“北戴河共产党员服务队”特色品牌，在常态化做好疫情防控的同时，持续优化营商环境，全面支持区域内企业复工复产，认真落实柔性催费制度，共产党员服务队深入困难企业、居民家中了解情况、解释政策，千方百计保证电费结零。疫情期间，及时为 1 处医学隔离观察点和 3 处复工返乡安置点提供精准有效的供电保障。

▶ 开展共产党员服务队“三亮三比”主题实践活动（王松　摄）

（王松）

（四）山海关区供电中心

【概况】

山海关区供电中心隶属于国网冀北电力有限公司秦皇岛供电公司，担负着山海关区的电力供应、销售及全区配电网络的设计规划、运行管理和检修维护。辖区内共有4个街道、3个镇：南关办事处、东街办事处、西街办事处、路南办事处、一关镇、石河镇、孟姜镇，供电总面积178 km^2。截至2020年，辖区供电人口15万人，其中专变户834户，直供公用台区变压器578台。

2020年，山海关区供电中心所有指标均优于计划完成。完成售电量4.80亿kW·h；售电收入26 278.13万元；电费回收率达到100%；线损率5.05%；停电总时户数为28 861.18时户，用户平均停电时间为23.1592小时。供电可靠率RS-1为99.73%。

【人员情况】

山海关区供电中心现有在册正式职工50人，其中高级职称1人，中级职称2人。年龄构成为50岁以上7人，40～50岁23人，40岁以下20人。下设营业班、低压现场服务一班、低压现场服务二班、政企服务班、高压现场服务班、配电抢修班6个一线班组，1个郊区供电所。

【安全生产】

领导干部履职尽责，深入作业现场检查疫情防控措施。一是严格组织落实新型冠状病毒肺炎防控期间的应急保障工作，编制山海关区供电中心应急保障支援方案，组织应急队伍。做好新冠肺炎疫情摸排工作，落实公司疫情防控工作各项要求。贯彻公司关于复工复产的各项要求，做到安全生产和疫情防控“两手抓，两不误”。强化安全意识，消除因疫情长时间停工停产而滋生的麻痹大意全风险防控、安全隐患排查治理和反违章工作的执行情况。二是贯彻落实安全生产专项整治三年行动，结合《“三下三上”方案》第一阶段“一上一下”阶段工作要求，开展消防演练、春季安全大检查、秋季防火特巡，完成电气火灾综合治理工作“回头看”，把好消防安全关；严格落实各级人员安全生产责任，细化现场作业“两票三制”监督与考核，坚决杜绝无票作业，以“查风险、治违章、抓落实”为主题，开展配网基建技改施工现场安全大检查，重点做好分包队伍的准入及安全管理，把好人身安全关；编制高考保电及防汛预案并实战演练，对跨国道、高速，交叉跨越线路，配电站房进行安全隐患排查及治理，取暖季前对“煤改电”线路及设备进行巡视测温，把好配网安全关。

【电网建设】

山海关区供电中心所辖区10 kV配电线路28条，配电线路总长401 km，其中，架空线路176 km（含绝缘架空导线94.87 km），电缆线路225 km。0.4 kV线路总长174.7 km，其中，架空线路32 km，电缆线路142.7 km。杆塔519基。辖区共有配电室、开闭站、箱式变252座。公用变压器578台，用户专变848台，总装机容量566 918 kV·A。

2020年山海关区供电中心所属设备运行状态良好，落实设备检修管控，去除鸟巢60处、树障1290棵，消除缺陷15处。完善PMS 2.0及GIS系统，完成辖区28条线路及218座站房的数据治理工作。

精准立项，改善网架结构。一是完成上沟村箱变、北营子箱变、黄金庄东变台等5个业扩项目，开放负荷，提高农村居民用电质量，助力农村农业发展。二是完善网架结构，通过新建沿海开闭所将高建线田庄支线进行分割，降低高建线负荷，减小供电半径，提升供电可靠性，现项目土建施工正在进行。

强化二次管理，提升配网自动化有效覆盖率。一是强化二次设备及继电保护管理水平，排查保护装置，核对保护参数，完成兴华中心开闭所，西河一、二开闭所，莲花湖开闭所等6座中心开闭所二次设备消缺、定值核对及保护传动试验，从技术层面消除越级跳闸隐患。二是全面提升配网自动化水平，辖区内15条10 kV线路安装一、二次融合开关34台，实现接地故障选线告警，有效避免了变电站母线接地后逐条拉路寻找接地线路，减小停电范围。小湾开闭所和港苑新居开闭所加装DTU，缩小故障停电范围及抢修时间。

三是对故障多发的用户设备协商安装开门狗开关，对用户故障精准定位、快速隔离。

▶ 4 月 14 日，10 kV 青石支线切改现场（王寅　摄）

【经营管理】

一是持续推动营销智能化转型。高度关注营销部采集周工单，2020 年采集成功率完成 99.87%。线上交费应用率完成 79.10%，企业缴费比例 1.63%，费控协议签订率 95.69%，营销智能化程度越来越高。二是提质增效增供扩销。严格业扩报装各项制度执行，简化业扩报装手续。大客户开通绿色通道，实行项目经理制，缩短业扩时长。三是多措并举确保电费回收。加强电费回收过程管控，做到责任到人，强化考核，加大对高低压费控用户协议的签订，用技术手段确保不再发生欠费情况。四是深入挖潜堵漏增收。常态开展主题稽查工作，系统分析与现场核实相结合，对疑似用户和问题用户进行核实处理。定期开展营业普查工作，普查高、低用户 4800 多户；窃电违约用电稽查成效共计 126 万元。

【优质服务和品牌建设】

一是严格执行“一口对外、首问负责、一次性告之、限时办结、一证受理”制度。二是落实各项服务制度，落实常态化巡视制度，建立音视频设备记录。三是实行 95598 工单专人负责制，认真核实回访，限时办结，认真分析投诉内因，查找服务短板。四是建立频繁停电微信群通知联动机制，发挥营业抄表班组区域管控优势，及时对居民进行临时停电及故障处理情况告知，累计接收非抢修类工单 1856 件，比同期减少 570 件。投诉工单 32 件，比同期减少 4 件。表扬工单 10 件，比同期增加 6 件。举报工单 2 件，比同期增加 2 件。累计接收市长热线 151 件，比同期减少 88 件。共接收 12398 工单 3 件（撤诉 2 件），比同期增加 2 件。五是圆满完成疫情防控保供电任务，中高考、暑期等保电任务。

▶ 5 月 15 日，10 kV 兴华二线电缆抢修现场（刘成薪　摄）

【党的建设和精神文明建设】

一是加强基础管理，严肃党内政治生活，规范“三会一课”制度，严格执行组织生活制度，开展 3+X 主题党日活动。二是围绕“旗帜领航，正心明道”，强化共产党员服务队建设，以党员为核心，强化保电、宣传、线损治理等多项中心重点工作。三是开展志愿服务进企业专项活动，调研企业用户需求，宣传安全用电及节能减排知识，帮助用户解决生产中存在的问题，建立用户微信群通知机制，点对点开展优质服务。

组织慰问孤寡老人，发扬团结互助、扶危济困精神，关心职工生活，走访慰问离退休老职工，看望患病的职工和职工家属，坚持五必访，暑期保电，为一线职工送去防暑降温用品。积极引导广大党员职工利用“三会一课”、微党课等形式学习新思想，提升理论水平，依托中心职工活动中心和职工书屋，强健体魄，疏解压力，丰富精神文化生活，并在原有书籍基础上，继续添置历史、文化、养生保健等多种类书籍。

（王磊）

（五）北戴河新区供电中心

【概况】

北戴河新区供电中心隶属于国网冀北电力有限公司秦皇岛供电公司，主要承担着昌黎县城区及北戴河新区南戴河区域内所有用电客户的供电任务。同时负责上述区域内用户的抄表、收费、业务受理、用电咨询及供电线路及设备的运行、维护、检修及抢修工作。

2020 年，北戴河新区供电中心以落实公司二届四次职代会暨2020年工作会议精神为重点，紧密围绕全年各项主要指标和重点工作，以安全生产、队伍稳定为重点，不断夯实基础、规范管理、提升服务，助力推动地方经济发展，圆满完成全年各项工作任务。

【人员情况】

截至 2020 年年底，北戴河新区供电中心在册正式职工 47 人，平均年龄 41.8 岁。具备研究生以上学历 7 人，大学专科以上学历 33 人。具备高级职称 3 人，中级职称 14 人，初级职称 9 人，取得技师资格 26 人。下设营业班、低压供电服务班、政企客户服务班、高压现场服务班和配电抢修班共 5 个一线班组，南戴河供电所 1 个乡镇供电所。

【安全生产】

北戴河新区供电中心认真落实各项安全生产法律法规，教育职工牢固树立“安全第一、预防为主”的思想，开展以“消除事故隐患　筑牢安全防线”为主题的安全生产月活动，不断夯实安全基础，从源头实现安全生产的可控、在控。

一是修订安全责任清单，明确各岗位安全责任，提高安全责任意识。

二是合理制订培训计划，严格落实安全培训及《安规》考试，常态化开展安全日活动，认真组织事故通报学习，开展停产讨论，吸取事故教训。

三是严格现场管控措施，认真执行领导及管理人员下现场制度，严格落实派工单制度，有效控制现场习惯性违章现象发生。

四是修订完善新区供电中心各类应急预案和现场处置方案。

五是认真落实公司安全生产专项整治三年行动计划细化方案，按时排查上报。

六是强化日常防火、防盗及信息、车辆安全的监督检查。

截至 2020 年 12 月 31 日，累计实现安全运行 8034 天。

【电网建设】

截至 2020 年年底，北戴河新区供电中心管辖配电线路共计 42 条，其中架空线路 17 条，电缆线路 25 条。线路总长度 442.92 km，其中架空线路长度 213.69 km，架空绝缘线路长度 97.58 km，架空绝缘化率 45.67%；电缆线路长度 229.23 km。平均供电半径 4.9 km。线路联络率

83%，N-1 通过率：80.95%。辖区内开关站 15 座，配电室 31 座、箱开 27 台、箱变 160 座、柱上变 291 台，合计公用变压器 577 台，总容量 297.15 MV·A。配电自动化覆盖率 92.86%，全部以无线公网通信方式进行，故障指示器 19 个，FTU 4 台，DTU 19 台。电压综合合格率达 99.996%，供电可靠性完成 10 435.88 时户数，可靠率为 99.8993%。

北戴河新区供电中心始终坚持将配网管理作为重点工作，确保配网优质坚强，有效提升辖区供电水平。

一是全力做好周期巡视检查工作。按照周期进行线路及设备定期巡视，累计砍剪配电线下树 540 棵，完成输电线路下昌黎城区线下树全部砍剪，共计 2513 棵。

二是开展迎峰度夏工作。对配开箱设备进行大检查，重点检查门窗封闭性、设备通风设施、电缆沟道积水等情况。

三是推进合环导电工作的进展。积极申报自动化改造、优化网架结构等相关项目，同时对保护定值进行梳理，逐步推进合环倒电。完成五里营开闭所、南娱大道开闭所合环倒电共计 6 次。

四是开展带电检测工作。完成开关设备及变压器测温 317 台次，测电流 427 台次。

五是持续开展防外力破坏工作。成立看护小组，每天对管线进行巡视，重点地段派专人看护，现场勘查看护达到 590 人次。充分利用昌黎县管线业务协会微信群，及时发布和了解相关施工信息，全年未发生因外力破坏造成线路故障。

六是针对昌城站 1 号主变重载的问题，积极对 1 号主变所带负荷进行转移，将昌城站 10 kV 东干二线 13 号开关之后负荷转至马铁庄变电站 10 kV 中心城二线，转移负荷 7 MW。

七是强化配网规划修编。继续开展新区电网规划修编工作，积极配合新区规划部门开展国土空间规划工作。按照公司要求抽调专人开展“十四五”规划及网格化项目需求等工作，合理储备相关项目，解决频繁停电、低电压等问题。

【经营管理】

2020 年，北戴河新区供电中心累计完成售电量 3.78 亿 kW·h，售电收入 19 139.95 万元，累计完成售电均价 506.85 元 /（MW·h），电费回收率达 100%。在强化基础管理的同时，深化窗口建设，加强营销人员的业务培训和素质提升。

一是落实新电价政策。组织开展电价自查自纠，常态化开展营销稽查，查漏补缺，逐项整改，2020 年累计完成稽查成效 23.06 万元。

二是优化电力营商环境。严格落实公司全面优化电力营商环境的相关工作要求，努力压减接电时间，做好办电提速增效工作；充分发挥“1+N”业扩报装服务团队作用，进一步完善低压业扩配套电网项目流程管理，切实做实“三零”“三省”服务举措；深化“网上国网”应用，全面推广“阳光业扩”，实现全业务的线上办理。

三是加强反窃查违。抽调专人组织开展跨班组、跨区域的集中交叉互查工作。采取“内稽”“外查”并举，班、站、所自查与交叉互查相结合的方式全面进行营业普查，严肃查处违章用电和窃电行为。累计完成周期性检查客户 3.5 万余户次，普查 7132 户，检查重要客户 6 次，配合政府排污工作检查 3 户次，处理违约及窃电客户 29 户，完成反窃查违成效 56.78 万元。

四是保电费回收。进一步建立健全电费回收“一户一策”管控机制，完善催费策略，规范催费流程，严格落实“以催代停”工作要求，不断增强电费催收时效。

五是健全日监控机制。加强日常管理和专业协调，稳步推进采集运维。累计更换 HPLC 模块 27 000 只，按时完成 2009 版老旧终端更换工作。

六是强化线损管理。从搭建平台、完善机制入手，组建线损管理组织机构，明确各环节的职责和分工，理顺流程；确定问题清单，落实“一线一策、一台一策”，构建每日监控、定期排查、联合治理、愈后跟踪的闭环管控机制，确保日常治理工作有序进行。

【优质服务和品牌建设】

北戴河新区供电中心始终秉承“人民电业为人民”的服务宗旨，要求广大职工认真遵守供电服务“三个十条”，积极践行“服务社会经济发展”工作目标，在服务地方经济建设中当好电力先行官，为广大电力客户提供优质、方便、快捷的服务。

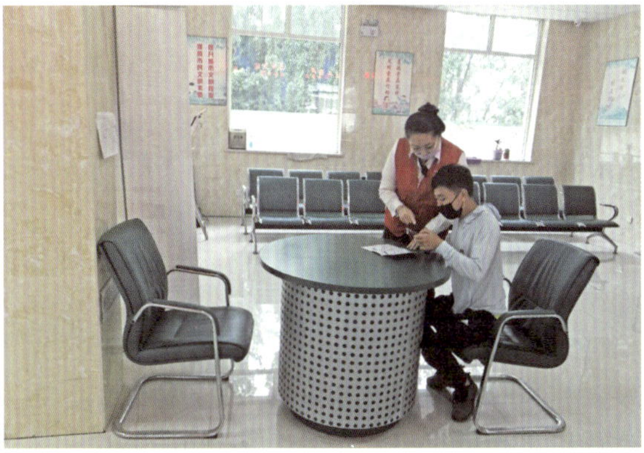

▶ 营销人员指导用户使用手机缴费（苏孝明　摄）

一是规范窗口服务行为。严格落实“一口对外、首问负责、一次性告知、限时办结”工作要求。认真落实精简手续、提高办电效率的业扩新模式，实行营业厅“一证受理”，依托在线办电，不断减少客户临柜次数。

二是加大线路巡查力度，及时消缺。合理储备基建、技改大修项目。针对部分农村区域设备老化问题，积极申报新建及改造项目，提高设备健康水平。

三是规范抢修工作流程，提高抢修工作质量。不断提高客户满意度，以实际行动筑牢“可靠、可信赖”供电品牌形象。

四是开展漠视侵害群众利益问题专项整治。重点围绕供电服务规范、农网地区配电设施运行维护、农网地区供电质量、信息公开宣传等 4 个方面工作，全面梳理查找群众诉求强烈、与民生密切相关的问题，并制定整改措施加以整改。

【党的建设和精神文明建设】

北戴河新区供电中心认真贯彻学习习近平总书记指示精神和公司党委重大会议精神，严格落实公司党委各项工作部署，扎实开展党风廉政建设，结合实际工作开展相关活动。

1. 党的建设

一是继续夯实党建基本功。支部努力克服疫情影响，通过视频会议等形式坚持开展“三会一课”学习，积极贯彻党中央关于疫情防控、复工复产、安全生产等指示精神，开展党章、十九届五中全会精神、《习近平谈治国理政》第三卷等政治理论和公司战略目标等企业文化学习，增强了支部党员凝聚力、向心力、战斗力。全年共召开三会一课 74 次、主题党日 12 次、谈心谈话 32 人次。

二是融入中心工作。党支部组织开展党员示范岗建设、“安全在我心中”大讨论、观看安全教育专题片、安全生产宣誓和安全承诺签名、窗口服务“三亮三比”主题党日等活动。

三是开展特色主题党日活动。开展了“党建 +”、纪念建党 99 周年、基层党建质量提升年等活动及赴烈士陵园祭奠先烈、赴五峰山纪念李大钊同志、赴特教中心慰问残障儿童等特色主题党日活动，分 3 期邀请优秀党员进行政治成长及学习修养分享，不断增强支部党员“四个意识”，坚定“四个自信”，以实际行动践行“两个维护”。

四是筑牢廉政建设防线。支部认真落实公司各项反腐工作要求及部署，扎实推进冀北公司“清风冀北　家庭促廉”活动方案，组织廉政书法作品征集、“读红色家书传红色家训”好家风传承分享、重要节假日检查提醒等活动，开展廉政党课教育，加强民主管理和风险防控，针对风险岗位，加强岗位培训、审核把关和监督考核。

五是发挥工会团青作用。长期开展党建带团建活动，共产党员服务队每年定期开展“六进入”服务，工会多次组织职工参加技术比武、体育赛事、职工读书等活动，慰问走访支边家属及一线员工，把企业关爱送到职工心中。支部还按月开展职工思想动态调研，了解职工诉求，切实帮助解决职工实际困难。

2. 精神文明建设

一是开展公司企业文化宣传教育。通过“三会一课”宣贯国家电网公司新战略目标，开展思想文化建设立项工作，组织职工走上街头、走进社区和校园宣传安全用电、节能用电，讲解阶梯电价等政策，提高了职工“人民电业为人民”的企业宗旨。开展家风家教活动，推进文明家庭创建活动。注重典型示范，通过党员示范岗建设、优秀党员事迹分享活动，让职工学有榜样、赶有目标、见贤思齐，推进企业精神人格化。

二是开展岗位实践活动。开展优化营商环境专题行动，营业厅职工重温“两个十条”“优化营商环境应知应会”等相关制度，组织职工开展“网上国网”APP推广，让居民足不出户办业务；生产专业职工结合“两会”保电、中高考保电开展党员突击队行动，在配网规划、运维抢修、配电自动化等专业建立党建示范岗，提升新区网架结构，提高供电可靠性。

▶ 营业厅职工开展“网上国网”APP推广工作（王飞　摄）

三是积极履行社会责任。积极落实“精准扶贫”政策，红马甲志愿者们赴出头石村慰问结对帮扶对象，慰问支边家属，年底慰问城区贫困家庭；开展“青春光明行”活动，组织团员青年们赴昌黎特教中心慰问残障儿童；开展共产党员服务队保电主题活动，搭建中、高考爱心服务站为考生免费提供考试用具，得到社会一致好评。

（王飞　于海跃）

（六）国网青龙县供电公司

【概况】

国网青龙县供电分公司（简称“青龙公司”）隶属于国网冀北电力有限公司秦皇岛供电公司，担负着青龙满族自治县25个乡镇、396个行政村35 kV及以下电网运行及维护任务，供电面积3510 km^2，供电人口54万人。共设置7个职能部门、2个业务支撑机构、9个供电所，正式职工176人。现有35 kV变电站12座，主变24台，变电总容量360 MV·A。35 kV线路23条，总长299.4 km；10 kV线路68条，总长1523.12 km。配电变压器2199台，总容量350.47 MV·A。

▶ 国网青龙县供电公司办公楼

2020年，青龙公司累计售电量完成10.05

亿 kW·h，同比增长 8.27%；售电收入完成 5.25 亿元，同比增长 4.81%；目录口径均价完成 532.61 元 /（MW·h），同比降低 17.56 元 /（MW·h）；综合线损率为 7.59%，同比升高 1.43 个百分点；低维费收入 4458.97 万元，同比增加 633.74 万元；上缴税费 825.39 万元；供电可靠率 99.6516%，电压合格率 99.95%，未发生七级以上人身、电网、设备、信息事故及消防事件，实现安全生产 7408 天。

【人员情况】

深挖内部人力资源市场，优化青年员工岗位配置，逐步实现业务发展需要和员工配置相统一。注重精准培训，开展培训需求调研 3 次，以实际需求为主导，优化课程设置，让员工学有所获、学有所用。实施“双培”三年提升行动，其中 2 份素材被公司评为优秀培训素材展出。

强化制度体系建设，宣贯公司修订下发的薪酬、考勤制度，强化考勤和薪酬管理，严格规范考勤记录和请销假，建立奖惩人员数据库并动态维护，提高管理规范性。严格把控福利系统各项指标，确保福利项目过账完成率达到 100%，提前规划，合理管控，严格落实。

加大干部交流和补充力度，及时开展关键岗位交流，重点选拔培养基层一线、关键岗位、业绩突出、群众公认的优秀员工，树立重实干、重实绩的鲜明导向。加快实施岗位聘任制，2020 年签订岗位聘任协议 17 份，进一步激发了员工内生动力，提升了员工队伍活力。高技能人才占员工比例 81.8182%，中级及以上职称占管理技术人员比例为 65.79%，技师、高级技师占技能人员比例为 41.67%，人才密度当量为 1.1101。

【安全生产】

大力实施安全生产专项整治三年行动，建立“两个清单”。细化安全生产目标，结合人员岗位职责，签订安全生产承诺书 504 份，提高安全管理执行力。健全安全生产责任制，修订安全责任组织清单 51 项，岗位清单 236 项。

全面梳理职责界面和责任分工。强化安全基础管理，完成供电企业安全性评价专家查评工作，自查评 72 项问题已整改 56 项，专家查评 98 项问题已整改 57 项。组织开展“三种人”工作票填写调考、春秋季《安规》普考，累计考试 650 余人次。组织“安全生产月”“安全生产万里行”活动，联合市公司开展消防安全大检查专项行动。有序应对祖山镇山火险情，将火灾对供电的影响降至最低。推进应急指挥中心建设，顺利完成 2020 年“两会”、高考等各项保电任务。

开展春、秋检预试工作，编制预试“三措”，严格管控现场安全，累计完成 5 个变电站的一、二次设备检修预试工作，发现并消除各类缺陷 23 项，消除安全隐患 2 处。合理安排电网运行方式，开展急抢修应急演练，提升突发事件处置能力。

▶ 4 月 28 日，35 kV 城关站进行春检预试工作（李文静　摄）

【电网建设】

充分利用国家投资和青龙地区的脱贫项目，攻坚克难，准确对接政府规划和未来发展形势，制定“十四五”电力建设规划报告。计划新建 110 kV 变电站 5 座，35 kV 变电站 2 座，10 kV 开闭所 4 座。

统筹做好“煤改电”、扶贫产业、乡村振兴等配套电网建设，及时开展可研编制、项目评审，及时开展台区增容改造工作，有效缓解了青龙电网重载、老旧变压器“卡脖子”现象，低电压问题得到明显改善。

加快重点项目建设，35 kV 罗杖子输变电工程于 9 月 18 日竣工，缓解了青龙东南部地区供电压力，提高了供电可靠性及负荷转移能力。完成秦皇岛河南 110 kV 变电站 35 kV 送出工程和河南至西双山 35 kV 线路工程的设计审查工作。实施新建业扩配套工程，总投资 1052.44 万元，新建及改造 32 台变压器，10 kV 线路 9.975 km，低压线路 7.049 km。投资 567.33 万元推进 5 项技改大修工程施工。

【经营管理】

落实提质增效重点任务，严控成本支出。强化同期线损管理，做好新增线路台区和用户调整，分线、分台区线损管理达标率分别为 85.28% 和 83.81%。开展反窃查违现场检查活动，发现违约用电和窃电 58 户，挽回经济损失 59.09 万元。加强高风险客户“一户一策”管理，确保电费回收 100%。

持续加强同期线损管控，重点关注采集成功率，及时处理故障表计，降低采集失败对线损的影响；对新增线路做好台区和用户调整工作，确保线损率合格稳定；重点关注日线损合格但线损率偏高的线路，针对重点用户加强监控和检查力度，力争降损。

强化推进供电所管理提升工程，通过加强指标分析，查找薄弱环节，制定有效措施提升供电所服务质量和管理水平，增强供电所管理软实力。推进反窃查违工作日常化。加强反窃查违工作力度，严格落实反窃查违专项活动各项工作措施，通过用电信息采集系统、营销稽查系统、SG186 系统等确定重点嫌疑对象，把异常筛查和现场检查结合起来，提高检查效率，促进反窃查违成效提升。

【优质服务和品牌建设】

着力提升优质服务水平，加强 95598 工单全流程管控和统计分析，严格在时限管理、业务规范、服务行为等方面管控。开展“网上国网”推广工作，通过“红马甲”活动、村广播、微信朋友圈、小区宣传栏等多种渠道宣传线上缴费，提升客户认知度。组织开展优质服务专项培训 3 次，进行明察暗访 1 次，提高基层工作人员服务意识。对接政府谋划电采暖用户增加后用电需求，做好负荷预测和线路改造，有序保障用户冬季取暖用电。

推进“文化铸魂、文化赋能、文化融入”专项行动，汇聚干事创业合力。弘扬劳模精神，发挥典型引领作用。围绕为民服务、电网建设、工作亮点等方面，加强新闻策划宣传。持续推进以“智慧职工之家”为目标的“八型”职工服务平台建设，完善职工诉求体系，为职工解决实际问题。先后获省级文明单位、公司先进集体称号。2 个班组获公司先进班组。1 名同志获评国家电网公司劳模，3 名同志获评公司先进职工。团支部获国网青龙县供电公司青年供电服务队称号。

▶ 青龙公司职工进行迎新春趣味运动会

【党的建设和精神文明建设】

突出政治理论武装，强化中心组理论学习，收集学习心得 12 篇。拓展主题教育工作方法，推广读书班、微党课等形式，以重温入党誓词、给党员过“政治生日”等政治仪式，坚定党员政治品格。严格换届选举流程，5 个党支部按期完成换届。规范党支部组织管理，对新增后的 8 个党支部进行人员调整，确保组织关系和工作岗位互相匹配。

增强党员教育，开展“学战略、讲担当、干精彩”“学思践悟牢根基　知行合一促发展”“做好电力先行官、架起党群连心桥”等主题党日活动，推动习近平新时代中国特色社会主义思想在公司落地见效。

坚持全面从严治党，深化“两个责任”贯彻落实，针对冀北公司提级巡察提出的意见，制定巡察反馈意见整改落实工作方案，结合5个方面17个问题制定专项整改措施，落实责任到人，巩固和扩大整改成果，建立相互衔接、相互配套的长效工作机制，累计问责9人次，其中，给予行政警告1人次，诫勉谈话2人次，做出书面检查2人次，提醒谈话4人次。发挥党员模范带头作用，疫情期间组织党员捐款，共捐款1.4万元，用于支持新冠肺炎疫情防控工作。

（尹佳伟）

（七）国网昌黎县供电公司

【概况】

国网昌黎县供电分公司（简称“昌黎公司”）是国网冀北电力有限公司大型县级供电企业，担负着昌黎县16个乡镇及黄金海岸开发区，446个行政村，56.38万农村人口，19.8万电力客户的供电任务，电网覆盖面积为1212 km^2。下设7个职能部门，3个业务支撑和实施机构。截至2020年年底，拥有职工329人，人才当量密度1.1434。

昌黎电网属于典型的受端电网，向昌黎地区供电的220 kV变电站3座；110 kV变电站8座，主变压器16台，主变容量800 MV·A；35 kV变电站12座，主变压器24台，主变容量440 MV·A；35 kV线路28条，总长274 km；10 kV线路87条，长度1494.8 km；运行配电变压器1366台，容量257.23 MV·A。

【人员情况】

全面落实“三项制度”改革，修订绩效工资管理实施方案，优化绩效分配机制，充分发挥薪酬激励导向作用。坚持事业为上、人事相宜，打造坚强有力的领导班子和高素质专业化领导队伍，完成干部调整32人，聘任职员8人。深入推进青年员工“双培”三年行动，组织开展6个专业13个培训素材成果收集及评审工作，助力青年员工成长成才。稳妥推进退休人员社会化改革，简化党员组织关系划转流程，实现转接率和满意率100%。

【安全生产】

深刻吸取公司系统内外部事故教训，修订全员安全责任清单，推动安全生产“全员履责”。扎实开展春、秋检预试，准确掌握海岸北区、党各庄等重点变电站线路、设备的运行情况，结合安全大检查，检查整改各类缺陷和隐患80余处。强化线路走廊风险管控，依托“政企联合、警企联动”机制对辖区内电力线路进行属地协调维护，累计处理危急线下树9600余棵，清理鸟害及各类异物隐患1200余处。深化“四不两直”安全督查，开展现场检查139次，发现并整改违章12项。圆满完成旅游旺季、十九届五中全会等10余次重大保供电任务。

▶ 12月12日，十九届五中全会保电现场（马强　摄）

【电网建设】

主动服务地方经济社会发展，强化政企沟通联络，完成昌黎县“十四五”配电网规划报告，汇总256项配网需求，重点加大线路联络、提高互带能力，确保在较长时间内配网项目的一致性和延续性。加快工程前期进度，新区－草粮屯35 kV线路等3项工程项目取得核准，行政中心10 kV开闭站等92项工程完成可研编制。周密部署、精益管控，“煤改电”清洁取暖工程提前竣工投运，相关工作得到昌黎县委、县政府书面表扬肯定。深化配网建设升级，累计投资7641万元开展配网基建项目44项、技改项目7项、大修项目1项，新建35 kV及以下线路70.14 km，新增及改造变台79台，增容容量23.2 MV·A，进一步改善农村地区用电条件，提升供电可靠性。空港产业园1号开闭所新建工程被评为冀北公司配网优质工程，入选国家电网公司配网工程质量评价前100名。

▶ 12月23日，荒佃庄变电站夜间抢修（马强　摄）

【经营管理】

落实公司提质增效专项行动方案，细化制定5个方面28项重点任务，强化全员成本意识、节约意识、增利意识。落实“三清理、两提高”工作要求，完成各部门工程结算91项，清理往来款项5248万元。推进电费回收“日清月结”，推广远程费控23.23万户，高、低压覆盖率分别为98.12%、99.89%。开展“一台一策”高损台区攻坚治理，台区线损合格率91.91%。完成“价费损”稽查整改项目100余项，实现成效约125万元。反窃查违常抓不懈，追补电量54.74万kW·h，违约电费240.43万元，超额完成全年指标。深挖潜在售电市场，完成电能替代项目18项，替代电量2.48亿kW·h。

【优质服务和品牌建设】

持续优化电力营商环境，受理高、低压业扩报装4208户，新装及增容容量201 MV·A。全面实行“三零”“三省”服务，低压接入标准提升至160 kV·A，接入用户167户，推动企业“获得电力”指标再升级。大力推进行风和优质服务规范提升及漠视侵害群众利益问题整治，提升业务办理效率和供电保障能力，严防舆情风险，供电服务合规率达92.46%。深化供电服务“六进入”专项活动，推广“网上国网”绑定12.13万户，线上办电、缴费占比分别为94.2%、93.67%。抗疫保电展现企业担当，完成隔离观察区和防疫物资生产企业增容改造，实现特殊时期电力保障“零间断”。助力企业复工复产，落实国家优惠电价政策，实行疫情期间“欠费不停电”，累计退补企业电费1370余万元，满足辖区20.27万户居民正常用电需求。

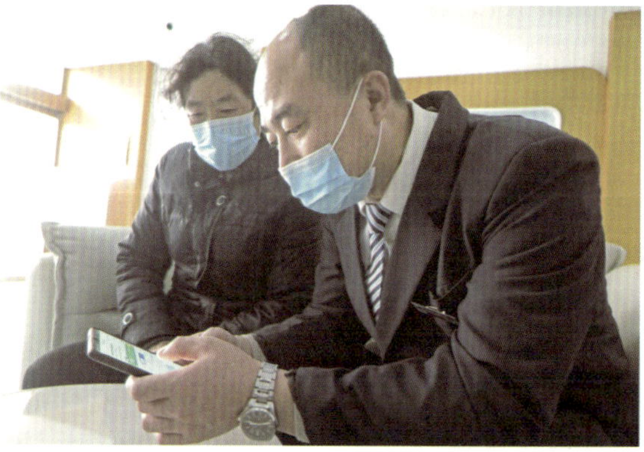

▶ 11月6日，为用户演示在“网上国网”查看电子发票（刘芳　摄）

【党的建设和精神文明建设】

深度推进习近平新时代中国特色社会主义思想宣贯学习，扎实开展“学战略、讲担当、干精彩”主题党日活动，实现党委理论中心组和各级党组织学习全面覆盖，形成浓厚理论学习氛围。开展纪念建党99周年系列活动，推进“基层党建巩固提升年”各项任务，建立“供电所夺旗争星”评比机制，完成9个党支部的换届选举。配合做好冀北公司提级巡察迎检，针对移交反馈的15个问题，逐条逐项开展自查自纠，累计问责9人，13个问题立行立改，2个问题整改取得积极成效。针对提级巡察及审计检查发现的廉洁风险隐患，开展党风廉政约谈23人次，持续推进管党治党责任落实。泥井镇供电所荣获冀北公司抗击新冠肺炎疫情先进集体、先进基层党组织称号，2个班组获得公司先进集体称号，4名同志分获冀北公司抗击新冠肺炎疫情先进个人、团省委冀青之星、公司先进个人。

▶ 6月29日，开展深化共产党员服务队活动（常艳玲　摄）

（马川）

（八）国网卢龙县供电公司

【概况】

国网卢龙县供电分公司(简称“卢龙公司”)，负责为卢龙县12个乡镇管区、548个行政村、19.34万户高低压客户供电，供电面积961 km^2。县域内存在220 kV变电站2座（容量720 MV·A），110 kV变电站8座（容量726 MV·A），35 kV变电站11座(容量342 MV·A),10 kV配电变压器1530台(容量241.055 MV·A)，35 kV线路23条（长度213.67 km)，10 kV配电线路97条（长度1204 km）。

【人员情况】

卢龙公司领导班子6人，职能部门7个，业务支撑机构2个，供电所7个，班组12个，全民职工247人，农电用工381人。制定《中层干部二线管理方案》，完成8名股级干部退二线工作。实施青年员工“双培”三年提升行动，制作优秀素材23项，强化了人才规划和培养计划的落地。圆满完成118名退休人员社会化管理移交。用足用好国家减收社保等优惠政策，减免费用221.43万元；及时申领失业保险稳岗返还资金19.55万元。

【安全生产】

深入开展安全生产专项整治、安全生产大检查等专项行动，排查治理隐患缺陷243项，查处违章25起。严格电网风险管控，发布预警14项，清理主配网树障32 670余棵，治理通道内施工隐患300余次。周密部署迎峰度夏、迎峰度冬工作，修订完善应急预案28项、现场处置方案14项，开展防汛、消防等应急演练6次，成功应对极端恶劣天气、最大负荷屡创新高等严峻考验，确保了电网安全稳定运行。圆满完成全国“两会”、十九届五中全会和中高考等重大保电任务。

▶ 6月19日，安全月活动发放《农村用电安全常识》手册（杜永祥　摄）

【电网建设】

全面梳理总结“十三五”电网规划执行情况，编制完成《卢龙“十三五”规划执行报告》。全力推进重点工程建设，35 kV 刘柳线新建工程顺利投运，实现县域内变电站全网双电源运行。南环路开闭所新建、泰高线新建等 14 项配网工程达产送电，实现了以 110 kV 卢龙、葛园变电站为负荷支撑的“一城两站”供电布局，保障了大恩药业、文景科技内装饰材料等 15 个重点项目落地即投产。

▶ 9月2日，刘田庄－柳河 35 kV 线路正式投运（伞云霄　摄）

【经营管理】

完成接电容量 11.15 万 kV·A，同比增加 1.73%；完成电能替代项目 48 个，替代电量 1.80 亿 kW·h，同比增长 85.57%；深耕综合能源市场，实现营收 1220 万元；推广电热薯炕技术，增加用电量 21 万 kW·h；完成 110 所中小学电采暖改造，增加用电量 198.44 万 kW·h；推行带电作业 166 次，增加供电量 16.12 万 kW·h；开展营销稽查与高损台区治理专项行动，累计治理 157 个高损台区，台区线损同比下降 1.25%，查处窃电、违约用电 54 户，追补电费 158.23 万元；电费回收率保持 100%。

【优质服务和品牌建设】

全面开展行风及优质服务提升专项行动，建立漠视侵害群众利益问题整治长效机制，客户服务投诉同比降低 55.56%。加强营配末端融合，故障抢修平均完成时间 60.2 分钟，同比下降 49.03%。落实“煤改电”保供保暖措施，编制“煤改电”地区应急处置预案，确保全县 2770 户“煤改电”居民可靠用电温暖度冬。强化主题传播，在主流媒体刊发稿件 33 篇，全面报道公司履行责任、服务发展特色亮点工作，传递了正能量、增添了暖色调。

【党的建设和精神文明建设】

全面落实“基层党建巩固提升年”部署，深入学习《习近平谈治国理政》第三卷、十九届五中全会和习近平总书记最新讲话精神，高质量开展纪念建党 99 周年 “4+N”系列活动，大力实施“强化党建引领·创效文化登高”项目，党组织的引领力、凝聚力持续增强。推动文化引领，突出育人导向，切实将文化软实力转化为企业硬支撑。推进开展员工思想动态分析和调研，形成调研报告 48 篇，确保员工队伍和谐、企业稳定发展的良好局面。

卢龙公司石门镇供电所被推荐为国网冀北电力有限公司“电网先锋号”，2 个班组获公司“先进班组”称号，3 名同志获公司“先进工作者”等称号。

▶ 3月5日，“青春光明行　奉献新时代”团青志愿活动（任静　摄）

（姚红玲　徐莹）

（九）国网秦皇岛市抚宁区供电公司

【概况】

国网秦皇岛市抚宁区供电分公司（简称“抚宁公司”）隶属国网冀北电力有限公司秦皇岛供电公司，设有7个职能部室、2个业务支撑机构和8个供电所，以及11个基层班组。供电面积1580 km^2，供电人口53.36万人，服务客户22.07万户。现有35 kV公用线路25条，总长度253.099 km，变电站14座，变压器29台，总容量458.75 MV·A，容载比1.9；公用10 kV线路条数112条，线路长度1275.82 km，其中电缆长度130.16 km，电缆化率10.2%，10 kV线路联络率42.39%，公用配电变压器2014台，总容量322.641 MV·A。

2020年，抚宁公司完成售电量15.69亿kW·h，同比下降8.06%；综合线损率3.22%，同比下降0.26%；售电均价541.70元/（MW·h），同比下降13.66元/（MW·h）；售电收入84 996.80万元，同比下降10.32%；电费回收率100%；供电可靠率99.7868%，电压合格率99.948%。县供电企业综合评价指标在冀北公司42个县公司排在第15位，在公司4个县公司位列第一。

【人员情况】

抚宁公司共有正式职工282人，平均年龄42岁，开轩职工284人，2020年分4批调整中层干部33人次，岗位调整16人，人岗匹配更加合理，干部队伍素质和结构更加规范化、科学化、制度化。

【电网建设】

开展电网规划和前期工作，对接秦皇岛市抚宁区功能定位调整和城市规划布局，形成项目清册231项，完成“十四五”配电网规划编制及2035远景年110 kV及以下项目清册编制工作。2020年获批发展投入项目36项，总投资金额8986.09万元，配网基建新建10 kV线路29.57 km，0.4 kV线路27 km，新增配变容量4.6 MV·A。35 kV台营站，35 kV上庄站，35 kV桃台一、二线，35 kV牛上一、二线，35 kV抚太线全部投运。

▶ 6月9日，领导班子成员到大新寨镇梁家湾村新民居工程现场进行慰问（陈鑫　摄）

【安全生产】

加强运维精细化管理。推进电网设备状态评价，梳理线路设备数据及地理信息，绘制了全口径设备数据库。深化设备状态检修，推广不停电作业，开展带电作业52次，转化思路，推动运维工作从事后抢修向事前防范转变。开展春季、秋季检修预试工作及“低电压”“重过载”台区综合治理专题工作，供电质量类属实投诉工单同比下降56.71%。推进隐患排查治理，组织开展“安全日”、春季安全大检查、“六查六防”等专项行动，整改隐患56项。科学安排电网运行方式，强化应急管理和运行方式管控，成功应对恶劣天气、新能源大规模接入、“煤改电”后负荷激增等考验，圆满完成高考、暑期等重要时段和疫情防控重点场所的供电保障工作。

加大疫情防控工作。第一时间启动突发公共卫生事件一级响应，组建疫情防控领导小组，制定应急保障预案，生产经营和疫情防控两手抓、两不误。做好出入中高风险地区人员跟踪监测，始终保持“双零”良好态势。履行社会责任，做好发热门诊、定点隔离场所和防疫物资生产企业的供电保障工作，组织共产党员服务队走进社区、设立疫情防控卡点，开展24小时值守、测温登记、疫情摸排和社区服务工作。助力企业复工复产，实行“欠费不停电”，落实国家电费优惠政策，疫情期间防疫优惠电费1610.33万元，保证企业有序复工复产。

【经营管理】

开展提质增效专项工作，落实提质增效28项措施，强化综合计划管理和全过程预算管控。增供扩销开拓市场，推进电能替代、电动汽车、综合能源服务等业务，完成替代电量1.6亿kW·h。利用线上渠道和现有营业厅资源，开展新零售业务。完善区域充电网络，年内扩建充电桩10个。实施挖潜降本增效，深化同期线损平台应用，落实指标到线、到台区考核模式，推进高供低计用户计量改造。开展反窃查违专项行动，查收282.53万元。实施乡镇供电所管理提升工程，理顺管理脉络、优化工作流程，规范工作行为，石门寨供电所和杜庄供电所在公司各供电所分别排名第二和第四。

【优质服务和品牌建设】

优化营商环境。开展网格化综合服务模式，丰富交费渠道，推广电子发票、停电信息主动通知等服务，跟踪园区和项目进展，配套改造电网，严格落实160 kV·A及以下低压接入，强化前端营配融合，压减客户办电环节、时间、费用，拓展网上办电渠道，“网上国网”绑定用户12.55万人，线上办电率68.35%，开展供电服务工单和投诉专项整治，落实投诉说清楚和服务考核机制，工单数量同比下降32.16%。

【党的建设和精神文明建设】

跟进学习宣贯习近平新时代中国特色社会主义思想和党的十九届四中、五中全会精神。推进“基层党建巩固提升年”各项任务落地，完成党组织书记抓党建述职评议，新成立3个支部，撤销2个支部，完成4个支部按期换届。持续开展“党建+”和“三亮三比”活动，组织开展主题党日、纪念建党99周年等活动。结合供电所管理提升，加强对供电所党支部和各基层党支部建设的督导，组织13名支部书记和42名党员参加集中培训，提高党务工作者和党员能力素质。常态化开展党风廉政建设，落实中央八项规定精神，坚持廉政提醒和明察暗访，党员干部纪律意识不断增强。深入开展国家电网公司巡察自查整改，全面堵塞漏洞、消除短板。培育优秀企业文化，围绕国家电网公司战略目标与“守正创新、负重前行”工作要求，以党内政治文化为引领，以供电所提升为目标，打造“骊电八骏”企业文化品牌项目。2020年，抚宁公司1人荣获共青团河北省委青年岗位能手称号，1人当选冀北公司先进工作者，1人被评为秦皇岛市优秀共青团干部，抚宁公司团支部被共青团秦皇岛市委授予“五四红旗团支部”荣誉称号。

（孙阳　包宇珍）

（十）路灯管理处

【概况】

路灯管理处成立于1987年1月1日，是公司下属的经济独立的代管单位。在人事、设备、安全、党务等方面，均由公司统一管理，执行公司的各项管理制度；在行业上接受秦皇岛市城市管理综合执法局的业务指导，单位性质为政府全额拨款事业单位，实行企业化管理。路灯管理处设有独立财务，经济上进行独立核算，路灯电费、路灯运维经费由秦皇岛市财政在年度城市维护费中列支。

受政府委托，路灯管理处负责对海港区、北戴河区、山海关区等3个区域内由政府出资建设、通过验收并完成移交手续的现有照明设施进行运行、维护和管理。另外，路灯管理处还肩负着保证北戴河中直疗养院重要用户暑期照明安全的政治任务。截至2020年年底，路灯管理处管辖范围内的功能照明路灯24 552基、48 388盏，景观照明灯具83 848盏，箱式变电站（变台）293座，控制箱254个，10 kV配电室3座。拥有较为先进的城市照明集中控制系统，其中，功能照明三遥终端436台，节电器190台，单灯控制器15 892台，路灯防盗终端237台，基本实现了对全市辖区内路灯的统一控制、监管，照明管理水平位于河北省先进行列，荣获中国城市照明优秀会员单位称号，北戴河路灯管理所被评为暑期先进集体。

【人员情况】

2020年，经公司批准，将路灯管理处原有机构进行了整合，形成了6个职能管理部门（综合管理部、财务资产部、物资供应部、安全质量部、发展建设部、运行检修部）、2个业务支撑机构（项目管理中心、运行检修中心）的总体格局。其中，发展建设部与项目管理中心合署，运行检修部与运行检修中心合署，具有职能管理和实施主体双重职责。

截至2020年年底，路灯管理处在职职工56人，下设6个职能部门、2个区级路灯管理所（北戴河路灯管理所、山海关路灯管理所）和1个集体企业——秦皇岛路灯工程公司及其下属的5个子单位（秦皇岛欣德城市照明有限责任公司、秦皇岛路安汽车租赁有限公司、秦皇岛誉维商贸有限公司、秦皇岛市海港区南山职业技能培训学校、秦皇岛市海港区鑫晟企业管理服务有限公司）。

2020年，对部分职工3项保险和公积金单独开户缴费，完成职工保险的转出转入。根据生产需要开展安全生产、制度宣贯、技术实操等教育培训，建立健全职工绩效考核管理制度，兑现绩效考核结果，职工队伍建设进一步提升。

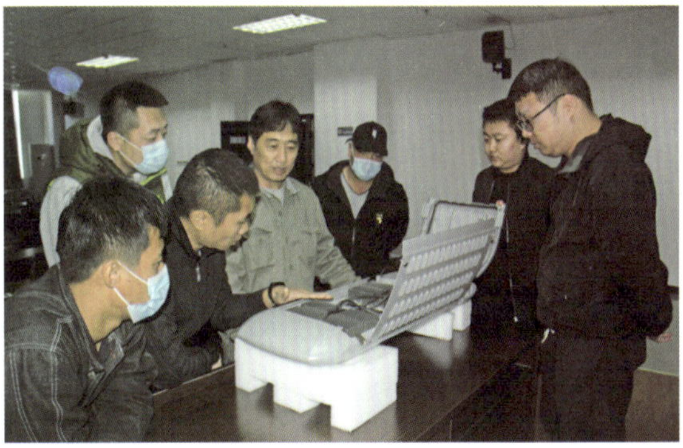

▶ 10月14日，新型灯具培训现场（杨璐　摄）

【安全生产】

面对疫情，第一时间成立应对疫情工作领导小组，制定防控方案，筹措测温设备、防护口罩、消毒液、酒精等防疫物资，做好疫情监测、排查、预警工作。在具体实施中，坚持防控常态化管理，专人负责疫情防控工作，严格执行各项防控措施。同时稳步推进复工复产，领导干部深入一线监督检查，确保安全防控措施执行到位，推动疫情防控和经营发展“两手抓，两不误，两促进”。

制定《路灯管理处2020年安全生产工作目

标》，签订《安全责任书》。坚持常态化安全教育培训，组织专题安全教育培训 9 次、《安规》考试 1 次，扎实开展“安全生产月”、安全检查、隐患排查等专项活动，稽查现场 105 个，整改隐患 11 项。建立健全应急预案体系，重订和修订应急预案和现场处置预案 11 项、各项规章制度 6 项。加大设施安全巡查力度，专人负责对重点路段、区域进行抽查，全年发现设备缺陷共计 777 处。恢复了安全生产周例会制度，对于重点工作下发督办单，明确责任部门、责任人及完成期限，形成闭环管理。

▶ 5 月 12 日，消防演练现场（杨璐　摄）

【路灯建设】

2020 年，维修功能照明灯具 13 616 盏、景观照明灯具 15 240 盏；补立灯杆 23 基，更换箱变 7 座，补换灯具 427 套；处理高压故障 40 处、电缆故障 186 处，更换电缆 14 220 m。安装设备标识码 1482 个。秦皇岛全市亮灯率保持在 99% 以上，设备完好率达到 96% 以上。围绕秦皇岛市“创城”“创卫”工作目标，将影响城市形象的 40 处架空线路集中入地，拆除私接电线、违规广告牌 260 处，拆除老旧宣传道旗 248 面，集中更换杆门 553 个，粉刷翻新灯杆 1669 基。对市区道路、桥体、公园等 246 处景观亮化设施进行了检查维修，更换灯具 1060 个，处理电缆接头 165 处。

▶ 4 月 8 日，迎宾路路灯维修现场（杨璐　摄）

针对部分道路路灯设施由于老化严重，存在能耗高、照明不达标、安全隐患高等诸多问题，利用疫情期间政策性电费、人员保险费调整减免的费用，以及日常节能控制产生的费用，实施节能改造。将西港路、文化路等 16 条主干道的老旧灯具共计 2783 盏，全部更换为新型 LED 灯具，达到照度和节能的双提升，同时群众满意度大幅提高。

2020 年，共实施路灯新建、改造工程 23 项，其中竣工 12 项，在建 11 项，组立灯杆 676 基，敷设电缆 41 600 m，安装路灯箱式变电站 24 座，控制箱 9 台，箱变改造 16 座；实施配电建设及维护项目 22 项。在疫情期间，路灯处统筹安排各项工程建设任务，不盲目赶工期、抢进度，扎实做好现场安全防控措施，保证施工质量和作业人员健康。

▶ 10 月 15 日，秦青公路路灯节能改造现场（杨璐　摄）

【经营管理】

持续落实多种经营的发展思路，拓展子公司经营范围，取得印刷经营许可证、安防工程企业资质证书，参与并中标搬运及家具拆装服务、客车租赁服务、印刷品制作等新项目，中标总金额449.85万元，实现了经营效益的提升。成功申报输变电资质，提升了市场开拓能力和开发层次，为路灯管理处未来跨越式发展奠定了基础。

2020年，共承揽工程25项，工程造价合计3648.4万元，同比增长30%。其中，北戴河新区路灯维修项目的中标，标志着路灯处在新的市场区域开拓方面迈出了重要的一步。同时达成首次由路灯管理处作为项目建设单位实施“人民广场地下配电室改造工程”，实现了承揽工程方式的新突破。

【优质服务和品牌建设】

落实《城市照明设施运行维护检修与优质服务规程》，全年受理热线服务电话691人次，其中市长热线125个、群众报修电话566次，受理市长热线转办单625个（其中有效转办单207个），全部在承诺时间内予以解决并做出回复，报修办结率100%，热线回复率100%。圆满完成春节、全国“两会”等重要时段的照明服务保障任务，春节期间，在维修原有灯笼1343盏的基础上，于北港大街、西港北路等街道新装灯笼567盏、中国结216盏，更换新春祝语画面392盏，烘托出浓郁的节日气氛。

【党的建设和精神文明建设】

建立“不忘初心、牢记使命”长效机制，以学习强国、微信为载体，线上线下相结合开展“三会一课”、主题党日等活动，做到组织生活“不掉线”。共组织集中学习13次，开展党课教育4次，专题主题党日活动3次，红色教育基地参观学习1次。持续深化拓展“基层党建质量提升年”活动，紧扣党支部标准化建设规范，逐条对照，查找出未达标项目2项，并完成了整改，实现了党建工作整体规范达标。落实公司2020年共产党员服务队优化营商环境活动通知要求，聚焦安全生产、运维检修、工程建设、疫情防控等中心工作，结合“党建+”系列工程，定期开展活动，发挥党员先锋模范作用。开展“守正创新、负重前行”大讨论活动，总结问题短板14条，改进措施20条。贯彻公司党风廉政建设和反腐败工作会议精神，开展巡视巡察问题整改和典型问题自查自纠，落实“清风冀北　家庭促廉”活动部署，牢树廉洁意识，构筑良好氛围。

▶ 庆七一，组织党员参观喜峰口长城抗战纪念馆（杨璐　摄）

（刘芳蕊　杨璐）

（十一）秦皇岛福电实业集团有限公司

【概况】

秦皇岛福电实业集团有限公司（简称“福电集团”）成立于2001年，注册资金8100万元，企业性质为有限责任公司（法人独资），主营业务包括送变电工程施工，电力设备检修、调试、电力供应、电气设备租赁等，拥有输变电专业承包一级、电力总承包三级资质，2015 年取得承装类一级、承修类一级、承试类一级电力设施许可证。福电集团本部设有综合管理部、党委党建部（纪委办公室）、人力资源部、财务资产部、安全监察部、工程管理部、经营管理部 7 个管理部室，下辖变电、线路、配电、通讯自动化、建安、运维服务 6 个分公司，青龙、抚宁、海港区、山海关、北戴河、北戴河新区、昌黎、卢龙 8 个县区分公司（工程处），管理设计公司、北山华实公司 2 个子公司。2020 年，福电集团以“做强做优”省管产业单位为目标，转思路，谋发展，提质效，稳经营，全面落实《国网冀北电力有限公司 2020 年省管产业工作要点》，圆满完成年度工作目标任务。2020 年实现收入 9.16 亿元，利润 213 万元，资产负债率 73.42%，连续安全生产 3756 天。

2020 年，福电集团入选首批国家电网公司省管产业单位施工能力建设优秀企业。线路等 2 个分公司被评为秦皇岛供电公司先进集体。变电分公司被评为秦皇岛市最美抗疫青年集体。设计公司 3 个项目荣获省级勘察设计奖项。1 名职工获得“冀北公司抗疫情保供电优秀共产党员”荣誉称号。

【人员情况】

福电集团在册员工共计 489 人，其中主业支援集体职工人数 244 人，占总人数的 50%；集体职工 98 人，占总人数的 20%；地方全民职工 95 人，占总人数的 19%；聘用职工 52 人，占总人数的 11%。

【安全生产】

贯彻“一条主线、两个重点”安全生产总体工作要求，严格落实各项安全生产制度，基层领导班子到岗到位履职尽责，狠抓现场、班组长两个重点，实现了既定安全生产工作目标。“红圈”APP 系统应用成效显著，系统应用纳入绩效考核体系，由现场班组长及时上传工作票、风险点辨识、安全措施执行等情况，重点查处应传未传现场，切实做到了未严格履行审批手续的工作任务不开展，不按标准化流程作业的工作不进行，没有管理力量覆盖的现场不开工。现场安全管理持续规范，将“两票”管理、危险点分析预控、“三措一案”等作为检查重点，及时发现问题，落实整改。在安委会、绩效会上以图片形式展示问题和整改成效，现场管理水平得到迅速提升。绩效奖惩激励约束，将“红圈”和“E 安全”系统应用纳入考核范畴，量化考核指标，推进“互联网 + 安全管理”。依据《安全生产工作奖惩实施方案（试行）》落实奖惩，实现了安全专项奖励向一线倾斜、向关键人员倾斜，发挥了安全生产专项奖励的激励导向作用。

【工程建设】

复工复产有序推进，落实疫情防控、复工复产工作部署，编制《福电集团新型冠状病毒肺炎疫情防控应急预案》《福电集团施工现场防控措施》，重点施工现场实行封闭管理，确保复工复产有序推进。安丰 220 kV 变电站、国能生物质发电工程实现率先复工，领导干部带队入驻、督导现场工作，为复工复产树立标杆。2020 年，485 项工程全部如期竣工。抢修运维担当尽责，完善应急预案，完成秦皇岛市建筑施工企业《安全生产应急预案》备案。落实暑期保电迎峰度夏值班制度，开展应急演练，人员车辆随时待命，备品备件准备充足，优质高效完成暑期保电、高考保电、应急抢修、线路巡护等任务，切实发挥维护电网安全稳定运行的主力军作用。质量管控持续强化，加强重点工程验收管理，实施重点工程验收备案管理，统一验收文件文本，抓住转序、竣工、交安等关键节点，开展重点项目实测专检验收，通过“红圈”系统实时监测施工质量，切实提高了施工质量过程管理效率。站东 110 kV 变电站土建项目实现零缺陷移交。

【改革推进】

落实改革任务，执行《国网秦皇岛供电公司集体企业深化改革操作方案》，成立专项组织机构，定期召开专门会议，部署协调深化改革具体工作。依法合规完成大秦地产公司注销、秦皇岛电力实业总公司吸收合并等系列工作，有效规避了改革工作可能面临的法律、财税、政策等风险，切实维护职工合法权益，队伍和谐稳定，为福电集团轻装步入省管产业单位发展新阶段奠定了坚实基础。

【开源降本】

抓牢主营业务市场，高度关注招投标信息，研究投标策略，提高标书编制质量，整合福电集团资源，增强整体投标实力。2020 年，参与网内项目投标 86 项，中标 78 项，中标率 90.7%，同比提高 0.5 个百分点。参与用户项目投标 50 项，中标 47 项，中标率 94%，中标金额同比增加 43%。拓展新领域业务，以优质服务为核心，开展安全工器具试验、客户代维代运业务，运维公司实现既有市场不流失，用户市场有突破。秦皇岛北山华实能源有限公司接洽 220 kV 变电站电供暖升级项目，签订输电线路无人机巡检作业项目服务框架采购协议，扩大充电桩运维服务市场，企业转型发展步履坚实。成本费用合理压降，采用预算简表管控工程成本，按工程预算制定预算简表，以收定支，确保各项费用不超预算。严格物资采购管理，全面实施公开招标采购，采购过程规范、价格合理。加强陈欠款清理，收回陈欠款 3697 万元，解决了困扰福电集团多年的清欠难点问题。

【规范管理】

紧密对接省管产业管理提升，以绩效体系为引领，以开展内控及合规专项提升行动为契机，全面规范内部管理。开展施工能力标准化建设，全面梳理制度体系、队伍建设、工程管理信息、创新能力建设等情况，通过问题导向、机制健全、持续改进，补充了管理短板弱项，提升了装备技术水平，施工能力建设工作高质量推进，在国家电网公司施工类企业中脱颖而出。绩效体系引领管理提升，指标数量由 2019 年的 55 项调整为 52 项，年度考核重点聚焦安全生产、质量管控、指标完成、品牌创建等年度重点工作。按季度组织考核，召开绩效考核分析会，对发现的问题及时通报并实施整改，高效促进规范管理水平持续提升。县区分公司（工程处）管理全面加强，建立工程处试点分公司管理模式，成立了海港区分公司，抚宁、青龙工程处变更为分公司，通过与现行分公司管理模式对接，带动提升工程处规范管理水平。按照生产经营基本管理需求，对急需岗位人员给予优先配置。按照冀北公司提级巡察工作要求，开展了工程处联合督导检查，引导工程处提高规范管理能力。工程处已全面纳入绩效考核、经营活动分析体系，与福电集团管理体系实现了专业对接、同步同频。

【党的建设和精神文明建设】

党建责任有效压实，坚持民主集中制，严格执行“三重一大”决策制度，重大事项全部依法合规履行会议决策程序。落实党建工作责任清单，印发党建工作要点，开展基层党组织书记述职评议考核、党建工作绩效考核评价，压紧压实党建主体责任。落实基层党组织选举制度，基层党支部换届应换必换率 100%。“福电铁军”落地实践成果显著，着力打造“福电铁军”，在重点工程建设中发挥党员服务队、党员先锋模范作用，形成党员带头、全员参与的良好局面。提炼出“放心配电”“匠心运维”“活力建安”“变电先锋”“线路铁军”“云程通信”等基层单位实践亮点，2 个案例入选全国电力行业优秀党建成果，党建引领作用有效发挥。廉政建设筑牢基石，创建以支部书记为监督负责人的全覆盖执纪监督网络，打造了党委全面监督、纪委专责监督、职能部门专业监督、党的基层组织日常监督、党员民主监督的一体化监督体系，纪检铁军履职能力稳步提升。打造有温度的“福电之家”，职工建功立业活动成效显著，“一种悬挂装置”获得国家实用新型专利证书，6 个项目荣获省市级创新创效奖项，变电高压试验一班获得质量信得过班组建设活动成果二等奖，4 个班组被评为秦皇岛供电公司先进班组，5 名职工被评为秦皇岛供电公司先进工作者，45 名职工被评为“福电职业之星”。持续开展关爱职工活动，疫情期间为职工小家配备防护物品，助力复工复产，为一线职工送去防护和慰问物资，领导班子深入一线调研指导疫情防控，将企业温暖传递到基层一线。

（李鑫）

八、公司荣誉及先进典型

（一）公司荣誉

全国文明单位

河北省中长期青年发展规划实施试点
河北省十佳企业团委
河北省总工会财务工作考核先进单位
河北省质量管理小组活动优秀企业
河北省质量信得过班组建设优秀企业

秦皇岛市十佳直属团委
秦皇岛市五四红旗团委
秦皇岛市党建工作标杆单位
秦皇岛市国资委基层党建工作示范单位
秦皇岛市志愿服务先进单位
秦皇岛市交通安全先进单位

公司其他荣誉

序号	题名	受奖名称	颁奖单位	文号	颁发日期
1	地市级供电企业基于“三项制度”改革“1335”体系的构建与实施	国网冀北电力有限公司秦皇岛供电公司	国网冀北电力有限公司	冀北电企管〔2020〕535号	2020-12-29
2	新形势下地市供电公司审计监督数字化转型发展路径探索与实践	国网冀北电力有限公司秦皇岛供电公司	国网冀北电力有限公司	冀北电企管〔2020〕535号	2020-12-29
3	电力智能孔洞安全检修装置	国网冀北电力有限公司秦皇岛供电公司	国网冀北电力有限公司	冀北电工〔2020〕342号	2020-08-19
4	二次电压自动核相装置	国网冀北电力有限公司秦皇岛供电公司	国网冀北电力有限公司	冀北电工〔2020〕342号	2020-08-19
5	自恢复过欠压保护智能漏电断路器	国网冀北电力有限公司秦皇岛供电公司	国网冀北电力有限公司	冀北电工〔2020〕342号	2020-08-19
6	非特大型电气设备平移转位液压装置	国网冀北电力有限公司秦皇岛供电公司	国网冀北电力有限公司	冀北电工〔2020〕342号	2020-08-19
7	光缆熔接多环境移动操作平台	国网冀北电力有限公司秦皇岛供电公司	国网冀北电力有限公司	冀北电工〔2020〕342号	2020-08-19
8	配电网工程计价工具的研发	国网冀北电力有限公司秦皇岛供电公司	国网冀北电力有限公司	冀北电企协〔2020〕320号	2020-08-06
9	创建国网秦皇岛供电公司经研体系电子评审平台	国网冀北电力有限公司秦皇岛供电公司	国网冀北电力有限公司	冀北电企协〔2020〕320号	2020-08-06

续表

序号	题名	受奖名称	颁奖单位	文号	颁发日期
10	缩短检修工作对用户的停电时间	国网冀北电力有限公司秦皇岛供电公司	国网冀北电力有限公司	冀北电企协〔2020〕320 号	2020-08-06
11	“1+2”三维激励模式下实现员工收入能增能减的探索实践	国网冀北电力有限公司秦皇岛供电公司	国网冀北电力有限公司	冀北电企协〔2020〕21 号	2020-01-20
12	供电企业基于岗位任职资格和全员量化考核的员工能上能下管理	国网冀北电力有限公司秦皇岛供电公司	国网冀北电力有限公司	冀北电企协〔2020〕21 号	2020-01-20
13	适应城市转型发展的配电网“六统一”规划管理创新与实践	国网冀北电力有限公司秦皇岛供电公司	国网冀北电力有限公司	冀企管〔2020〕16 号	2020-12-29
14	以多维精益管理变革为核心的数字化成本预算体系的推广与优化	国网冀北电力有限公司秦皇岛供电公司	国网冀北电力有限公司	冀企管〔2020〕16 号	2020-12-29

（二）集体荣誉

全国青年安全生产示范岗

变电检修中心

河北省优秀安全生产志愿服务组织

红马甲志愿服务队

冀北公司抗击新冠肺炎疫情先进集体

国网昌黎县供电公司泥井镇供电所、秦皇岛福电实业集团有限公司配电安装分公司

冀北公司先进基层党组织

国网昌黎县供电公司泥井镇供电所党支部

冀北公司省管产业单位配电专业技能竞赛优秀组织奖

秦皇岛福电实业集团有限公司

冀北公司工人先锋号

输电运检中心输电运维二班、电费账务中心电费核算班、国网卢龙县供电分公司石门镇供电所

秦皇岛市五四红旗团支部

变电运维中心团支部、国网秦皇岛市抚宁区供电公司团支部

秦皇岛市青年安全生产示范岗

国网秦皇岛市抚宁区供电公司输电运检班

秦皇岛市青年文明号

变电青年特训突击队、营销部青年供电服务队、国网青龙县供电公司青年供电服务队

秦皇岛市最美抗疫青年集体

山海关供电中心青年突击队、福电实业集团公司变电安装分公司青年突击队

（三）个人荣誉

全国劳动模范
高会民

河北工匠
郭宏伟
河北省青年岗位能手
王恺
河北省优秀安全生产志愿者
刘一衡
河北省新时代“冀青之星”
魏亮、周恩泽、盛琪、吴瞳、杨波、毕小玉、蒋贺、王康元、邢畅、刘琳、范甜甜、陈媛、王磊、翟燕飞、李鲲
河北省质量信得过班组建设先进个人
董航、徐国庆、郑云霞、牛益国、李鲲

国家电网公司劳动模范
张陆军

冀北公司“展现新作为　筑梦新基建”劳动竞赛先进个人
许明强
冀北公司抗击新冠肺炎疫情先进个人
刘万春、于泉、金锋、马冲、宋雷鸣、张昊、马铁生、康建雄
冀北公司优秀共产党员
刘万春、于泉、金锋
冀北公司保密知识竞赛个人二等奖
王梓
冀北公司巾帼建功标兵
李榕榕
冀北公司“寻找身边的榜样——感动冀北电力年度十大人物”
岳志滨
冀北公司劳动模范
王恺
冀北公司先进工作者
蔡金明、徐娟、常磊、田辉、刘大奎、王永红、石建军、金锋
冀北公司青年五四奖章
虞跃

秦皇岛市青年安全生产标兵
王旭枫、王磊、朱帅
秦皇岛市优秀共青团干部
张弛
秦皇岛市优秀共青团员
郗泽、张睿
秦皇岛市最美抗疫青年
王续、李榕榕

九、大事记

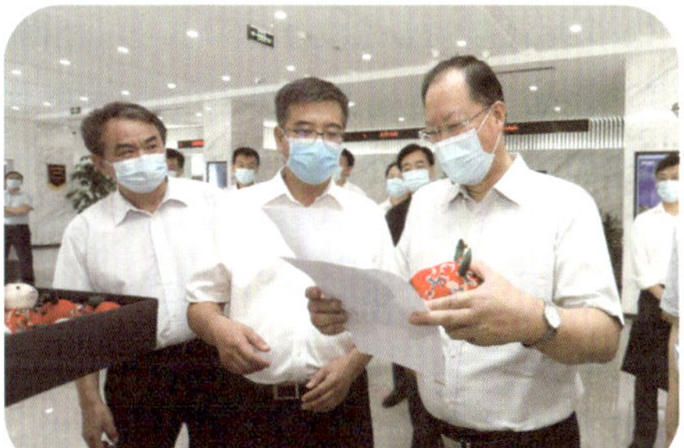

2020 年大事记

一月

1 月 2 日，秦皇岛市青年创新创效优秀项目成果展在公司举办。

1 月 6 日获悉，公司 5 名员工荣获“秦皇岛市劳动模范”。

1 月 8 日，在秦皇岛市科技馆专业馆授牌仪式上，公司电力博物馆被命名为“秦皇岛市科技馆电力科技馆”。

1 月 13 日，公司召开 2020 年第一次安委会会议。

1 月 14 日，冀北公司发来贺信，祝贺公司 2019 年电费回收“结零”，对公司电费回收工作给予高度评价，并勉励新的一年再创优异成绩。

1 月 14 日，公司党委书记刘少宇到青龙县出头石村对脱贫攻坚进行实地调研，对驻村工作组进行节前慰问。

1 月 15—21 日，公司领导走访慰问离退休老同志。

1 月 19 日，在春节临近和公司“两会”即将召开之际，冀北公司党委委员、副总经理李欣到公司看望慰问干部职工，带来了冀北公司党委的亲切关怀与殷切期望。

1 月 19 日，随着福电集团负责施工的小昌线破口入黄金海岸工程顺利完成，公司黄金海岸配套 110 kV 送出工程顺利竣工投运。

1 月 20 日，公司召开二届四次职工代表大会暨 2020 年工作会议。

1 月 20 日，福电集团试验室喜获 CNAS 资质认证。

1 月 22 日，秦皇岛市市长张瑞书、副市长冯志勇、市政府秘书长杨学功等一行来到公司，亲切慰问公司广大干部员工，送上新春祝福。

1 月 22 日，秦皇岛市常务副市长李国勇检查春节保电并慰问公司干部员工。

1 月 24 日，大年除夕，公司总经理陈建军分别来到 220 kV 徐庄操作队、王校庄操作队和海港区客服分中心急修班，看望慰问节日期间坚守岗位的一线员工，给大家带去新春的祝福。

1 月 24 日晚，大年除夕夜，公司总经理陈建军、二级职员张长久、总工程师许竞等公司领导坐镇应急指挥中心，指挥公司除夕保电工作。

1 月 24—31 日，公司积极践行“人民电业为人民”的服务宗旨，启动市、县两级应急指挥中心，着重开展重要变电站、重要线路及电力设施外部隐患情况巡查，合理调配电网运行方式，提前做好用电应急预案，加强新型冠状病毒疫情防控，保障全市人民度过愉快的春节。

1 月 30 日，为全面做好应对新型冠状病毒肺炎疫情防控工作，公司多措并举，坚决打赢疫情防控阻击战，全力确保民生用电。

二月

2 月 8 日傍晚，秦皇岛市委书记朱政学到新建 110 kV 河东寨变电站督导检查工作，要求在扎实做好新冠肺炎疫情防控的同时，统筹抓好工程复工工作，确保工程按期完工。北戴河区委书记陈秋华、秦皇岛市委副秘书长、暑办主任于凤喜陪同检查。公司党委书记、副总经理刘少宇做工程情况汇报，总工程师许竞参加检查。

2 月 14 日，公司收听收看冀北公司督导京外单位疫情防控工作电视电话会议。

2 月 19 日下午，公司总经理陈建军到北戴河新建 110 kV 河东寨变电站、北戴河客服分中心检查指导疫情防控、复工复产和营销服务工作，要求在做好疫情防控的同时，抓紧变电站复工复产，做好营业窗口服务，确保公司生产、基建、营销工作有序进行。公司副总经理赵雪松一同检查。

2 月 20 日上午，秦皇岛市委常委、常务副市长李国勇到北戴河新建 110 kV 河东寨输变电工程项目现场调研指导，要求公司统筹做好疫情防控和工程建设复工工作，按期圆满完成工程建设任务，确保秦皇岛市旅游旺季安全可靠供电。市政府副秘书长庞印宝，北戴河区委书记、区长陈秋华，常务副区长周向东、副区长张敏，公司总经理陈建军、副总经理赵雪松陪同调研。

2 月 26 日，公司收听收看国家电网公司推进新冠肺炎疫情防控和服务经济社会发展工作部署会。

2 月 27 日，公司党委理论中心组开展 2020 年 2 月专题集中学习，公司总经理、党委副书记陈建军带头领学。公司党委书记、副总经理刘少宇主持学习并做总结讲话。

2 月，抗击疫情保供电期间，变电运维室干部职工全部到岗到位，同时组建疫情防控电力保障党员突击队，对所辖 68 座变电站巡视巡查，筑起阻击疫情的“铜墙铁壁”，确保党政机关、医疗单位、为疫情防控提供医疗器械和装备生产企业、供水供气、信息通信、新闻机构等 56 家重点疫情防控场所安全可靠供电。

三月

3 月 4 日，公司总经理陈建军、党委书记刘少宇一同会见抚宁区委书记、经济开发区党工委书记孙志川一行，双方就复工阶段抚宁区碧海路电力线路迁改工程实施方案进行沟通交流。抚宁区政府党组成员、经济开发区党工委副书记、管委会副主任李刚，公司总工程师许竞参加会见。

3 月 6 日上午，冀北公司召开全力做好疫情防控工作视频会议。冀北公司董事长、党委书记田博出席会议并讲话，总经理、党委副书记郭炬传达国家电网公司全力做好在京企业疫情防控工作视频会议精神，副总经理、工会主席孙兴泉主持会议，纪委书记王雪就疫情防控监督工作提出要求。

3 月 9 日，公司收到冀北电力有限公司招投标管理中心的感谢信，对公司在冀北公司 2020 年第一批集中招标采购异地评标过程中，圆满完成场所准备、标书评审、现场监督等任务表示感谢。

3 月 18 日，从团省委获悉，公司团委在河北省企业共青团工作述职擂台赛暨中国青年创新创业板区域中心服务企业创新发展功能推介活动中表现出色，被评为“河北省十佳企业团委”。

3 月 24 日，秦皇岛交警支队二大队领导给公司送来锦旗和证书，表彰公司荣获 2019 年度秦皇岛市“交通安全先进单位”称号，1 名车管人员荣获“模范车管干部”称号。

3 月 25 日，秦皇岛市交警支队有关人员送来锦旗和荣誉证书，表彰福电集团荣获 2019 年度“交通安全先进单位”称号，1 名车管人员被评为“模范车管干部”。

3 月 26 日，公司收听收看冀北公司全面加强省管产业单位管理工作电视电话会。

3 月 26 日，公司党委理论中心组开展 2020 年 3 月专题集中学习。公司党委书记、副总经理刘少宇主持，党委理论学习中心组成员参加学习。

3 月 26 日，公司召开党委（扩大）会，深入学习贯彻国家电网公司建设“具有中国特色国际领先的能源互联网企业”发展新战略。公司总经理陈建军就抓好贯彻落实做出重要部署，党委书记刘少宇主持会议。

3 月 26 日，在秦皇岛市总工会财务经审工作会议上获悉，公司工会被评为河北省总工会财务工作先进单位。

3 月 27 日，公司收听收看冀北“十四五”电网规划启动会。

四月

4 月 2 日，公司收听收看冀北党风廉政建设和反腐败工作会议。

4 月 4 日，清明节假期首日，公司总经理陈建军到 500 kV 高天三回线路特巡现场，检查指导防山火保供电工作，并代表公司向假日期间坚守岗位的全体干部职工表示亲切慰问。

4月8日，公司在抚宁公司抚宁镇供电所召开供电所管理提升现场会，就供电所管理提升工作进行观摩、交流。同时，公司为期半年的以供电所的提升为突破口的抓管理提升活动于当日启动。

4月9日，公司召开2020年党风廉政建设和反腐败工作会议，总结公司2019年党风廉政建设和反腐败工作，分析形势，部署任务，坚定不移深化全面从严治党，持之以恒推进党风廉政建设和反腐败工作，为建设具有中国特色国际领先的能源互联网企业提供坚强保障。

4月10日，公司总经理陈建军到110 kV赤土山变电站春检预试现场检查指导工作，要求在扎实做好防疫措施的同时，积极推进2020年春检预试工作，持续提升设备健康水平，确保北戴河暑期可靠供电和电网安全稳定运行。

4月15日，公司党委书记刘少宇到国道G102线电力迁改现场检查指导工作，要求各相关部门、单位落实责任，主动对接，统筹谋划，积极推动政府相关部门加快电力迁改前期手续的办理，为项目按时通车创造条件。

4月19日17时，经过福电集团线路分公司连续5天奋战，220 kV戴小二线改造工程顺利完工。改造后，戴小二线跨越秦抚快速路线大幅提升，为电网安全稳定运行和迎峰度夏保电奠定了坚实基础。

4月19日，秦皇岛市人民政府发来表扬信，对新冠肺炎疫情发生以来，公司保障医疗、生产企业可靠供电，助力企业复工复产所做出的迅速响应和精准行动，给予高度赞扬和充分肯定。

4月20日，公司召开2020年一季度经济活动分析会，总结一季度经营情况，分析面临的形势，部署二季度重点任务，进一步统一思想、分解任务、细化方案，为实现公司经营良好开局提供坚强保障。

4月21日，公司召开2020年党建工作领导小组（扩大）会议，以习近平新时代中国特色社会主义思想为指导，全面贯彻新时代党的建设总要求，认真落实国家电网公司党组、冀北公司党委工作部署，总结公司2019年党建工作，分析形势，部署2020年党建重点工作任务。

4月22日，公司召开国道G102线电力线路迁改工程前期工作会。国道G102线改建工程是秦皇岛市重点工程，公司高度重视G102线电力迁改工作。会议全面梳理前期工作进度和面临的问题，部署国道102线电力线路迁改重点工作，进一步统一认识、细化职责、明确时间节点，为实现国道G102线按时通车提供坚强保障。

4月23日，公司全力推进北戴河重要用户供电保障工作。

4月24日，公司总经理陈建军与国网综合能源集团有限公司总经理助理樊功成一行会谈。

4月27日，新区110 kV输变电工程一次送电成功。该工程的投产，标志着北戴河新区首座110 kV装配式智能变电站正式投入电网运行。

4月28日，公司召开2020年第二季度工作会。会议以习近平新时代中国特色社会主义思想为指导，深入落实冀北公司二季度工作会议要求，总结一季度工作，安排二季度任务，守正创新，负重前行，为完成全年目标任务打好基础，全力建设具有中国特色国际领先的能源互联网企业。

4月28日，公司党委理论中心组开展2020年4月专题集中学习。深入学习习近平总书记关于在疫情防控常态化条件下复工复产、安全生产、作风建设等重要讲话精神，以坚定的政治自觉加快推进当前疫情防控和复工复产关键时期的各项工作，层层压实责任，解决突出问题。

4月30日，公司职工郭宏伟获“河北工匠”称号。

4月30日，市委常委闫五一到河东寨施工现场调研指导。

五月

5 月 7 日，公司山海关供电中心青年突击队、福电变电安装分公司青年突击队获秦皇岛市“最美抗疫青年集体”称号，变电运维中心王续、综合服务中心（融媒体分中心）李榕榕获评秦皇岛市“最美抗疫青年”。

5 月 11 日，为深入学习领会中央对安全生产工作的重要指示精神，进一步贯彻落实冀北公司安全生产工作要求，公司组织开展安全专题学习，分析形势，研究部署强化公司安全生产工作重点措施，筑牢安全生产防线。

5 月 11 日，冀北公司副总经理、工会主席孙兴泉一行到公司调研安全生产工作，并参加基层班组专题安全日活动。冀北公司工会副主席郑超达，公司领导陈建军、刘少宇、周铁生、刘彦斌参加调研。

5 月 12 日凌晨 3 时，随着京哈铁路（269 km+220 m）处的封顶防护网拆除作业结束，公司河东寨 110 kV 输变电小营—河东寨 110 kV 线路跨越京哈铁路工程顺利完成，京哈铁路线留守营至北戴河普速场间上下行线解除封锁，恢复正常通行。

5 月 14 日，公司总经理陈建军轻车简从，先后深入 220 kV 杜庄变电站春检预试现场、站东 110 kV 变电站新建工程施工现场，开展“四不两直”安全检查。

5 月 14 日，公司组织收听收看冀北公司 2020 年党建工作推进会。

5 月 18 日 18 时 50 分，国能昌黎生物发电厂 #1 机组顺利并网发电，公司在“两会”保电前圆满完成了并网任务。

5 月 21—22 日，全国政协十三届三次会议、十三届全国人大三次会议在北京召开。全国两会开幕当日，公司总经理陈建军、党委书记刘少宇坐镇公司应急指挥中心，与广大干部职工一起全力做好“两会”保电工作。

5 月 21 日，公司召开 2020 年 5 月线损管理及营销工作推进会。

5 月 25 日，公司党委理论中心组开展 2020 年第五次专题集中学习。

5 月 28 日，冀北公司集体企业管理办公室主任何荣富莅临公司，就省管产业单位深化改革及其他重点工作推进情况进行督导调研。

5 月 29 日，公司以设备零故障、客户零闪动、工作零差错、服务零投诉为保电目标，圆满完成全国“两会”保电任务。

六月

6 月 2 日，国家电网公司发展部副主任赵洪磊带领验收组一行到公司开展新一轮农网升级改造工程预验收工作。

6 月 8 日，公司召开 2020 年第二次安委会会议。

6 月 9 日，河东寨 110 kV 输变电工程一次送电成功。该工程的投产，标志着北戴河区特殊用户的第四路电源正式接入，同时对地区经济发展起到至关重要作用。

6 月 10 日，公司组织收听收看国家电网公司安全生产专项整治三年行动部署暨 2020 年迎峰度夏电视电话会。

6 月 11 日，公司收听收看 2020 年冀北工会工作推进会。

6 月 15 日，新华社客户端刊发公司相关报道《倾心助脱贫　夯实致富路》。

6 月 17 日，市委常委、政法委书记闫五一来到海滨 110 kV 变电站、北戴河供电中心，检查公司暑期保电工作情况。

6 月 19 日，公司组织收听收看冀北公司当前形势下疫情防控工作电视电话会议。

6 月 23 日，河北省与国家电网战略合作协议落实推进会暨迎峰度夏电力保障电视电话会议在石家庄召开，省委常委、常务副省长袁桐利出席会议并讲话。

6 月 24 日，公司总经理陈建军在山海关区政府与山海关区长王占胜会谈，双方就加强政企合作，推动电网建设、助力地方经济交换意见。山海关区常务副区长刘尤优参加会谈。

6月25日，秦皇岛市委常委、常务副市长刘亚洪在秦皇岛市广播电视台举办的“市长来直播嗨友秦皇岛”直播活动中，将公司扶贫产品“出头石”食用油，作为全市唯一入选直播的扶贫产品和活动现场的烹调专用油进行带货宣传。

6月29日，公司召开党委（扩大）会，专题学习《国家电网战略目标深化研究报告》。

6月30日，河北省委、省政府在庆祝中国共产党成立99周年座谈会上，对全省扶贫脱贫工作先进集体和个人进行表彰，公司驻村工作组荣获“河北省扶贫脱贫先进驻村工作队”称号，是秦皇岛市唯一获此称号的央企单位。

七月

7月1日，公司收听收看冀北公司纪念中国共产党成立99周年专题党课。

7月2日，公司召开提级巡察情况汇报暨专项约谈工作会，针对冀北公司提级巡察青龙公司反馈的问题，分析原因，制定措施，落实整改，举一反三，进一步促进公司管理工作提升。

7月8日，随着高考最后一科考试结束铃声响起，公司圆满完成了2020年高考保供电任务。

7月8日，公司总经理陈建军、党委书记刘少宇、副总经理周铁生会见抚宁区副区长杨为民，双方就留守营工业园、抚宁北部开发区供电方案进行沟通交流。

7月9日，公司召开2020年上半年经济活动分析暨业绩考核、提质增效专题会议。

7月10日，公司收听收看国家电网公司“查风险、治违章、抓落实”安全主题活动电视电话会。

7月13日，公司收听收看冀北基建施工现场“查风险、治违章、抓落实”安全主题活动会议。

7月14日，公司党委党建部党支部、融媒体分中心党支部共同开展“牢记初心使命 主动担当作为”主题党日活动。

7月14日，供电服务指挥中心（配网调控中心）党支部举办“讲政治、勇担当、抓落实、促发展”“我的政治生日”主题党日活动。公司党委书记、副总经理刘少宇以普通党员身份参加主题党日活动。

7月15日，公司参加2020年秦皇岛市防汛抢险应急救援演练。本次演练由市防汛抗旱指挥部主办，市应急管理局、市公安局、市消防支队等多家单位协办，市长张瑞书、常务副市长刘亚洪等领导出席演练现场。

7月16日，由公司联合团市委举办的“智慧保电　青力青为”秦皇岛市供电系统青年创新创意大赛在公司工会举行。

7月20日，公司圆满完成中考保电任务。

7月21日，公司收到一封来自西门子变压器（武汉）有限公司发来的感谢信，感谢公司在疫情前后对受新冠肺炎疫情影响企业的包涵、支持与帮助。

7月22日，公司圆满完成秦皇岛市“七五”普法检查验收工作。

7月23日14时30分，随着秦皇岛港906#泊位停靠的神华512轮岸电连船试验完毕，秦皇岛港8个泊位岸电系统全部具备连船试验条件，为今后岸电正式运行奠定了坚实基础。

7月26日，位于昌黎县境内的凯润少佛林风电场二期项目总装机容量10万kW风电机组正在抓紧最后施工。

7月28日，国家电网有限公司董事长、党组书记毛伟明一行赴国网冀北电力有限公司检查北戴河暑期保电工作，深入生产运行一线、供电服务窗口，慰问干部职工。

7月30日，河北日报刊发与公司相关报道《当好“电保姆”服务在一线——秦皇岛优化电力营商环境便民助企见闻》。

7月30日，公司召开2020年年中工作会议。

7月31日，冀北公司董事长、党委书记田博到秦皇岛检查安全生产工作。

八月

8月3日，公司党委（扩大）会学习贯彻毛伟明、田博到秦皇岛检查指导工作讲话精神。

8月8日，国家电网公司网站刊发公司精准扶贫通讯《搭把手电帮忙　出头石村迎来“出头日”》。

8月14日，冀北公司2020年省管产业单位配电专业技能竞赛在公司南山职业技能培训学校圆满落幕。

8月14日，公司收听收看国家电网公司安全生产电视电话会议。

8月17日，国家电网公司毛伟明董事长在读了由公司对口帮扶村青龙满族自治县三星口乡出头石村村书记和全体村民寄出的群众签名信后，做出批示：“脱贫故事温暖人心，工作值得肯定。”公司融媒体分中心迅速响应，在冀北公司党委宣传部统一领导下，积极对外传播公司助力打赢脱贫攻坚战的工作亮点，讲述公司扶贫故事。中国电力报、国家电网报、人民网等媒体纷纷发声，第一时间刊发相关报道。

8月25日，公司党委理论中心组专题学习《习近平谈治国理政》第三卷。

8月27—28日，冀北公司党委副书记、副总经理鞠冠章到公司调研指导党建工作。冀北公司党建部主任李江，公司领导陈建军、刘少宇、刘彦斌及相关负责人陪同调研，公司领导班子全体成员参加座谈。

8月28日获悉，由公司党委党建部和融媒体分中心选送的品牌故事《“百年蝶变”的电力博物馆》《永不退色的红马甲》，在中国电力传媒集团、中国电力报业协会开展的首届中国电力品牌征集活动中，同时入选《中国电力优秀品牌故事专辑（2020年）》。

8月28日，国网基建部督查调研公司基建安全质量。

九月

9月1日，公司组织收听收看国家电网公司2020年科技创新大会。

9月2日，公司第一期2020年中层管理人员能力提升培训班在南山职业技能培训学校开班。公司党委书记刘少宇出席开班仪式并上专题党课。

9月2日，中共中央直属机关北戴河服务局给公司送来感谢信，感谢公司全力保障暑期供电，为中直北戴河服务局圆满完成2020年暑期服务工作做出重要贡献。

9月2日，冀北公司召开“网上电网”建设推进会。冀北公司总经理郭炬出席会议并讲话，副总经理于德明主持会议，副总经理王西胜就分管工作提出具体要求。

9月7日，公司召开2020年北戴河重要用户支署人员座谈会。

9月7日，河北秦皇岛恒大城开关站智能融合终端调试完成，国网冀北电力有限公司统一智慧物联体系在秦皇岛海港区正式接入终端。

9月8日，国网唐山供电公司党委书记徐其春一行莅临公司参观南山文化园区。公司领导陈建军、刘少宇、刘彦斌及相关负责人陪同。

9月9日，公司第二期2020年中层管理人员能力提升培训班在南山职业技能培训学校开班。公司总经理陈建军出席开班仪式并上专题管理课。

9月9日，国家体育总局秦皇岛训练基地（中国足球学校）向公司送来感谢信，感谢公司在2019—2020年中国男子排球超级联赛供电保障方面做出的大量工作，确保比赛顺利进行。

9月9日，团省委书记郭旭涛一行到公司调研指导团青工作。

9月9—10日，国网安全检查组对公司基建安全施工现场进行了督导检查。

9月24日，公司选手在“国网好声音”职工歌手暨原创歌曲大赛决赛上过关斩将，在来自国家电网公司总部和27个直属单位的共计43组歌手（原创歌曲）中突出重围，2首原创歌曲和2名职工歌手代表冀北公司工会获得佳绩。

9月25日，冀北公司党委委员、纪委书记王雪到公司调研指导工作。冀北公司纪委办公室副主任李凤平，公司领导陈建军、刘少宇、刘彦斌、许竞陪同调研。

9月28日，公司党委理论中心组开展9月专题集中学习。

9月28日，公司召开2020年第三次安委会会议。

十月

10月13日，公司收听收看国家电网公司抗击新冠肺炎疫情表彰大会。

10月16日，公司"出头石"品牌扶贫项目荣获河北省青年创业创新人赛银奖。

10月17日，国家能源局华北监管局党组书记、局长王思强，党组成员、副局长郝瑞锋到公司开展用户"获得电力"优质服务情况现场调研。秦皇岛市委常委、市政府常务副市长刘亚洪，冀北公司董事长、党委书记田博，华北能监局相关处室负责人，公司一级职员，办公室、营销部、设备部负责人，公司领导陈建军、周铁生、邱俊新、许竞及相关人员参加调研。

10月17—18日，国家电网公司优质工程奖复查组专家一行3人莅临公司，对参评的国家电网有限公司优质工程银奖项目——黄金海岸－戴河220 kV线路工程进行复查。

10月20日，公司组织召开2020年新员工座谈会。

10月21日，河北省扶贫办副主任王爱军到公司扶贫旗舰店调研。

10月21日，公司在"冀信2020"网络安全技能竞赛秦皇岛地区总决赛中获佳绩。

10月22日，国家电网报（头版）刊发公司相关报道《出头石村的日子变了样》。

10月26日，公司经研所《基于目标导向和可靠性提升的配电网网格化规划研究与应用》课题荣获2020年国网经研体系科学技术进步奖先进技术推广应用类二等奖，这也是公司连续第3年获此荣誉。

10月27日，第九届中国（河北）青年创业创新大赛暨第七届"创青春"中国青年创新创业大赛（河北赛区）决赛在石家庄市辛集市落下帷幕，公司青年在比赛中获得银奖2项、铜奖3项、优秀奖3项。

10月27日，公司圆满完成2020年企业负责人安全生产培训工作。

10月28日，公司收听收看《中华人民共和国公职人员政务处分法》专题讲座。

10月28日，冀北公司副总经理、工会主席孙兴泉到公司调研指导工作。冀北公司工会副主席郑超达，公司总经理陈建军，纪委书记、工会主席刘彦斌陪同调研。

十一月

11月2日，公司青年集体获得"全国青年安全生产示范岗"称号。

11月2日，公司党委理论中心组开展11月专题集中学习。

11月4日，公司组织收听收看国家电网公司学习贯彻党的十九届五中全会精神暨2020年第四季度工作会议。

11月5日，公司收到市委办公厅发来的感谢信，对公司电力保障工作给予充分肯定并表达谢意。

11月6日，公司组织收听收看冀北公司学贯十九届五中全会精神暨2020年第四季度工作会议。

11月9日，公司召开领导干部调整宣布会议。冀北公司党委组织部（人事董事部）副主任孟祥来宣读任免文件并讲话，公司总经理陈建军主持会议，公司领导班子成员参加会议。孟祥来宣读冀北公司党委任免决定，周铁生不再担任公司副总经理、党委委员职务；许竞任公司副总经理、党委委员，不再担任总工程师职务；焦东翔任公司总工程师。

11 月 11 日，公司召开学习贯彻党的十九届五中全会精神暨 2020 年第四季度工作会议。

11 月 12 日，冀北公司总会计师、党委委员肖忠文以普通党员身份参加了冀北财务部党支部与卢龙公司机关党支部联创开展的“做好电力先行者、架起党群连心桥”主题党日活动。

11 月 13 日，福电集团荣获国家电网公司“2020 年省管产业单位施工能力建设优秀企业”称号。

11 月 15 日，公司创新创效工作获省级荣誉称号。

11 月 24 日，2020 年全国劳动模范和先进工作者表彰大会在北京人民大会堂举行，公司职工高会民获评全国劳模。

11 月 26 日，中国电力报（头版）刊发公司相关报道《高压线上的“舞者”——记全国劳动模范、冀北秦皇岛供电公司高会民》。

11 月 27 日，抚宁 110 kV 变电站 1 号主变改造工程顺利完工。

11 月 30 日，公司党委理论中心组开展专题学习，深入学习《党章》与党的十九届五中全会精神。

十二月

12 月 2 日，秦皇岛市委常委、政法委书记闫五一在政府相关部门的陪同下来到公司 110 kV 河东寨变电站现场就冬季电力供应进行调研。

12 月 3 日，河北省人大常委会党组副书记、副主任，河北省总工会主席王晓东，率调研组一行莅临公司考察调研。秦皇岛市委、市人大、市总工会相关领导，公司领导陈建军、刘彦斌及相关部门负责人陪同调研。

12 月 4 日，在宁波闭幕的 2020 年全国电力行业质量创新成果展示与交流会上，经研所的两篇质量管理创新成果《适应城市转型发展的配电网“六统一”规划管理创新与实践》和《基于培育能源互联新业态的智慧能源管理体系构建》分别荣获二、三等奖。

12 月 8 日，秦皇岛电力博物馆受到中国电机工程学会表彰。

12 月 9 日，2020 年中国电力安全与应急管理论坛上，公司两个项目获评优秀案例，为公司赢得了荣誉。

12 月 9 日，在 2020 年度“电力奥斯卡”全国电力行业优秀影视作品展评及颁奖大会上，公司制作的电力设施保护创意宣传片在全国 32 个省、市、自治区，600 多家电力企业报送的 2500 余部作品中脱颖而出，再次捧得“小金人”，荣获动漫组一等奖。

12 月 12 日，中央广播电视总台报道公司扶贫成果《数说扶贫　出头石村“出了头”》。

12 月 14—15 日，公司组织收听收看冀北公司党委理论学习中心组（扩大）举办党的十九届五中全会精神读书班。

12 月 21 日，公司召开 2020 年第四次安委会会议。

12 月 23 日，公司作品荣获央企优秀故事三等奖。

12 月 24 日 12 时，随着线路施工人员将防护网准确拽到预定位置，公司圆满完成新建 110 kV 戴河—金梦海湾双回线跨越 4 条 110 kV 带电线路封网施工，为下一步进行放线奠定了坚实基础。

12 月 25 日，秦皇岛昌黎县 10 kV 空港产业园 1 号开闭所新建工程，成功入选国家电网公司“2020 年配网工程质量评价前百名项目示范工程”，此项工程是冀北公司唯一入选的配电站房工程，也是公司近 3 年第二次获此殊荣。

十、重要文献

（一）公司领导重要讲话

总经理、党委副书记陈建军在公司二届四次职工代表大会暨 2020 年工作会议上的报告

（2020 年 1 月 20 日）

一、2019 年工作回顾

过去的一年，面对复杂的经济形势和繁重的改革发展任务，公司坚持以习近平新时代中国特色社会主义思想为指导，全面贯彻国家电网公司党组、冀北公司党委决策部署，各项工作稳步推进。发展总投入 10.59 亿元，其中固定资产投资 9.77 亿元；售电量 133.4 亿 kW·h，同比降低 2.34%；资产总额 55.77 亿元，同比增加 6.94%；线损率5.5%；全员劳动生产率27.25万元/(人·年)。企业负责人业绩考核位列冀北公司 B 级。

安全生产保持平稳。制定《安全生产工作意见》，开展 19 项重点任务及安全生产“七项行动”，修订《安全工作奖惩实施方案》，实施违章单位、个人“双扣分”制度，累计奖惩 12 077 人次，压实各级安全责任。开展各类安全大检查专项活动，推进领导干部作业现场当“安全员”，管理人员到岗到位 5042 人次，稽查现场 257 个，处理违章 93 起，整改隐患 154 项。完成检修预试任务 1355 项，开展带电检测 8128 台次，大修技改工程 86 项，消除缺陷 434 项。联合政府清理输电线下隐患，累计清理线下树 3 万棵，制止违章施工 70 次，促成《秦皇岛市电力设施保护条例》专家论证会。成功应对“国家专项网络攻防演习”、“利奇马”台风恶劣天气及电网负荷再创新高挑战，发布六级及以上风险预警 142 项，圆满完成庆祝新中国成立 70 周年、北戴河暑期、国际马拉松赛事等重大保电活动，实现连续安全生产 5386 天。

电网建设全面提速。完成负荷需求预测和“十三五”电网规划滚动修编，优化项目储备和建设时序。完成 110 kV 金梦海湾、站东、杨庄 3 个项目核准，实现中心城区电源布点重大突破。完成 220 kV 陈肖平线路、110 kV 两山、南戴河增容项目可研批复。220 kV 黄金海岸、京能热电工程提前竣工投产，110 kV 新区输变电工程及黄金海岸送出工程完成建设任务，稳步推进河东寨等工程建设。大力开展 35 kV 农网工程建设，青龙王厂等 4 项工程顺利投产。累计新增变电容量 40 万 kV·A、线路 200.06 km。制订配网工程年度清零计划，累计完成 505 项工程施工和 256 项工程结算。圆满完成 2019 年“光热 +”煤改电建设任务，新建线路 115.02 km、配变 113 台，新增变电容量 3.85 万 kV·A，为居民冬季采暖提供可靠电力保障。全力支持新能源发展，完成卢龙佰能林昌生物质发电等 3 个项目并网、凯润风电二期等 5 个项目系统接入。完成 102 国道市区绕城通道等 5 项迁改工程前期踏勘及设计。

服务品质成效显著。大力优化营商环境，客户投诉同比降低 63.14%，客户诉求一次性解决率 100%，业务处理满意率 99.63%。持续深化“互联网 +”服务，智能交费客户 164.85 万户，占比 99.65%。促请政府出台《双创双服及民心工程专项实施方案》，收集重点项目 217 项，应用“人脸识别”技术，试行北戴河报装“零证办电”，实行 100 kW 及以下项目低压接入，高压客户接电时长有效压降，业扩净增容量 110.6 万 kV·A，同比提升 28.91%。积极服务电动汽车发展，新建充电桩 48 个，充电收入 72.9 万元，同比增长 2.5 倍。累计分布式电源并网用户 3491 户，总容量 8.79 万 kW。积极服务脱贫攻坚，做好出头石村三年扶贫巩固提升工作。

经营管理高效规范。加强综合计划统筹协调作用，形成持续改进的闭环管理模式，指标管理能力稳步提升。强化成本类项目费用管控，压缩需求规模 2.55 亿元。压降“两金”存量 93.13 万

元，全面完成压减目标。深入推进电费回收“日清日结”，推广远程费控162.75万户，高压覆盖率达95.79%，低压非居民、居民覆盖率分别达99.41%、99.75%。常态化开展营销稽查、计量与采集异常排查，与秦皇岛市人民银行签署电力用户征信管理协议，并将信用目录纳入“信用秦皇岛”平台，反窃成效1331万元。加强同期线损管理，10 kV分线及分台区线损合格率分别达90.45%、92.86%。实施电能替代374项，替代电量16.03亿kW·h，同比增长37.13%。深化新型资金管理体系建设，推广应用现金流“按日排程”模式，有效提高资金管控水平。强化依法治企，深化触电案件压降行动。开展内部审计9项，发现问题143个，提出审计意见建议160条，内控管理不断完善。

各项改革扎实推进。贯彻降低企业用能成本部署，完成一般工商业两次降价调整。推进多维精益管理变革，加强资金集中管理，清理在建工程65项、1.73亿元。深化“三项制度”改革，拓展中层干部和高级管理岗位聘任制，累计聘任145人，班（所）长聘任率83.45%；实施试用期满、首次合同期满两个“窗口期”考核；绩效C、D级比例与公司企业负责人业绩考核、各单位考核、绩效工资高低倍比“三维联动”。完善安监、党建等机构职责。28项“三供一业”改造工程竣工投产，3项工程进入攻坚收尾阶段。深化“放管服”机制变革，编制第一批“放管服”清单，28项具体权限下放至县公司。开展集体企业资金、车辆管理和关联交易回头看，完成问题整改33项。

创新发展全面展开。虚拟电厂示范平台投入运营，将电动汽车、储能等10类、19种可调节资源纳入电网优化调度，有序推进虚拟电厂交易试运行，形成国内首个虚拟电厂参与调峰辅助服务市场机制。全流程供电服务指挥系统上线试运行，实现9套系统数据贯通，“全业务智能非抢体系”等15项亮点高阶应用，初步达到系统内标杆单位水平。试点完成宁海大道主动配网及移动储能建设，在北戴河建成站线台户全息感知的配电物联体系，支撑全景监控中心完成重要保电。积极开展科技创新，参与“开发＋电采暖”农村配网电压风险评估指标体系，试点应用基于北斗卫星定位的基建现场人员安全管控系统。3项成果分获中国电力科学技术奖三等奖、国家电网公司科学技术进步奖二等奖、中国仪器仪表学会科学技术奖二等奖，获省级及以上管理创新成果13项、QC成果22项，冀北公司科学技术进步奖4项。

党的建设持续深化。扎实推进主题教育，自上而下开展交流研讨、集中学习。各级领导班子深入基层调研123人次，讲授党课24次。积极向地方党委、电力用户、服务对象征求意见建议253条。组建巡回指导组，高质量召开两级单位对照党章党规找差距专题会议及民主生活会。坚持“理论＋实践”“专业＋一线”，实施“正心明道”7项行动计划，党员重点项目攻关立项4项，下发党建督查单17个，开展谈心谈话13次，解决问题23项，有效推动党建与业务工作深度融合。约谈基层单位负责人71人次，实施协同监督项目11个，整改问题36项。围绕漠视侵害群众利益专项整治、“抓整改、除积弊、转作风、为人民”专项行动及形式主义、官僚主义集中整治，累计排查整治问题24项。

队伍建设不断加强。开展各类培训86项、2.7万人次，普调考竞赛获冀北公司团体及专业二等奖2项，3人获个人表彰。中级及以上职称占比、技师高级技师占比同比增长3.97%、1.03%，对外输送人才14人、新增冬奥帮扶7人、援藏挂职1人，实现人才多元化成长。深化“暖心工程”，改建昌黎职工活动中心，实现市、县两级职工室内活动场所全覆盖。推进“五小”供电所和基层困难职工小家帮扶建设，改善一线职工工作生活条件。大力弘扬劳模精神、工匠精神，举办首届职工文化体育艺术节、“家国•楷模”主题文化分享会，增强文化传播影响力。加强意识形态管理，正确把握舆论导向，在新华社等社会主流媒体发稿231篇。后勤保障、信访维稳、保密工作进一步加强。1人荣获大国工匠称号、12人分获河北省、冀北公司、秦皇岛市劳动模范、金牌工人及巾帼建功标兵称号。7个基层工会分获省、市模范职工之家称号，7个一线班组分获全国青年文明号、河北省先进集体、五一巾帼标兵岗、河北省青年安全生产岗和冀北公司工人先锋号称号，1个支部获评国家电网公司电网先锋党支部，3人获评河北省月度好人。公司先后荣获全国“安康杯”竞赛先进单位、国家电网公司红旗党委、河北省诚信企业等荣誉称号，获评新中国成立70周年保电先进集体，冀北公司、秦皇岛市工会工作先进单位。

各位代表、同志们，这些成绩的取得，得益于冀北公司党委的坚强领导，得益于全体干部职工的辛勤劳动，得益于广大离退休老同志和家属的关心支持。在此，我代表公司领导班子，向受到表彰的先进单位、集体和个人表示热烈祝贺！向全体干部职工、离退休老同志和家属表示衷心的感谢和诚挚的慰问！

二、提质增效，攻坚克难，全面推进公司高质量发展

2020年是全面建成小康社会和“十三五”规划收官之年。我们肩负的使命更加光荣，责任更加重大。党的十九届四中全会和中央经济工作会议对当前和今后一个时期，我国经济基本趋势做出了稳中求好、长期向好的重大判断。秦皇岛市政府工作报告指出，我市正处于重大历史机遇最为集中、新旧动能转换最为紧要的时期，“四市战略”的科学性、前瞻性不断显现，“沿海强市、美丽港城、国际化城市”的新局面正逐渐形成。这些为我们准确把握形势、做好全年工作提供了根本遵循，我们要保持定力，充分运用自身区域禀赋，实现创新突破、持续发展。

在坚定信心、把握机遇的同时，我们要深刻审视公司发展存在的问题和短板。电量增长后劲不强。受经济发展形势及大用户搬迁影响，公司年度售电量呈负增长，与其他地区电量大幅增长形成鲜明对比。2020年我市仍存在工业增速下滑、增长动能不足、部分企业生产经营困难等问题，电量增长乏力。公司急需在现有人力、物力基础上优化投资策略、培育电量增长点、降低跑冒滴漏，提升企业经营能力。配网薄弱问题明显。主配网衔接程度及配网网架结构仍需加强，配网目标网架规划引领作用没有充分发挥，串级较多，方式复杂。城区部分负荷开放受限，转带能力不足，大负荷期间主变负载率仍然较高，设备运行压力较大。各县区域输电线径细、变台容量小、低电压问题突出，供电受限及质量偏低现象仍然存在。电缆通道信息化、设备自动化实用化率较低，在线监测管控能力有待提升。稳健经营效率不高。管办不清、机制不畅、落实不力情况仍然存在，组织架构还需优化。管理精细化程度不高，专业工作协调性不强，存在专业壁垒、条块分割、信息阻隔现象。市场竞争能力不强，管理链条长，缺少灵活性，响应偏慢、流程偏多，服务效率、服务质量仍需提升。内生动力激发不够。部分中层干部谨慎有余、魄力不足，大局观念、担当意识不强，履职尽责、攻坚克难的劲头不够。少数员工“干活少”甚至“不干活”，存在“贵族化”倾向。业务外包工作仍需严格管控。历史遗留问题较多。从内部巡察、审计、资金检查情况来看，违规违纪问题仍然禁而未绝。一些历史遗留问题成因复杂、久拖成疾，解决难度大。供电服务职工总量大，管理同质、队伍稳定、文化融入等方面的工作任务很重。

严峻的发展形势明确启示我们，过度依赖电量增长和电价空间的盈利模式、依靠大规模投资拉动的扩张式发展方式已经难以为继。我们必须进一步解放思想、破旧立新，用内涵式发展理念引领公司不断前行，以“安全、质量、效率、效益”为中心，坚持挖潜增效，通过挖掘电网价值、优化资源配置、完善体制机制、梳理业务流程、提升人员素质，不断释放现有人、财、物资源增值属性，着力破解难题，补齐短板，从根本上推动公司和电网健康可持续发展。

（一）实施安全“固本”工程，以内涵式发展筑牢安全生产根基

我们要将安全作为高质量发展的前提和基础，不断完善保电模式、筑牢安全基础，切实履行好保障北戴河暑期及秦皇岛地区安全可靠供电的职责使命。建立智慧保电模式。广泛应用新技术新手段，在电网安全、设备安全、重要用户安全、智能指挥、协同服务、联动应急等领域形成保障工作规范和保电模板，逐步打造北戴河智慧调度、智慧监控、智慧运营、智慧抢修、智慧服务、智慧保障“六个智慧”保电新模式。夯实安全基础建设。全力推进本质安全建设，以现场标准化作业、班组标准化管理、设备隐患整治为抓手，完善安全管理体系，严格执行各项规章制度，确保各类组织措施、技术措施、安全措施落实到位。重点开展安全教育培训工作，提升人员安全意识和风险辨识能力。完善安全奖惩机制。按照“大安全生产监督”体系，严格“尽职照单免责、失职照单追责”，突出抓好“三种人”和现场作业人员安全责任落实，做到安全风险全面预控。严格执行新修订的安全工作奖惩规定，加大安全专项奖向基层倾斜力度。

（二）实施配网“攻坚”工程，以内涵式发展推动配网质量提升

我们要着力加强电网建设，特别是深入开展农配网改造攻坚行动，全面完善服务社会、服务百姓民生的“最后一公里”，为提升公司服务水平提供坚强物质基础。优化配网规划布局。注重科学规划的龙头作用，统筹负荷增长和网架优化、投资需求和盈利能力的平衡，提高项目储备质量，缩短项目储备周期，增强规划的科学性、项目的可行性。依托自身力量拓展设计深度和精度，结合属地单位对接区域发展现状，扎实做好技术方案及网络架构审核，逐步形成具有区域特色的配网整体设计框架。深化农配网建设改造。结合各地区发展阶段、承受能力和实际需求，分地域差异化制定建设目标和技术原则，实现配网标准网架、设备质量、智能管控、服务能力全面提升。深入开展各县区域农配网提升专项行动，着力解决线径细、低电压及电缆沟道治理问题。强化工程质量管理。推进模块化建设、机械化施工，提高工程建设质量。深化全寿命周期管理，落实设备质量责任终身制，严格验收环节，确保“零缺陷”投产，着力打造精品工程。深化“北斗＋基建”新技术新手段应用，实现现场全方位管控。

（三）实施服务“升级”工程，以内涵式发展构建优质营商环境

我们要深刻认识优化电力营商环境是我们的“生命线”，全面履行“人民电业为人民”的企业宗旨，以刮骨疗毒的勇气坚决抓好优质服务工作，不断优化电力营商环境。转变服务理念。主动适应市场竞争，推动服务理念由业务视角向客户视角转型。突破专业化管理限制，将以客户为中心的理念贯穿到公司全领域、各专业，实现“始于客户需求、终于客户满意”，把降投诉作为硬指标，做到像管安全一样管服务。提升服务效率。深化“互联网＋营销服务”，打造统一开放、功能融合的互联网服务平台，实现全业务线上办理、全方位智能互动、全天候“一站式”服务。探索城区低压网格化、各区供电中心运转模式，推进营配调业务协调融合。提高服务质量。对接漠视侵害群众利益问题专项行动，立足客户需求、政府监管，强化服务责任制等保障措施，构建前端坚强、管理精益、支撑有力的服务体系。聚焦业扩接电、故障抢修、频繁停电等重点领域，提升客户感知度。落实服务质量监督机制，强化监察、法律、审计等综合监督。

（四）实施运营“转型”工程，以内涵式发展助推管理提质增效

我们要牢固树立过紧日子思想，转变粗放的发展理念，坚持向精准投资、完善流程、内部改革要效益，用好用足现有资源配置，实现公司健

康可持续发展。向精准投资要效益。统筹电网发展规模、速度、质量和效益，加强精准投资管控，强化专业协同、数据支撑，做到投资计划、执行、评估“三个精准”，合理确定电网建设规模和时序，重点投资优化电网结构、消除安全隐患、提升服务水平、开拓电力市场等项目，确保有限资金发挥最大效能。向完善流程要效益。建立“职能部门管理、基层单位执行、集体企业队伍有效支撑”管理机制，突出部门职能管理、政策把控，强化基层刚性执行、常态反馈，形成闭环管理、内外互补模式。强化工程设计、施工监理、集体企业内部招标、财务资金等领域管控，严防各类“跑冒滴漏”。向内部改革要效益。深化“三项制度”改革，优化人才选拔标准和聘任机制，畅通能上能下通道。开展“放管服”政策研究，做好业务承接和管理模式调整。推进集体企业在稳固存量市场基础上，主动适应市场需求，拓展业务外包、电网运维、业扩工程等市场份额，快速提升企业盈利水平。

（五）实施党建“铸魂”工程，以内涵式发展打造优质人才队伍

我们要毫不动摇坚持党的全面领导，全面提升各级领导干部的政治意识、精神状态、业务素质，始终在服务公司和地方经济社会发展中干在实处、走在前列、勇立潮头。坚定务实重干的党性修养。突出政治统领，建立长效机制，持续强化理论武装，做习近平新时代中国特色社会主义思想忠实实践者。保持工作定力、做到思维清醒，以奋斗的精神和竞进的姿态，紧盯目标快行动。持续挖掘“党建+”延展工程有效载体，从人员素质、思想导向和体制机制上，对“两张皮”进行根源治理。保持昂扬奋进的精神状态。要勇于担当作为，善于攻坚突破，敢于啃硬骨头。对于公司部署，要行动迅速，措施有力，执行坚决。对于工作中的困难和问题，要不等不靠，敏锐思考，果断出招，创造性解决。对于涉及公司利益的重大问题，要敢于坚持原则、敢于斗争，做到守土有责、守土尽责。锤炼业务过硬的能力素质。要增强治企兴企本领，保持能力不足、“本领恐慌”忧患意识，自觉学习专业领域新知识，更新知识结构，开阔思路视野。要把完成急难险重任务作为提高工作本领的重要途径，在应急处变、攻克难题、化解风险中增长才干。

三、2020 年重点工作任务

2020 年公司工作总的要求是：以习近平新时代中国特色社会主义思想为指导，全面贯彻国家电网公司党组、冀北公司党委各项决策部署，以确保安全稳定为前提，以客户为中心，深化改革、锐意创新、精益管理，实现安全、质量、效率、效益新提升。

主要发展和经营目标：发展总投入 5.98 亿元，其中固定资产投资 5.49 亿元；售电量 135 亿 kW·h；线损率 5.05%；110 kV 及以上线路开工 100.5 km、投产 221.2 km；变电开工 30 万 kV·A、投产 46 万 kV·A。杜绝大面积停电事故、人身死亡事故、重特大设备事故，严防重大网络安全事件、重特大火灾、恶性误操作。企业负责人业绩考核排名进入冀北公司前列。重点抓好以下 7 个方面工作。

（一）安全保障方面

抓牢安全责任落实。认真落实安全生产工作意见，逐级压紧压实安全责任，全面修订安全生产责任清单，加大安全激励考核力度，固化“双扣分”管理问责机制，提高各级各类人员履职能力。健全安全生产制度体系和组织体系，认真落实安全生产巡查工作，督促各级安全责任、制度建设、机制保障、专业管理落实到位。确保完成公司安全生产“七个不发生、两个确保”年度目标。

抓细安全风险管控。严格执行十八项电网重大反事故措施，开展覆盖 14 个专业的隐患大排查大整治活动，重点做好输电通道树障清理，通信光缆“三跨”问题治理及杨庄、耀华小电阻接地方式改造工作。细化梳理设备运行状态，按照轻重缓急，逐步解决二次设备老化、配网线路越

级跳闸问题。完善"煤改电"用户服务应急保障机制，确保清洁能源供暖保障到位。理顺集体企业管理体制，实现与主业安全生产"同管理、同标准、同评价、同考核"。

抓实安全管理基础。按计划开展检修预试及大修技改工程。严格执行《安规》和"十不干"要求，充分发挥安全督查队伍作用，采取逐级巡查、跨级抽查等形式，严肃查纠各类违章行为。强化安全技能培训和实操实训，严格《安规》年度普考、季度抽考，提升全员业务水平。修订完善各级各类应急预案和现场处置方案，建立智慧保电模式，做好"两会"、北戴河暑期等重大保电任务。加强网络信息安全、消防及交通管理。

（二）电网建设方面

做好电网规划前期。启动"十四五"规划编制，各属地公司全部成为规委会成员单位，超前开展站址选定和路径踏勘，做好廊道资源预留。坚持以需求和效益为导向，立足10年配网发展目标，编制5年配网发展规划。年内核准110 kV圆明山等3项工程可研编制审查及批复工作。

加快推进重点工程。落实各属地公司管理责任，捋顺管理流程、明确责任分工，依托政府力量解决征拆赔偿问题，实现依法开工、规范建设、均衡投产。严格执行电网建设节点管控措施，确保500 kV昌黎变电站间隔扩建、220 kV陈肖平线路、国能生物质、南戴河主变增容等工程按期开工，河东寨工程暑期前投产，站东、杨庄、金梦海湾工程年内投产。台营、城东等5项35 kV遗留工程全部清零。配合政府开展新102国道、京秦二通道等4个项目涉电迁改工作。稳步推进青龙地区国电投风电、三峡光伏等6个项目并网。

着力开展农配网改造。城区重点压缩供电层级、搭建联络坚强、结构清晰的负荷下送通道，农村重点加大线路联络、提高互带能力、改善电能质量，有效解决线径细、容量小、低电压问题。加快清理配网遗留工程，避免边清理边发生。加强配网通信基础设施建设。做好光热+电辅助取暖项目运行分析，引导政府优先选用生物质等非电采暖方式，降低电网改造投入。

（三）优质服务方面

不断优化服务模式。完成全业务供电服务指挥系统深度应用，加强配网调控指挥业务融合及主动抢修业务流转，提升设备状态感知。强化用户停电管理，合理编制停电计划，提升带电作业能力，持续拓展作业范围。综合施策压降频繁停电、施工作业导致的客户投诉，确保投诉、工单总量完成压降目标。

持续提升服务水平。深化漠视侵害群众利益问题专项整治工作，严格落实隐患排查和整改责任，推进问题就地解决。加强服务人员培训，重点对服务行为规范等红线投诉加大考核惩治力度。加强供电所队伍管理，加大供电所长交流力度。针对居民等中小客户，优化办电流程、丰富交费渠道，推广电子发票、停电信息主动通知等特色服务。

全面优化营商环境。落实《优化营商环境条例》，实施"一把手"工程，建立"说清楚"机制，做实"三零""三省""三提升""五+"服务。严格执行供电服务"十项承诺"和员工服务"十个不准"。做好低压业扩配套物资实物储备，按照"先接入、后改造"原则，完善方案，畅通流程。强化前端营配融合，推广网格化综合服务模式。积极协助清理规范转供电加价，有效降低用户用电成本。

（四）精益管理方面

不断优化经营策略。开展综合计划源头管理，充分讨论项目可行性，建立储备项目"常态、紧急态"机制，严禁不合实际、标准过高项目列入计划。加强综合计划及预算过程管控，按季开展进度考核，提高执行精准度。加强财务管理，深化现金流"按日排程"，充分用好批复资金，做好多批次、大体量项目储备。规范低维费管理，统筹安排资金支出。

大力挖潜降本增效。深入开展经济活动分析，高质量完成春秋季市场预测报告。深化同期线损平台应用，落实指标到线、到台区考核模式，推进高供低计用户计量改造。开展反窃查违交叉互查专项行动，确保完成反窃查违目标。加强营销稽查管控，加大用户费控功能改造力度，完善征信惩戒、一户一策等措施，确保电费足额回收。

增供扩销开拓市场。大力推进电能替代、电动汽车、综合能源服务等业务，重点关注供冷供暖供电多能服务、分布式能源服务建设项目，年内完成替代电量 15 亿 kW·h。规范开展用户设施接收，加快电网空白区域延伸覆盖。利用线上渠道和现有营业厅资源，探索开展新零售业务。年内扩建充电桩 10 个，完善区域充电网络。

深化经营风险防控。完善法律专业管理体系建设，抓实法律纠纷案件处理。强化重大决策合法性审核，做好“七五”普法检查迎检准备，加快《秦皇岛市电力设施保护实施条例》立法进程。落实审计监督全覆盖要求，统筹安排年度 3 项任中审计、2 项专项审计，做好 2 项离任审计迎审工作。深化数字化审计平台建设，持续加大营销、工程、财务领域在线审计力度。建立健全信用体系，深入开展信用评价。坚决防范数据造假行为。做好清理拖欠民营企业款项工作。

（五）改革创新方面

深入推进各项改革。贯彻落实适应输配电价改革和监管要求的经营管理策略，纵深推进多维精益管理体系变革。做好“放管服”改革，确保第三批清单落实到位。做精做优基建工程十二项配套改革标杆工程。完善内设机构调整，因地制宜做好营销、运检管办分离，优化区域供电中心机构设置，推进营配末端深度融合。研究组建综合服务中心工程管理团队，支撑重大项目管理。按照冀北公司统一部署，推进后勤实物 ID 试点工作。

加快集体企业转型。按照“第二梯队”定位，做强核心业务，重点提升配网设计质量，完善全域配网网架支撑性、整体性。强化物资全流程管控，规范招标环节。加强资金管理，减少各类跑冒滴漏。研究非核心业务发展方向，探索完善物业领域管理，建立健全保障体系，提升对主业支撑功能。

大力推进创新发展。做实源网荷储协同互动平台，推广虚拟电厂互动响应等智慧化应用场景，强化“1 到 *N*”应用拓展。利用变电站闲置资源，开展多站融合试点。加强基础数据核查治理，为公司设备状态监视、运营水平评价、关键指标分析、辅助决策判断提供参考。推进职工创新创效，打造一流劳模创新工作室，广泛开展科技创新、管理创新、发明专利及 QC 活动，激发全员创新创效活力。

（六）党的建设方面

坚持全面从严治党。深入落实“两个一以贯之”，围绕“两个坚持”工作主线，推动党的领导融入公司治理各环节。巩固提升“不忘初心、牢记使命”主题教育成果，深化应用“旗帜领航·三年登高”经验做法，持之以恒强根铸魂。加强党组织书记队伍建设，突出基层基础、强化质效提升，用好党建绩效考评“指挥棒”，推动形成强党建促发展的生动局面。固化党建督查单机制，开展“党建 +”实践和党建课题研究，持续深入推进“正心明道”党建品牌建设，促进党建与生产经营相融共促，同频共振。

加强党风廉政建设。深入落实十九届中央纪委四次全会精神，压紧压实党风廉政建设主体责任，夯实监督责任，一体推进不敢腐、不能腐、不想腐机制建设。坚决破除形式主义、官僚主义，持之以恒落实中央八项规定精神。以廉洁风险防控为着力点，强化对重点领域、关键环节监督管控，加强对权力运行的监督制约。持续深化巡视巡察成果应用，全面抓好巡视巡察典型问题自查自纠，做好冀北公司“提级”巡察迎检准备工作。

（七）队伍建设方面

强化干部队伍建设。落实新时期好干部标准，结合任职经历、岗位专业、年龄结构等信息，系统做好干部队伍盘点，强化优秀年轻干部员工储备培养和打磨历练，合理搭配老、中、青各年龄段干部，选优配强各级班子，促进整体功能最大化。完善职员职级建设，发挥带动引领作用。修订中层干部管理等4项制度，持续健全“1+*N*”干部管理体系，完善干部选拔任用流程，规范干部任职回避，强化人事信息、因私出国（境）管理，探索开展数字化档案建设。

激发职工内生动力。实施培训“月清月结”，加强现场作业人员，特别是供电所及外包队伍技能培训，制订年度培训计划，合理设置课程、充分挖掘内部培训师，提升课程实操性、针对性。策划劳动竞赛夺旗方案，同步开展内部竞赛评比，以考代培，以考促学，加快形成各领域能够一锤定音的核心队伍。建立用工方式精益化管理理念，结合业务外包负面清单和辅助性项目清单，细化梳理外包情况，有效支撑主业一线运检、营销业务。

营造和谐稳定局面。加强形势政策教育，及时回应干部员工关切，做好心理疏导、人文关怀和释疑解惑。广泛开展核心价值观讲坛、“初心大讲堂”等活动，深化示范点“百千万”工程，传承优良传统作风。加强班组建设，深入开展基层减负。做好团青工作，引导青年立足岗位建功立业。强化民主管理，畅通职工建言献策渠道。抓好意识形态和精神文明建设。落实离退休老同志两项待遇。加强后勤管理，提升服务保障水平。做好统战、保密及信访维稳工作，确保企业和谐稳定。

总经理、党委副书记陈建军在公司2020年年中工作会议上的讲话

（2020年7月30日）

一、上半年工作回顾

上半年，面对疫情带来的严峻考验，公司坚决贯彻习近平总书记关于疫情防控常态化及经济社会发展的一系列重要讲话和指示批示精神，贯彻落实冀北公司和秦皇岛市委、市政府各项决策部署，坚持打赢双战役，夺取双胜利，各项工作取得了新进展。1—6月，完成固定资产投资2.2亿元，完成年度计划39.2%，其中电网投资2.14亿元；售电量63.49亿kW·h，同比降低3.82%；线损率1.66%，同比上升0.05个百分点。

疫情防控有序推进。按照“一个提高、六个强化”总要求和“四早”“四清”“四不四到位”工作部署，统筹推进疫情防控工作。加强办公场所及人员密集区域管理，严格落实测温、验码等常态化防控措施。密切做好出入京人员跟踪监测，做到应检尽检，公司保持“双零”良好态势。积极助力各类企业复工复产，为6个疫情防控点提供“三零”办电服务，办理暂停、减容业务283户；落实优惠电价政策，一般工商业、大工业电价累计优惠6461万元；执行居民欠费不停电，确保全市144万居民正常用电。打造企业复工电力指数，协助政府开展监测分析、科学决策。

战略落实坚决有力。深入学习国家电网公司战略理论体系，将学习战略目标作为两级党委理论中心组和党支部“三会一课”重要内容，专题学习研讨178次。开展“学战略、讲担当、干精彩”主题党日活动，组织“守正创新、负重前行”主题行动，确保战略目标转化为推动工作的新思路和新举措。围绕电网信息、设备运维、应急联动、综合保障，创新构建“四个一”保电模式，实现对50类监测信息、40种设备缺陷的全面监控，加快打造地市级能源互联网示范。

安全生产保持平稳。落实“四个最”要求，印发《安全生产工作意见》，明确16项重点任务，修订安全责任清单，压实各级安全责任。深化“四不两直”安全督查，管理人员到岗到位2767人次，稽查现场161个，处理违章23起。完成春检预试、大修技改任务93项，处理各类隐患213处。加强重要通道、变电站特巡特护，累计出动

5.65万人次，巡视线路62万km，发现、制止山火33起，清理鸟害及各类异物隐患1253处，实现电网设备稳定运行。修订完善应急预案29项、现场处置方案74项，建立应急救援装备库，开展应急演练20余次，有效提升应急管理水平。圆满完成春节、全国两会、中高考等重大保电任务，实现连续安全生产5579天。促成《秦皇岛市电力设施保护条例》通过市人大审议，推进立法进程。

电网发展持续加快。完成地区中长期电力需求预测，总结“十三五”规划执行情况，开展“十四五”电网规划编制，汇总四大类13项电网问题和1388项配网规划需求项目，形成“1+3秦皇岛规划报告”。完成陈肖平220 kV线路工程、昌黎变电站220 kV间隔扩建工程项目核准，青龙三峡光伏送出、田各庄110 kV输变电工程可研编制，提前完成110 kV新区等3项重点工程建设任务，北戴河等33项涉暑工程全部投产，为暑期可靠供电、新能源并网提供网架支撑。推进配农网建设，顺利通过国家电网公司新一轮农网改造升级工程预验收，罗杖子等4项35 kV及年度61项配网工程有序施工，完成配网遗留工程220项，清零率92%。超前完成戴崔线跨越G205国道连接线，王汤一、二线跨越等市政涉电迁改工程，助力地区城市发展规划。完成2019年“煤改电”工程结算转资243项。

服务水平不断提升。持续优化营商环境，完成157家企业用电变更，55家实行“零手续”办理，低压接入标准提升至160 kV·A，接入用户509户，减少企业投资1200万元。修订供电服务考核制度，深化“十项承诺”“十个不准”，投诉及工单同比分别降低54.34%、32.85%。深化“网上国网”内外推广，累计绑定30.65万户，扩展网上办电渠道，相关做法获政府发文表扬。快速响应春耕春灌办电需求，“线上＋线下”协助客户开展用电安全隐患排查整治，多方面保障农村中小企业用电。延伸扶贫产业链条，完成“出头石”商标注册，扶贫产品销售收入119万元。持续推进民营企业清欠工作，支付到期账款8367万元。

经营管理成效显著。制定提质增效专项行动方案，明确5个方面36条重点工作任务并跟踪推进落实。制定《综合计划指标考核评价工作要求》，统筹全口径指标归口管理，实现重要指标“月考核、月通报”。细化预算管控，压降非生产性预算469万元、可控预算需求5900万元、农维费预算3000万元。开展“三清理、两提高”专项工作，清理长期挂账在建工程248项、1.42亿元。拓展电能替代项目336个，替代电量9.67亿kW·h。开发综合能源利用项目5个，增收3907万元。强化同期线损管理，累计治理10 kV不合格线路121条，不合格台区1344个，分线、分台区达标率分别提升3.75%、1.58%。开展打击窃电及违约用电专项行动，累计查处266户，追补电量428万kW·h、电费804万元。加强高风险客户“一户一策”管理，累计催收欠费5978万元，上半年电费回收完成100%。统筹推进审计监督，开展内部审计项目4项，发现问题68个，提出意见建议87条，促进增收节支38.73万元。制定合规管理工作要点，完善合规管理体系建设。

各项改革纵深推进。成立改革攻坚重点工作领导小组，制定《2020年改革攻坚工作任务台账》，细化分解并跟踪落实。深化内设机构调整，优化运检、营销机构设置，实现“管办分离”；成立区域供电中心，精准对接地方政府和电力客户，推进营配末端深度融合。完成配电、后勤、培训、集体企业等职责调整，实现职能管理和业务支撑有效分离。细化配网规划、设计、建设、运维全过程管理，明确各环节管理主体和工作职责，有序推进网架分析、过渡方案制定、实体项目储备等工作。启动供电所管理提升专项行动，出台《2020年乡镇供电所管理提升工程实施方案》，制定营销32项、运检11项评价标准，健全业务考核评价体系。深化集体企业改革，强化物资招标、合同签订、物业运营等内部管理，完成省管产业平台建设。

党的建设全面加强。压紧压实党建主体责任，逐项细化分解任务，开展基层党组织书记述职评议考核。打造“云端党建”，以学习强国、微信为载体，组织线上“三会一课”、主题党日活动和员工思想动态调研，做到组织生活“不掉线”。开展建党99周年系列活动和共产党员服务队优化营商环境行动，推动价值创造。完成35个党组织机构调整。细化“两个责任”清单，建立健全精准监督体系。开展4个县公司巡视巡察问题整改和典型问题自查自纠，完成青龙公司提级巡察迎检，针对发现的典型问题进行专项约谈，确保整改到位。处置问题线索9件，问责追责6人。完成挂岗锻炼和岗位竞聘42人，修订《职员职级管理实施方案》，聘任2人。实施“双培”三年行动，收集培训素材159项。完成专业技术资格评定146人，专家人才考核23人，人才当量密度达到1.2。开展“以读攻毒”分享会、“青心”云课堂，举办“智慧保电·青力青为”创新创意大赛，引领青年员工建功立业。《众志成城》MV入选学习强国，营造良好企业氛围。

上半年，公司上下凝心聚力、攻坚克难，在统筹推进疫情防控和经营发展、建设具有中国特色国际领先的能源互联网企业的征程中涌现出大批先进集体和个人，1个集体获评省级创新工作室，5个集体获评秦皇岛市“五四”先进集体、“抗疫”先进集体，3个班组获评冀北公司工人先锋号，1名职工被推荐评选2020年全国劳动模范，16名职工分获河北工匠、国家电网公司劳动模范等荣誉称号。公司先后荣获河北省十佳企业团委、总工会财务工作考核先进单位。

成绩的取得，得益于冀北公司党委和秦皇岛市委、市政府的坚强领导，得益于广大干部员工的担当奉献，得益于离退休老同志和员工家属的理解支持。在此，我代表公司党委，向受到表彰的先进单位、集体和个人表示热烈的祝贺！向全体干部职工、离退休老同志和职工家属表示衷心的感谢和诚挚的慰问！

二、坚定信心，负重前行，推动公司高质量发展

今年以来，面对疫情影响及经济下行压力，党中央、国务院陆续出台一系列重要方针政策，对国内经济形势、社会形态、发展格局产生了深远影响。时处决战决胜全面小康、完成“十三五”规划的冲刺阶段，公司下半年还有很多大仗硬仗要打，还有很多关口隘口要跨。在经营形势上，我们要正视面临的困难和挑战。上半年，秦皇岛地区全社会用电量69.12亿kW·h，同比降低3.64%；其中二、三产业同比分别降低4.29%、10.92%。加之新一轮疫情对旅游业、文体娱乐业的冲击，工商业电价连续下调等因素影响，公司生产经营各项工作进度相对滞后，完成全年既定目标任务存在较大压力。在发展机遇上，我们要看到积极有利因素。党中央、国务院围绕“六稳”“六保”做出一系列重大决策部署，全国两会进一步明确政策措施，经济运行呈现稳步复苏趋势。上半年，秦皇岛市规模以上工业增加值增长3.2%，与唐山市并列全省第1位，固定资产投资增长3.3%，居全省第2位。同时市委、市政府着力推进招商、交通、产业等重点领域率先突破，区域发展态势强劲。在公司管理上，我们要准确把握目标方向。国家电网公司年中工作会上，毛伟明董事长围绕“四个着力”对重点工作作了系统安排，明确提出紧扣“稳、进、育、开”四字要求，迎难而上育新机、勇于担当开新局。冀北公司年中工作会上，田博董事长紧密结合公司定位和发展实际，用“强化四个担当，加快四个推进”科学阐述了今后一段时期的工作任务和具体要求。对我们展现新作为，实现新发展，在建设具有中国特色国际领先的能源互联网企业征程中迈出坚定步伐具有重要的指导意义。

知之非难，行之不易。下半年，是高质量完成全年任务的关键时期，我们要坚持以习近平新时代中国特色社会主义思想为指导，全面贯彻落实国家电网公司、冀北公司战略部署，坚定信心，负重前行，在建设具有中国特色国际领先的能源互联网企业征程中作表率。

（一）聚焦暑期保电，提升安全保障能力

生命重于泰山。当前，公司正处于疫情防控、政治保电、安保安防多项任务交织的关键时期，我们要严格落实毛伟明董事长“细之又细，实之又实，确保安全”要求，强基础、防风险、明责任，全力以赴确保北戴河暑期政治保电万无一失，确保各级电网安全平稳度夏。

不断强化本质安全建设。安全是一切工作的前提，始终把大电网安全放在首位，针对迎峰度夏期间电力供需特点，科学制定有序用电方案，强化运行管理，坚决防止大面积停电。狠抓源头治理，严把采购和入网质量关，严防关键设备“带病入网”。强化全员安全教育，提高作业人员安全素质和技能水平，提升现场安全技防措施，激励引导广大职工增强安全意识，落实安全责任。抓好网络和信息安全管理，提升新形势下应对网络安全威胁能力。

持续提升应急处置能力。不断深化智慧保电体系建设，完善“四个一”保电模式，提高政治保电能力。强化气象预警与电网风险预警实时联动，周密制定应急预案，落实各项避险措施。强化关键设备状态检测和隐患治理及重要线、站、室安保布防和督导巡查，特别要加大北戴河地区巡护力度，保证各类重要设备运行安全。严格落实“双值班”和“零报告”制度，提升应急指挥、协同处置能力。

切实筑牢安全生产责任。持续完善安全生产责任体系，健全全员安全生产责任制，拧紧明责、知责、履责、督责、问责的责任链条。各级领导人员务必清醒认识疫情防控常态下安全生产工作面临的严峻形势，做到“三杜绝、三防范”，切实把“四个最”意识转化为维护职工生命安全、保障电网平稳运行的实际行动。

（二）聚焦目标引领，提升践行战略能力

战略部署事关全局。我们要切实把思想和行动统一到国家电网公司战略部署上来，按照毛伟明董事长提出的“三力”要求，转变传统思维，明确职责定位，因势利导，因地制宜，推动发展战略在公司落地见效。

持之以恒开展学习宣贯。落实冀北公司关于深入学习贯彻《国家电网战略目标深化研究报告》（简称《报告》）实施方案有关要求，紧紧围绕建设具有中国特色国际领先的能源互联网企业这条主线，深刻把握“563”目标内涵及战略路径，在学懂弄通上下功夫，学好用好报告成果，综合运用党委理论中心组、党支部“三会一课”等载体，推动《报告》进基层、进班组、进现场。建立“互联网+”员工思想政治平台，发挥网络传播作用，实现战略目标入脑入心。

因地制宜做好分层衔接。落实“学进去、讲出来、干精彩”要求，对接国家电网公司推进战略落地“八大战略工程”“35项战略举措”和“55项指标体系”，制定公司战略落地“施工图”“任务书”，细化目标任务，优化工作计划，完善考核方式，抓好分层衔接。推进“守正创新、负重前行”主题行动，制定提升措施，严格责任落实，把战略目标转化为推动工作提升的原动力，确保战略落地出特色出亮点。

全力以赴推进落实落地。持续推进能源互联网示范建设，确保12项任务全面落地。充分发挥虚拟电厂、源网荷储示范、移动储能车在多能互补、提升能效方面的作用，加快多种能源类型的接入和应用。推进北戴河能源互联网示范建设，完善“电网一张图”应用，实现主配网融合贯通。按照“先易后难、先试验后推广”原则，推进变电站室+5G基站、变电站室+数据分站融合建设，确保年底完成10处建设任务。聚焦5G等“两新一重”建设，瞄准“痛点”“难点”，深化合作，加强共享，形成新的商业合作模式。

（三）聚焦电网建设，提升科学发展能力

电网是重要的能源和网络基础设施，在推动

经济社会发展、服务保障民生、促进生态建设等方面具有重要的支撑作用，特别是配电网作为服务社会、服务百姓民生的“最后一公里”，是体现公司服务水平的重要物质基础。

以科学规划为龙头。按照公司“十四五”规划，秉持“规划引领、适度超前、结构合理、标准先行”原则，结合城市发展定位，对照梳理出的配网改造意见，做好项目规划和储备，从网架结构、设备水平、供电能力、自动化程度等方面，补齐各县区配农网短板。依托自身力量拓展设计深度和精度，扎实做好技术方案及网络架构审核。

以效益提升为导向。坚持需求与能力、技术与经济、远期与近期、主网与配网相统一，全力确保有关安全、发展、效益、改革和市场的投资项目，严控低效投资，杜绝无效投资，提高效率效益。围绕保供电核心职能，综合运用“大云物移智”等现代技术，结合新基建发展要求，全面打造高可靠性区域电网。

以管理提升为重点。大力实施质量强网，强化电网规划、施工设计、设备采购、工程建设、运行调试全过程管控，优化系统结构，强化运维检修，提升设备质量和安全水平，努力打造优质精品工程。周密制定投运方案，提前做好生产准备，确保各项工程“零缺陷”投产。深化“北斗+基建”新技术新手段应用，实现现场全方位管控。

（四）聚焦降本增效，提升经营管理能力

管理是企业永恒的主题，其根本在于解决好企业效率和效益的问题，我们要处理好国家电网公司战略与基层单位实际之间的衔接，深入实施提质增效专项行动，深挖潜、广提效、增动能，确保多出效益，多做贡献。

通过模式优化提升管理效率。履行“三重一大”决策前置程序，形成党建引领、定位清晰、权责对等、运转协调、制衡有效的管理机制。主动适应“战略+运营”管控模式，调整优化职责界面、制度标准、业务流程、信息系统，确保“放管服”取得实效。建立适应供电所业务需要的管控体系，探索人员流动机制，逐步改善供电所人员结构，提升专业化管理水平，推动供电所制度流程、岗位职责标准化。

通过精益管控增加经营效益。用“治家”观念来管理企业，加强计划预算协同管理、资源统筹和过程管控，提高投资精准度和严肃性，从严从紧从细控制人工、建设、管理等各类成本，杜绝“跑冒滴漏”。完善奖惩机制，调动内外部反窃查违积极性，严肃惩戒员工违法违纪行为。围绕开拓市场、培育市场、抢占市场，从加强政策争取、加大电能替代、开拓新兴市场、提高报装效率等方面统筹推进，全力拓展经营收益空间。

通过产业升级提升发展动力。在做好本质安全、电网发展、优质服务、经营管理等主营业务基础上，不断做优相关支撑业务，有效盘活存量资产，逐步把资源优势转化为竞争优势，把资源存量转化为现金流量。积极布局综合能源服务蓝海，大力拓展综合能效、多能供应、清洁能源、新兴用能等领域，建立“供电服务+能效服务”模式，力争在5G、虚拟电厂、大数据应用上实现突破。加强集体企业运营，持续提升业务承载能力，培养高竞争力市场主体。

一分部署，九分落实。大家一定要兼具“修身、齐家、治国、平天下”的胸怀、“功成不必在我”的境界，聚精会神干工作、一心一意谋发展。各级领导干部尤其是主要负责同志，要以责无旁贷的使命感做好带头人和领军者，直面公司改革发展中遇到的各种困难和挑战，勇于担当、敢于攻坚，为公司破解难题、爬坡过坎贡献力量。广大职工要沉得下心来，耐得住寂寞，克己奉公，奋发有为，真正做到干一行、精一行、成一行，努力成为“知全局、懂本行”的行家里手，在公司加快建设具有中国特色国际领先的能源互联网企业征程中展示新形象、彰显新价值。

三、下半年重点工作任务

下半年工作头绪多、任务重，特别是面对疫情常态防控、电网建设提速、公司发展提质、经营管理提效等多重任务，公司上下更要凝心聚力、真抓实干，确保完成全年目标任务。

（一）全力确保安全稳定局面

夯实安全管理基础。落实安全生产专项整治三年行动计划，按照问题隐患和制度措施“两个清单”，完成整治任务。固化“双扣分”管理问责机制，以问责倒逼责任落实，确保完成“七个不发生、两个确保”目标。完成县公司和集体企业安全性评价。做好“国家网络2020年安全专项演习”，严防重大网络安全事件。持续开展疫情防控，做到“双稳四确保”，保持“双零”局面。

确保电网安全度夏。加强设备状态监测和灾害监测预警，开展重要输电通道、变电站特巡特护，深入隐患排查治理，确保设备质量和健康水平。完善应急协调联动机制，开展“突击式”无脚本实战演练，滚动修订应急预案。严格迎峰度夏安全生产值班管理，主要负责同志要保持24小时通信联络和信息畅通，遇到突发情况第一时间快速响应、妥善处理。周密组织北戴河暑期保电工作，细化保电措施，加强人员物资布防，全面确保供电可靠性。

加强现场安全管控。严格执行《安规》、《国家电网有限公司十八项电网重大反事故措施（修订版）》和“十不干”要求，健全外包队伍和人员“双准入”机制，开展“四不两直”安全质量检查，形成检查、整改、处罚、总结闭环管理，强化施工建设全过程安全管控。创建金梦海湾工程基建“e安全”应用示范工地，实现对公司三级及以上风险作业现场“全覆盖、全过程”监控。

（二）统筹推进各级电网协调发展

强化规划前期工作。修编完善“十四五”电网规划，引入中国规划设计研究院等外部机构，推进电网规划与国土空间规划体系深度融合。注重规划引领，逐项审查规划需求项目针对性和必要性，构建“电网需求、规划编制、项目储备、成效评价”闭环管理模式，实现精准投资。初设阶段推广“先签后建”模式，确保工程建设依法合规，提升工程造价管控能力。

推动重点工程建设。加大属地协调力度，确保陈肖平线路等3项工程年内开工，中节能垃圾焚烧扩建、昌黎新天刘台二期风电、山东凯润昌黎滦河口风电二期项目按期并网。密切对接政府部门，配合做好G102国道市区段改建工程前期协调和建设工作，加快京秦高速等3个项目前期工作进度。

做好配农网改造升级。编制配网工程建设各阶段任务要求和工作要点，加快综合计划执行和遗留工程清零进度，完成城东等4项基建农网遗留工程“清零”目标。完成蒲河轮换式集中储能项目建设，提高资源利用效率，促进电力负荷峰谷平衡。探索应用大数据分析，整合挖掘工程批复、合同签订、物资到货、结算转资等数据，实现工程建设全过程实时监控。

（三）全面提升优质服务水平

夯实营销基础。贯彻落实新电价政策，深化“一户一策”管理，推进电费回收“日清日结”，加快“省级集中”试点，确保“颗粒归仓”。深化同期线损监测系统应用，稳步推进“一线一策、一台一策”，常态开展反窃查违自查自纠，做好卡表、HPLC模块更换及光纤改造，确保年内线损率、高损、负损台区占比分别低于4.3%、1.97%、0.5%。加快计量新技术应用，10月底前完成本地卡表轮换，实现居民远程费控全覆盖。常态开展营业普查，堵塞管理漏洞。

优化营商环境。深化应用营配贯通成果，实施供电方案可视化智能编制和在线比选，推行业扩配套电网工程限时制和契约制，打造阳光服务模式。加强客户办电规范性管控，高压办电时长控制在40天内，杜绝低压项目系统外流转，着力解决低压客户回访时限偏差问题，推动接电容量尽快转化为新增电量。强化“网上国网”推广，年内实现绑定人数突破35万户，线上缴费率达95%以上，实现业务“一网通办”。推进虚拟电厂示范工程，优化交易规则，建立自由准入退出机制，打造多元化盈利模式。

提升服务质量。深入推进城区低压综合服务网格建设，高效开展配网运维、营销服务等前端业务，年内实现台区网格化服务市、县公司全覆盖。大力推广线上交费、办电，加速推进客流量小、业务量少的乡镇营业厅转型建设，实现业务自助办理。深入落实漠视侵害群众利益问题整治，强化频繁停电、低电压等问题治理，加大靠电吃电、吃拿卡要等问题查处力度，提升供电可靠性和服务规范性。深入分析诉求及业务数据，加强95598各类业务时限监控和异常信息预警，严格落实供电服务考核机制。

（四）持续提升经营管理

努力增供扩销。加大农村用能、交通运输等领域电能替代深度广度，打造智慧清洁能源展厅，年内完成替代电量17亿kW·h。强化综合能源服务业务，重点关注供冷供暖供电多能服务、分布式能源服务，打造符合地方特色示范工程。推动电动汽车充电服务快速发展，着力优化高速公路充电网络。借助信息技术手段，配置充电站新能源车辆智能车位管理设施，解决汽油车占位难题。

合理压降成本。妥善安排资金，优先解决生产经营重点资金缺口，坚决压减非生产性成本及一般性支出。加强计划预算和项目执行情况监测考核，控制成本均衡发生，提高投入产出效率。推进工程投资预算及资金一体化试点研究，10月底前完成工程年度投资预算与资金预算的自动测算，实现全流程业财融合。深化电网资产全寿命周期管理体系建设，提升电网资产精益化管理水平。加强老旧设备统计，合理储备技改大修项目，延长资产服役年限，发挥资产最大价值。

强化合规管理。强化工程决算及时性管控，开展工程财务管理专项检查，推动长期挂账在建工程清理。加强合同及项目管理，扎实做好民营企业账款清欠，严防变相拖延和边清边欠。推进现代智慧供应链场景应用，确保物资管理规范、高效、安全、零风险。强化大用户直接交易资格审核及涉电领域失信用户统计，严控自备电厂违规行为。充分发挥数字化审计工作优势，开辟审计监督“第二战场”。推进触电隐患排查治理，实现触电案件三年压降目标。

（五）深入实施改革创新

深化组织体系变革。推进省管产业单位改革，确保10月底前完成秦皇岛电力实业总公司清算上划、大秦地产公司吸收合并等相关工作。深化营销、运检专业“管办分离”模式，强化各区域供电中心营配末端融合力度，优化组织运行，提升优质服务和市场响应能力。推进退休人员社会化管理，年底前完成退休人员移交收尾工作。

优化管理机制变革。全面对接第三批“放管服”清单，优化内部管控模式和运行机制，做好权限承接和下放。深化多维精益管理变革，实现业务活动与财务计量信息充分交互。深入推进乡镇供电所管理提升工程，建立星级供电所营销业务联查机制，强化过程督导管控和月度综合评价，加大奖惩力度，提高“管网能力、卖电水平和保平安业绩”。

强化创新驱动发展。加强与高校、科研机构协作沟通，培育高质量科技成果，力争年内实现省级及以上管理创新成果6项、科技创新成果6项，申请专利14项目标。完善激励机制，切实促进科技成果转化。完成1个职工创新工作室建设改造，满足职工多元化创新需求。依托职工创新创效孵化基地和“秦电创客联盟”，构建专家导师技术培训辅导机制，推进创新型人才培养。

（六）加强党的建设

加强党的政治建设。推动习近平新时代中国特色社会主义思想大学习大普及大落实，常态开展理论宣讲、集中轮训，做到常学常新、常用常新。贯彻党中央《关于加强党的政治建设的意见》，落实国家电网公司加强政治建设30项措施，严格执行新形势下党内政治生活若干准则，把旗帜鲜明讲政治要求融入各项工作。深入实施“党建+”工程，为智慧保电、脱贫攻坚、安全生产、优质服务、电网建设等提供有力支撑，增强党建穿透力。修订党建绩效考核评价体系，提升把方向、管大局、保落实能力。

加强基层组织建设。落实“基层党建巩固提升年”和基层党委“六个标准化”、党支部“五个标准化”要求，推动基层党组织工作全面进步、全面过硬。构建党建“双联”模式，结合领导干部党建工作联系点，实行专职党务工作者“分区包干”基层党组织，以党建带动联系点工作全面提升。健全体系筑强、实践引导、阵地保障、载体支撑、品牌传播、项目推动、典型引领“七维”党建模式，深化“旗帜领航·正心明道”党建品牌创建，发挥示范作用。推广“党员积分制”管理试点经验，创新实施“入党积极分子积分制”，深化“三亮三比”活动和“两培一推”模式，激励党员建功立业。

加强党风廉政建设。坚持推进“三不”机制建设，以“两个责任”清单为抓手，深入开展党风廉政建设约谈，压紧压实管党治党政治责任。加大对重点领域和关键环节监督管控力度，深化“监督再监督”职能，开展廉洁风险隐患排查，注重成果转化，切实整改和防控各类问题风险。落实中央八项规定精神，将“四风”整治向基层延伸，营造风清气正良好生态。超前预防职务犯罪，8月底完成南山反腐倡廉警示教育基地建设。持续推进青龙公司提级巡察反馈问题整改，做好昌黎公司提级巡查准备工作，加强“三库三单两背书”经验运用，做好举一反三和延伸拓展，坚决杜绝屡查屡犯，持续巩固巡察工作成效。

（七）加强队伍建设和企业文化建设

加强干部队伍建设。落实新时期好干部标准和国有企业领导人员“20字”要求，坚持事业为上、以事择人，树立担当作为的鲜明导向。在统筹用好各年龄段干部的基础上，强化优秀年轻干部员工储备培养和打磨历练，坚持老中青结合，选优配强领导班子，促进整体功能最大化。深入开展中层干部轮训，把国网战略目标作为总遵循、总指导，用以武装头脑、指导实践，推动领导干部在新形势下担当作为。

加强职工队伍建设。落实冀北公司工作要求，完善人才培养选拔管理模式，推进职员职级聘任，拓宽员工职业发展通道，发挥引领带动作用。深化人力资源诊断分析和结果应用，用好内部人力资源市场6种配置方式，进一步盘活存量、用好增量，推动各专业间、各组织单元间人员合理流动。强化转岗培训，提升专业素质和适岗能力。以职能部门为主导，做实做细培训项目储备，规范基础管理，严格过程管控，提升培训质效。

加强企业文化建设。开展“文化铸魂、文化赋能、文化融入”专项行动，建立“互联网+”员工思想动态调研阵地，落实意识形态工作责任制，团结凝聚职工意志。打造北戴河党员服务队、福电铁军、海港区幸福心动力等典型示范，弘扬卓越企业文化。依托电力博物馆拓展党建宣传区域，形成兼具党性教育、员工培训、科普传播、创新孵化功能的综合性教育基地，推动“线上”建设，构建电力“网红”和“打卡点”。规范做好2020年河北大工匠和系统内先进推荐评选，选树新时代电网楷模。推动“两中心”及“家、室、屋、站、所”五小工程建设。加强网络舆情、保密和信访维稳管控，确保企业和谐稳定。

党委书记、副总经理刘少宇在公司2020年党风廉政建设和反腐败工作会议上的讲话

（2020年4月9日）

一、坚决落实从严治党要求，公司党风廉政建设和反腐败工作成效显著

2019年，公司党委深入贯彻习近平新时代中国特色社会主义思想，严格落实国网公司、冀北公司各项部署，坚持全面从严治党，以强烈的责任担当推动党风廉政建设和反腐败重点工作，

不断取得新成效。

一是主题教育扎实开展。牢牢把握“十二字”总要求，将4项重点措施贯穿始终，高标准启动、高质量推进“不忘初心、牢记使命”主题教育，集中解决了思想作风、改革发展、为民服务等4个方面46项问题，广大党员干部“四个意识”更加牢固、“四个自信”更加坚定、“两个维护”更加坚决。

二是责任担当充分彰显。落细落实“两个责任”，以“两个清单”为抓手，形成了主体明晰、责任明确、一级对一级负责、一级一级抓落实的工作体系。实施“正心明道”7项行动计划，党员重点项目攻关立项4项，下发党建督查单17个，解决问题23项，真正把干事创业的热情转化为攻坚克难的实际行动。

三是纪律作风持续改进。落实中央八项规定和实施细则精神，形式主义、官僚主义等“四风”问题得到有效治理。深入落实“基层减负年”部署，扎实推进“放管服”改革，集中整治过度留痕、一人多终端、数据重复录入等突出问题。深入开展漠视侵害群众利益问题专项整治和“抓整改、除积弊、转作风、为人民”专项行动，查纠整改问题12项。

四是监督管控不断深化。严格执行“三重一大”决策程序，构建“党委全面监督、纪检专责监督、部门职能监督、基层党组织日常监督、党员民主监督”的党内大监督体系。加强协同监督，对业扩报装、招标采购等关键环节、关键岗位开展廉洁风险分析排查，整治风险隐患12项。坚持问题导向、源头治理，严抓巡视巡察问题整改，开展“回头看”和举一反三，做到了标本兼治。

五是执纪问责震慑有力。针对巡视反馈等各类问题线索，综合运用“四种形态”进行监督执纪问责，按照“四不放过”的原则，对苗头性问题早提醒、早纠正，对违规违纪问题给予处理，使失责必问、问责必严成为常态。

过去的一年，公司纪检战线同志们忠于职守、履职尽责，全面落实公司党委各项决策部署，严肃认真查纠各种违规违纪行为和不正之风，党风廉政建设和反腐败工作深入推进，为公司高质量发展提供了坚强保障。借此机会，我代表公司党委，向付出辛勤劳动的纪检战线同志们表示衷心感谢和诚挚问候！

二、紧密围绕“三个准确把握”，提高政治站位，切实增强做好党风廉政建设和反腐败工作的使命感、责任感

一要准确把握党中央的新精神新部署。在十九届中央纪委四次全会上，习近平总书记对加大国有企业反腐力度，加强国家资源、国有资产管理，严惩靠企吃企、关联交易、设租寻租、利益输送等顽疾整治进行了重点强调，具有极强的政治性、思想性、战略性和指导性。疫情防控期间，中央和社会各界对党风廉政建设与反腐败工作的指向性更强、关注度更高、问责力度更大，特别是对于各类懒政、惰政的惩处更加严厉。我们必须深刻理解、准确把握，始终坚持作风建设永远在路上，以坚定不移的态度、驰而不息的作风、刀刃向内的勇气，持续正风肃纪、反腐惩恶、自我净化，为公司改革发展贡献积极力量、提供坚强保障。

二要准确把握国网公司党组的新思路新要求。3月17日，国网公司党组确定了“具有中国特色国际领先的能源互联网企业”的战略目标，把“中国特色”作为根本。国企最本质的特征和独特优势就在于坚持和加强党的领导。抓好这个根本，必须始终坚持“两个一以贯之”，推动党的领导与公司治理紧密融合、党建工作与改革发展紧密融合；必须坚持“培根铸魂”，一以贯之、坚定不移全面从严治党，在层层压实“两个责任”、强化权力监督制约、严肃纪律作风上下功夫，着力解决党员干部在党性党风党纪方面存在的突出问题，积极构建具有公司特色的“三不腐”监督管控体系，确保公司始终沿着正确方向前进。

三要准确把握公司面临的新形势新任务。

2020 年是全面建成小康社会和“十三五”规划收官之年，也是国网公司建设具有中国特色国际领先的能源互联网企业的开局之年。对照上级要求和群众期盼，公司还存在一些薄弱环节和不容忽视的问题。管党治党方面，有的党组织落实从严治党要求有差距、不到位，问题整改不彻底；有的干部“一岗双责”意识不强，不敢担当、不愿担当；有的干部只对自己负责，对下属和员工存在的违规违纪风险不管不顾；有的单位主动监督能力不足，执纪问责失之于宽、失之于软。依法治企方面，工程建设、物资采购、资金使用、集体企业管理等方面仍然存在薄弱环节，县公司和集体企业管理相对粗放、风险隐患较大。问题整改方面，常态化长效机制未有效建立，有些问题甚至屡查屡犯，整改成效有待巩固提升、持续发力。廉洁从业方面，有的单位违反中央八项规定精神问题屡禁不止；有的干部职工纪律规矩意识淡薄，对规章制度置若罔闻，职工群众对靠电吃电、吃拿卡要，甚至以权谋私、利益交换屡有反映。

三、紧紧抓住“五项建设”，推动全面从严治党持续深入

今年公司党风廉政建设和反腐败工作总的要求是：以习近平新时代中国特色社会主义思想为指导，深入贯彻习近平总书记重要讲话精神和十九届中央纪委四次全会精神，全面落实国网公司、冀北公司党风廉政建设和反腐败工作会议部署，坚定不移全面从严治党，以“五项建设”为抓手，一体推进“三不腐”，营造担当作为、风清气正的良好氛围，为建设具有中国特色国际领先的能源互联网企业提供坚强保障。

（一）以政治建设为统领，全面推进从严治党

一要坚定政治方向。“两个维护”是我们党最重要的政治纪律和政治规矩，初心和使命是每一名党员都要始终思考并用实践作答的终身课题。要持续强化疫情期间的线上课堂、云端党建、读书分享等系列活动，强力推进主题教育的制度化常态化，持之以恒地用习近平新时代中国特色社会主义思想武装头脑、指导实践。严格落实《中共中央关于加强党的政治建设的意见》，始终牢记自己的第一身份是共产党员，第一职责是为党工作，主动对标对表、主动请示报告，坚决同破坏政治纪律和政治规矩的行为作斗争，树牢“四个意识”，坚定“四个自信”，在积极投身中国特色国际领先的能源互联网企业建设的具体实践中，身体力行做到“两个维护”。

二要严肃党内政治生活。严格执行《准则》《条例》，以党章为根本遵循，推进党内政治生活制度化、规范化。以领导干部为重点，突出抓好“三重一大”和民主集中制执行，积极倡导清清爽爽的同志关系，带头保持规规矩矩的上下级关系，营造良好政治生态。加强各级机关党支部和供电所党支部建设，坚决防止“层层衰减”和“灯下黑”。全面落实七项组织生活制度，将“咬耳扯袖”“红脸出汗”作为常态化要求，经常组织党员干部检视反思、解决问题，着力增强政治性、时代性、原则性、战斗性，旗帜鲜明反对党建形式主义。

三要强化政治担当。巡视巡察问题整改是政治任务，也考验我们每一名党员的政治担当，必须一抓到底、“见底清零”，容不得丝毫懈怠。必须建立常态化整改和“回头看”机制，提前做好迎接冀北公司“提级巡察”相关准备，严防整改不力、“死灰复燃”。发挥好党的核心引领作用，也是我们肩负的政治担当。必须坚持党建和生产经营“一盘棋”“两手抓”，健全落实层层传导、覆盖支部的监督体系，切实把党建责任传导到神经末梢、落实到基层细胞，形成与公司管控方式相匹配、体现时代性、把握规律性、富于创造性的管党治党责任体系，切实体现好“中国特色”这一根本属性。

（二）以组织建设为基础，全面落实“两个责任”

一要严格落实主体责任。各级党政主要负责人是各个单位、各项工作的第一责任人，必须旗

帜鲜明站在工作第一线，把主体责任落实到预防和惩治腐败上。重点要强化警示教育、深化廉政约谈、扎实推进惩防体系建设，做到有腐必反、有案必查，不搞网开一面，在层层示范、层层带动中履行好“四个亲自”；各级分管领导要严格履行“一岗双责”，将党风廉政建设与业务工作同等重视、同等对待，切实做到与业务工作同研究、同部署、同检查、同考核，真正把责任记在心中、抓在手上；各级各部门要敢抓敢管、严格执纪，强化压力传导，强化成果运用，规范权力运行。各级党组织要把支持纪委履行监督责任作为履行主体责任的重要内容，关心纪检监察队伍建设，协调解决工作难题，为监督执纪问责提供坚强后盾。

二要严格落实监督责任。各级纪委要聚焦监督执纪问责主业，聚焦形式主义、官僚主义具体表现，紧紧围绕全年党风廉政建设目标，逐级落实监督责任，推进协同监督，定期报告工作，深化约谈和各项专项检查，严格纪律审查，严肃责任追究，从源头杜绝问题发生。要敢于动真碰硬，聚焦重点领域和群众反映强烈的突出问题，深挖细查、正风肃纪。对党的领导弱化、党的建设缺失、从严治党责任落实不到位的，要敢于问责、勇于曝光，切实做到失责必问、问责必严。要强化自我监督、党内监督，接受群众监督，做到正人先正己、执纪先守纪。

（三）以作风建设为关键，全面强化专项整治

一要坚决打好落实中央八项规定精神持久战。刚性落实公务用车、公务接待、办公用房、会议管理等各项要求，紧盯节假日等敏感时段、聚焦职务消费等关键环节、看住“职低权实”等重点岗位，坚决杜绝公款吃喝、公款旅游、公车私用、违规操办婚丧喜庆等问题。深挖细查隐形变异问题，充分利用审计检查、巡视巡察、信访举报、在线监控等渠道，加大联合执纪力度，严防老问题复燃、新问题萌发、小问题坐大。

二要驰而不息查纠“四风”问题。坚持问题导向，结合落实基层减负措施和“放管服”改革，从群众皱眉的问题办起、从职工挠头的事情抓起，深入查找纠正“四风”突出问题，特别是形式主义、官僚主义新表现，想方设法为基层职工群众减负松绑、排忧解难。对于“四风”问题构成违纪的，要敢于“唱黑脸”“当包公”，该调整的调整、该免职的免职、该处分的处分，坚决做到“一案双查”，以严肃问责倒逼作风转变。

三要聚焦群众关切。以漠视侵害群众利益专项整治和“抓整改、除积弊、转作风、为人民”专项行动为抓手，找准客户操心事、烦心事、揪心事，深入查找是否存在认识不到位、专业不协同、业务不融合等深层次问题，持续优化流程、规范服务、提升质效，及时回应人民群众最关心、最直接、最现实的利益诉求，切实增强群众的获得感幸福感。要对漠视侵害群众利益的不正之风和“微腐败”典型问题，逐项在思想上进行“大扫除”，逐条在行动上进行再落实，精准查处群众身边的腐败问题，既抓顽瘴痼疾，又抓苗头倾向，坚决维护公司利益、客户权益和社会公平正义，践行好人民电业为人民的企业宗旨。

（四）以制度建设为支撑，全面加强风险防控

一要扎紧制度“笼子”。全面落实“两个一以贯之”，完善现代企业制度和法人治理体系，进一步厘清“三会一层”职责界面，明晰、落实党组织法定地位，严格执行重大事项决策程序，推动党的领导和公司治理有机统一。将构建体制机制作为加强党风廉政建设和反腐败工作的重要内容，结合深化改革、业务发展、风险防范，逐项分解细化具体落实措施，一体推进“三不腐”机制融入经营决策、业务管控全过程，实现用制度管人、管事、管企业。

二要提升监督成效。强化党委全面监督、纪检监察部门专责监督、党的工作部门职能监督、基层党组织日常监督和党员民主监督。发挥职能

部门的专业监督优势，发挥审计、财务、法律、纪检协同作用，强化对“三重一大”、人财物管理、工程项目、小型基建、招标采购、营销服务、集体企业管理等重点领域和关键环节的管控监督，聚焦历年来各类检查发现的问题，狠抓整改落实，坚决消除隐患风险。

（五）以思想建设为根本，全面抓好队伍建设

一要加强干部监督管理。严格落实“20字”要求，把对党忠诚、政治可靠作为选人用人首要标准，严把选人用人关口，坚决做到“三个不上会”“凡提四必”“五个不准”。注重选拔使用锐意变革、敢于担当、廉洁自律的优秀干部，激励党员干部平常时候能看得出来、关键时刻能站得出来、危急关头能豁得出来。切实加强对干部的管理监督、考核考察，加强党政干部之间轮岗交流和关键岗位轮岗交流。加大领导干部纪律审查和问责力度，以零容忍态度严肃查处违纪违法行为，坚决治理表态多调门高、行动少落实差等问题，决不允许打折扣、搞变通、有令不行、有禁不止。

二要营造干事创业环境。树立事业为上、以事择人、担当作为的鲜明导向，坚持把选好人、用对人作为最有效、最直接的激励，注重在重要工作、重大任务第一线培养干部、锤炼干部，下大力气破除“四唯”现象。落实“三个区分开来”要求，坚持严管厚爱相结合、惩治问题与保护干部相结合，既要最大限度防止干部出问题，又要完善容错纠错机制，为敢担当善作为的干部鼓劲撑腰。要倡导求真务实，把干部的手脚从形式主义、官僚主义的桎梏、“套路”中解脱出来，心无旁骛谋发展。

四、坚定不移抓好三方面重点工作，奋力夺取“两场战役”双线胜利

4月6日，毛伟明董事长发表署名文章，进一步明确了“坚持两手抓　夺取双胜利”的工作目标。公司上下要在抓好党风廉政建设和反腐败工作的同时，保持做好疫情防控的恒心，增强提供坚强电力保障的决心，坚定赢取“双胜利”的信心，加强工作统筹，抓好措施落实，一鼓作气、咬紧牙关、坚持到底，奋力夺取“两线作战、两场战役”的双胜利。

一要坚定不移做到两手抓两不误。既要继续毫不放松抓紧抓实抓细各项防控重点工作，因时因势调整着力点和应对举措，内固成果、外防输入，打通“堵点”、补上“断点”，保持疫情防控形势持续向好态势；又要坚决有力抓好国网公司30项举措宣贯落实，提高复工复产效率，强化安全质量进度管控，按期完成全年各项建设任务。

二要坚定不移落实上级重大决策部署。要落实好决战决胜脱贫攻坚会议精神，深入贯彻国网公司“一个确保、四个全力”的总要求，坚决落实保质量、保进度、保安全、保廉洁的“四保”要求，坚决打赢扶贫攻坚战。更要结合实际，牢牢把握“中国特色”“国际领先”“能源互联网”3个关键词，围绕制度建设、行为模式、发展方式、价值追求等方面，对“具有中国特色国际领先的能源互联网企业”这一战略目标进行深入谋划，不断扩大已有的优势，加快补齐存在的短板，着力做好改革创新、“六个智慧”保电模式建设等当前重点工作，加快推进新战略实施。各级党组织要把学习宣贯新战略作为重中之重，利用中心组学习、“三会一课”等加强学习，推动新战略目标入脑入心。

三要坚定不移抓好全年各项工作。疫情防控期间，公司党委对全年重点工作进行了进一步的思考谋划，对年度任务的细化分解进行了跟踪调度。当前，公司电网建设、春检预试等重点工作已全面开展，下一阶段还将面临暑期保电、体制改革、提质增效等诸多考验，工作重心已由前一阶段的以疫情防控为主转变为“两场战役、双线并重”。各部门单位务必调整好思想状态和工作节奏，坚持计划不调、任务不减、目标不变，抓

实抓细抓好各项任务措施的落实落地，确保公司发展持续稳定。

纪委书记、工会主席刘彦斌在公司2020年党风廉政建设和反腐败工作会议上的报告

（2020年4月9日）

一、2019年工作回顾

2019年，公司纪委坚持以习近平新时代中国特色社会主义思想为指导，提高政治站位，深化政治监督责任，积极协助公司党委推进全面从严治党和反腐败工作，着力构建“三不腐”机制，纪检工作取得扎实成效，为公司改革发展的稳定提供了坚强有力的纪律保障。

（一）强化履责担当，层层压实管党治党责任

推动“两个责任”落实。协助公司党委持续推进管党治党责任落实，全年公司党委专题研究党风廉政建设工作8次，差异化制定公司领导班子成员和本部门党风廉政建设履责要点，组织签订党风廉政责任书38份，确保党风廉政建设责任分解到位。深化党风廉政责任制考核，坚持将考核结果运用于企业负责人绩效，有力推动了“两个责任”和“一岗双责”全面落实。深化党风廉政约谈报告制度。以巡视巡察、审计检查和纪律审查发现的廉洁风险隐患为重点，细化约谈工作方案，公司党政纪负责人有针对性地约谈基层单位党政主要负责人71人次，班子其他成员约谈分管部门、单位有关人员46人次，层层传导压力。落实纪委书记定期报告工作制度，公司纪委向冀北公司纪委月度工作报告12次，监督责任报告2次；基层纪委向公司纪委月度工作报告60次，监督责任报告10次。积极主动配合巡视巡察工作。积极主动做好冀北公司巡视巡察问题整改“回头看”督导工作的迎巡准备、现场配合及问题整改工作。针对“回头看”督导反馈的问题和意见，坚持以“三库三单两背书”机制推动巡视巡察问题整改，剖析原因、细化措施、举一反三，从完善制度、规范流程上下功夫进行源头整改，整改成效得到冀北公司肯定。狠抓“不忘初心、牢记使命”主题教育问题整改。推动公司各级党组织扎实开展“不忘初心、牢记使命”主题教育，按照主题教育整改落实工作方案要求，深入推进问题整改工作，建立边学边查边改问题清单整改落实台账，对列入问题清单的每个问题跟踪督办，18项立行立改和专项整治问题全部整改落实到位。

（二）履行监督职责，不断提升监督工作成效

积极推进项目式协同监督。围绕巡视巡察、廉政风险隐患排查中发现的典型问题，组织市、县公司两级开展协同监督项目11个，下发整改意见书28份，整改问题36个，有力推动各业务部门自觉履行日常监督责任。深入开展专项监督。针对业扩报装、招标采购业务关键环节、关键岗位开展廉洁风险分析，排查整治风险隐患12项，有效完善业务流程，规范权力运行。深入开展集体企业廉洁风险排查，梳理、防控风险点18处，促进集体企业依法合规健康经营。扎实开展干部监督。严把干部选拔任用考察关、廉政关和公示关，组织9名提拔重用领导干部任前廉政考试，开展干部任前廉政谈话30人次。开展领导干部及其亲属经商办企专项整治，签订承诺书187份，确保干部明底线、知敬畏，预防违规违纪行为发生。

（三）深入整治“四风”，巩固作风建设成果

常态开展落实中央八项规定精神监督。落实“逢节必查、逢节必报”要求，围绕节假日关键节点，多种形式开展节前监督检查7次，及时通报国网公司、冀北公司曝光的违反中央八项规定精神案例，保持对顶风违纪行为的高压态势，严

防隐形“四风”变异反弹。集中开展形式主义、官僚主义整治。加强对《国网公司形式主义、官僚主义表现形式和定性量纪参考指引》学习宣贯，结合该参考指引中形式主义、官僚主义96种具体表现形式、31个典型案例，在全公司范围内组织开展自查自纠工作，查纠整改问题12项，形式主义、官僚主义问题得到有效治理。加大行风问题整治力度。规范受理行风问题线索，结合漠视侵害群众利益专项整治和“抓整改、除积弊、转作风、为人民”专项行动等重点工作，严肃查纠靠电吃电、吃拿卡要、违规收费等群众身边的腐败问题。处置行风问题线索5件，下发纪律检查意见书3份，进一步促进行风建设水平提升。

（四）规范执纪审查，保持正风肃纪高压态势

严把廉政审核关口。严格开展干部选拔、职工评优评先、特定岗位人员因私出国的廉政审核，全年出具各类审核意见74人次。规范问题线索处置。运用问题线索4类处置方式，对冀北公司转办的18件信访问题线索依规依纪进行初核。规范谈话室建设，进一步确保执纪安全。对党的十八大以来办结案件的党纪政务处分决定执行情况开展“回头看”，不断提高纪律处分决定执行工作的规范化水平。严肃执纪问责。准确把握“四种形态”科学运用，对苗头性问题早提醒、早纠正，让“红脸出汗”成为常态。对信访、行风举报违规违纪问题给予提醒谈话3人，诫勉谈话1人，党政纪处分1人。坚持对受处分的人员进行回访，充分体现组织的关心和爱护。

（五）坚持标本兼治，加强廉政文化教育

丰富廉政教育载体。依托党委中心组学习、“三会一课”、主题党日等活动，加强对党的十九届四中全会，十九届中纪委三次、四次全会精神和党纪条规的学习。下发《廉洁风险防控手册》《党的十九大以来查处违纪违法党员干部案件警示录》等读本60余本。加强廉政文化建设。开展“守正创新　清风同行”廉政文化主题系列活动，运用“清风冀语”移动教育平台推广分享廉洁文化成果，活动期间党员干部讲廉政党课32次，创作廉洁文化作品54个，推荐书目12本，开展读书及分享活动14次。强化警示教育培训。结合国网系统典型案例，有针对性地开展廉洁教育培训4期，共计培训180余人次，组织基层单位班组长观看专题系列片《叩问初心》，组织基层供电所全体所长参观唐山监狱，以案说法，警钟长鸣。

（六）强化队伍建设，提升纪检工作组织保障

落实“三项改革”。按照国网公司纪检监察体制改革要求，优化调整内设机构，捋顺纪检机构履行“监督的再监督”职责定位。着力加强对下级纪委的领导，坚持基层纪委书记定期向上级纪委报告工作，有效强化自上而下的组织监督。提升履职能力。利用中纪委视频教材，举办全体纪检人员培训，培训率达到100%，选派2名纪检干部参加国网公司纪检专业培训，4名同志参加上级巡察和纪律审查工作，纪检工作履职能力不断提升。加强自我监督。围绕“不作为、乱作为”和纪检工作中的形式主义、官僚主义问题集中开展自查自纠，共查摆问题8项，并形成个人检视问题清单，从严从实落实整改，有效防止执纪者违纪。

以上工作成绩的取得，得益于冀北公司纪委和公司党委的正确领导；得益于广大干部群众的积极参与；得益于广大纪检干部的辛勤付出。成绩代表过去，未来任重道远。面对深化全面从严治党的新形势，我们清醒地认识到，公司当前党风廉政建设和反腐败工作形势依然严峻，风险隐患依然存在。

一是重点领域和关键环节仍存在薄弱环节。从巡视巡察、审计监督和纪律审查情况来看，个别重点领域和关键环节老问题还没有完全解决，新动向值得高度警惕，工程建设、业扩报装、物资招标采购、集体企业管理等领域仍然存在风险，

违规招标、违规分包易发多发，有的问题禁而未绝、屡查屡犯、纠而复生。

二是基层供电服务管理有待加强。2019 年公司受理信访、行风举报问题线索中，涉及基层供电所占比 67%，基层供电所投诉举报频繁，主要表现在个别供电所物资管理混乱，在供电服务中私揽工程、截留电费及供电服务职工兼职的问题，暴露出基层漠视侵害群众利益、工作随意性大、制度规矩意识淡薄等问题依然存在。

三是业务部门主动履责意识需进一步提升。公司个别业务部门仍习惯于以纪检部门的执纪监督来代替自身的管理监督，业务部门的专业监督作用未完全发挥到位。县公司、集体企业在配齐配强纪检队伍，加强纪检监督力度方面，需进一步提升。

二、2020 年重点工作

2020 年，公司纪检工作思路是：以习近平新时代中国特色社会主义思想为指导，认真贯彻党的十九届四中全会和中央纪委四次全会精神，落实国网公司、冀北公司 2020 年党风廉政建设和反腐败工作会议部署，结合公司实际，健全完善“两个体系”，依托冀北公司“两个平台”，重点开展 7 个方面工作，为公司安全和谐稳定发展提供纪律保障。

（一）以党的政治建设为统领，坚决践行“两个维护”

一是强化思想引领。把“不忘初心、牢记使命”作为加强党的建设永恒课题和全体党员干部的终身课题，持之以恒把学习贯彻习近平新时代中国特色社会主义思想往深里做、实里抓，督促公司广大党员干部铸牢初心使命，在推动公司新时代战略目标实现过程中建功立业。

二是强化政治监督。把“两个维护”作为政治监督根本任务。加强对坚持中国特色社会主义制度、落实党中央重大决策部署和习近平总书记重要指示批示精神、落实全面从严治党责任情况的监督检查，特别是围绕公司当前疫情防控、扶贫领域、电网建设、优质服务等生产经营改革发展重点工作开展监督检查，确保公司党委各项决策部署落地见效。

三是压紧政治责任。协助公司党委修订公司领导班子、职能部门党风廉政建设履责要点，制定党风廉政建设年度重点工作任务，深化党风廉政约谈工作，完善党风廉政建设考核指标体系压实压紧政治责任，推动公司各级党组织、各级纪委、各级领导班子成员明责、履责。

（二）以做实监督首责为导向，持续健全监督体系

一是构建自上而下监督体系。协助党委健全并落实全面从严治党制度，落实上级“一把手”抓好下级“一把手”要求，推动党组织自上而下的监督体系建设。完善党内监督体系，把党委全面监督、纪委专责监督、党的工作部门职能监督、党的基层组织日常监督、党员民主监督等结合起来，贯通联动、一体推进，形成合力，促进党内政治生活制度规范落实。

二是深化专业监督体系建设。推进公司扶贫领域腐败和作风问题专项治理，认真查找并督促整改脱贫攻坚工作中责任落实、作风建设等方面的突出问题。督促各业务部门增强“抓业务必须抓监督”意识，依托业务系统信息化监督平台，组织业务部门定期开展廉洁风险排查，进一步强化对重大事项决策、供电服务、物资管理、工程建设管理等关键领域权力运行的监督和制约。

三是提升纪委监督实效。强化上级纪委对下级纪委的领导，推进“三为主一报告”具体化、程序化、制度化，严格落实冀北公司关于基层纪委请示报告制度工作要求，深化公司各级纪委工作汇报机制，定期召开纪委书记座谈会，加强对下级纪委的考核，进一步提升公司各级纪委的工作实效。

（三）以落实巡察整改为目标，持续推动源头治理

一是紧扣政治巡察定位。落实巡视巡察“六

个围绕一个加强”要求，牢固树立巡察是政治巡察，整改是政治整改的理念。在落实巡察工作要求上要统一思想，提高认识，把巡察工作作为一项严肃的政治任务。在落实问题整改上要坚持问题导向，分级、分类对号“建账”，不折不扣地整改到位，确保问题整改“见底清零”。严防前巡后犯、屡巡屡犯，对问题整改不到位，打折扣、搞变通的，严格依纪依规问责追究。

二是积极做好迎检工作准备。按照冀北公司2020年对18家县公司开展提级巡察工作计划，我们要提前谋划、加强部署，对照国网公司、冀北公司下发的巡视巡察典型问题持续开展自查自纠举一反三工作，公司各业务部门要加强对县公司查纠问题的专业指导，严格对各单位自查自纠成效进行审核评价，积极做好迎检工作准备。

三是做好巡察整改“后半篇文章”。在巡察问题整改过程中，不只要改问题，更要改思想、改习惯、改作风，要运用好“三库三单两背书”整改经验，坚持“当下改”和“长久立”相结合，形成问题整改长效机制，把有效的整改措施嵌入专业管理工作中，推动建章立制，从源头上防范风险，从机制上杜绝问题再发生，不断巩固巡察成效。

（四）以强化作风建设为抓手，持续优化良好环境

一是持之以恒落实中央八项规定精神。持续督查、刚性落实中央八项规定精神，做到“常态化、高频率、全覆盖”，坚持不懈，化风成俗。坚守重要节点，紧盯薄弱环节，严查享乐、奢靡问题，防范和查处收送电子红包、私车公养等隐形变异问题，加大通报曝光力度。坚持点名道姓通报违反中央八项规定精神和“四风”问题典型案例，做到通报一个、警示一片、教育一批。

二是坚决整治“四风”问题。坚持从讲政治的高度持续整治形式主义、官僚主义，深入治理贯彻党中央决策部署只表态不落实、维护群众利益不担当不作为、困扰基层的形式主义等突出问题。督促深化“放管服”改革，最大限度为基层减轻负担。对享乐主义、奢靡之风等歪风陋习露头就打，决不允许旧弊未除、新弊又生。

三是加大行风监督力度。围绕“抓整改、除积弊、转作风、为人民”专项行动，结合“履承诺、见行动、促发展”活动，以优化营商环境为重点，针对供电服务领域“位低权实”和“小微权力”岗位，加强对供电服务一线的廉洁风险隐患排查整治力度，坚决整治供电服务过程中存在的吃拿卡要、搭车收费、私揽工程、损公肥私等行为，彻底纠正漠视侵害群众利益的不良风气。

（五）以严肃执纪问责为保障，持续保持高压态势

一是加大纪律审查力度。加强问题线索集中管理、集体研究和分类处置，进一步提升初核质量，规范问题线索处置流程，严把线索受理、办理、了结等关键环节，确保每一件线索事实清楚、定性准确、程序合法、手续完备，经得起历史检验。

二是发挥查办案件的治本功能。坚持“一案双查”，既追究直接责任，又严肃追究相关领导责任，并在一定范围通报，形成震慑。坚持“一案两报告”，深刻剖析典型案件，查找症结，堵塞漏洞，督促核查发现问题整改，将执纪成果转化为制度建设成果。

三是实践“四种形态”。坚持抓早抓小、关口前移，使第一种形态成为常态，综合运用第二、第三种形态，果断稳妥使用第四种形态，让党员干部真正把组织的纪法监督时刻铭记于心。落实“三个区分开来”要求，完善容错机制，为敢于担当、锐意进取的党员干部撑腰鼓劲，保护党员干部干事创业的积极性。

（六）以深化廉政教育为基础，持续筑牢思想防线

一是深入开展制度教育和警示教育。充分发挥教育引导治本作用，坚持把党章党规党纪作为党委理论中心组学习和党员干部培训必修课，进一步强化党员干部的政治规矩意识。对重点领域

风险岗位人员持续开展廉洁风险防控培训，加大对违纪违法案例通报曝光力度，发挥警示震慑作用，促使广大党员干部提高思想觉悟、筑牢思想防线。

二是深入开展廉洁文化建设。组织公司全体党员干部用好“清风冀语”移动教育平台，推动广大党员干部随时、随地、随身学习廉政知识和典型案例。深化廉洁文化进班组、进家庭，开展“送廉洁到基层”活动，结对帮扶供电所，促进员工转变思想作风，以“清风冀北　家庭促廉”为主题，组织基层单位开展家庭助廉活动，让廉洁从业理念深入人心。

（七）以加强自身建设为根本，持续提升履职能力

一是强化履职能力提升。落实国网公司三年纪检干部全员培训全覆盖要求，进一步深化业务培训，强化业务指导，通过举办纪委书记讲坛，组织实用化纪检培训，抽调县公司、集体企业纪检干部参与监督检查、审查调查工作等举措，不断加强公司各级纪委监督执纪问责工作力度。

二是严格自我监督。坚持高标准、严要求，自觉接受党内监督和其他各方面监督，勇于刀刃向内、自我革命，不断增强政治敏锐性和政治鉴别力，坚决防止“灯下黑”，努力打造忠诚干净担当、敢于善于斗争的纪检铁军。

副总经理周铁生关于优化电力营商环境工作的汇报

（2020 年 10 月 19 日）

一、“获得电力”工作主要做法及成效

（一）推进措施落地，实现政企联动更顺畅

一是实施“一把手”工程。为加强组织领导、统筹开展优化电力营商环境工作，公司将优化电力营商环境纳入“一把手”工程，充分发挥党政主要负责人任组长，分管领导任副组长优化电力营商环境工作领导小组作用，发展策划部、营销部等相关部门组成的办公室，全面领导优化电力营商环境的各项工作，协调、解决各类问题，确保政策落地、措施到位。二是建立政企联动审批机制。促请秦皇岛市政府出台《关于加快电网发展建设的实施意见》，此前中、低压客户外线接入审批为串联审批，且由客户发起，需要 40 天，改革并联审批后由供电公司发起，仅需要 5 天。三是多维度宣传服务举措。依托“网上国网”APP、95598 智能互动网站等渠道公开办电服务流程、办电所需资料、业务办理进程等信息，打造“透明化、标准化、规范化”的阳光业扩服务模式。按照秦皇岛市政府安排，参加优化秦皇岛市营商环境新闻发布会，发布公司优化电力营商环境 10 项举措，接受社会监督，被秦皇岛市政府推荐为河北省优化营商环境先进单位。

（二）践行“三零”“三省”，实现客户体验更贴心

一是提高低压接入标准，推行小微企业“三零”服务。自 2020 年 4 月 1 日起，低压接入容量标准由 100 kV·A 提高至 160 kV·A，全面做好低压客户“三零”即“零上门、零审批、零投资”服务。延伸投资界面，低压接入客户表箱及以上工程由供电公司投资建设，实现电力接入外线零投资，截至 9 月末，“三零”服务 1256 户，减少客户投资 4200 万元。二是强化专业协同，推行大中型企业“三省”服务。落实“先接入，后改造”、就近接入原则，提高供电方案编制效率，推行联合服务模式，组建“1+*N*”（客户经理 + 项目经理等）业扩报装服务团队。业扩报装服务团队由各专业部门指派人员组成，授予相关权限，打破部门界限，提高工作效率，提供业扩报装前期咨询、方案编制、装表接电等全过程“一条龙”服务。提前 3 个月完成宏兴钢铁公司 110 kV 站 3# 变（5.00 万 kV·A）、安丰钢铁公司 220 kV 客户变电站（18.00 万 kV·A）送电工作，预计年增售电量 10.8 亿 kW·h，得到政府和企业

高度认可。截至9月末，高、低压客户接电时长分别压减至49天、6天，高、低压业扩平均接电时长分别提速19%、17%，共接电3.44万户，容量109.24万kV·A，同比增加3.89万kV·A，上升3.69%。

（三）建立物资实物储备机制，实现办电速度更高效

一是出台《关于进一步强化营商环境低压业扩配套电网项目管理的通知》（秦供办〔2020〕38号）、《国网冀北电力有限公司秦皇岛供电公司关于进一步优化业扩报装工作流程的通知》（秦供营销〔2020〕88号），调整低压业扩配套项目管理流程。二是利用1344万元流动资金开展低压业扩配套物资实物储备，对于因小微企业接入引起的配套电网项目实行“前期预测建项、现场一次办结、工程限时完工、定期结算入账”的管理模式，按季度滚动实施。三是现场勘查推行供电方案和可研初设一体化，加快配套电网工程建设速度，截至9月末，已完成低压业扩配套项目1382个，投资估算2996万元。四是深化“互联网+”服务。推广应用“网上国网”APP，实现新装、增容、变更业务“网上国网”APP线上办理，特别是在疫情期间，最大限度做到“不见面办电”，切实有效减少人员聚集，阻断病毒传播。推广线上全天候服务，实行“5种复杂业务最多跑一次，16种业务一次都不跑”服务，让系统多跑路，群众少跑腿，截至9月末，线上办电率达到80%。

（四）落实优惠电价政策，实现客户用电更经济

一是严格落实国家优惠电价政策。对全市8万余户工商业客户逐户核对行业信息，确保每一户行业分类准确无误，应享受优惠政策的全部享受到位。针对政策下达滞后的情况，严格按照规定的执行时间进行追溯，及时清退3月以前应优惠电费，3月起每月进行减免，确保政策红利按时落实到户，截至9月末，累计优惠电费1.19亿元。二是大力配合转供电加价清理。通过“网上国网”APP、宣传手册、微信朋友圈、上门宣传等多渠道宣传推广转供电费码，促进降价红利传导到终端客户，累计开展8轮转供电主体梳理统计，转供电主体达896户，向转供电主体送达降价降费政策文件2700余户次。

（五）强化供电所精益管理，实现服务范围更全面

一是对辖区内38个供电所组织实施供电所管理提升工程，实现城市、农村供电区域全覆盖，补短板、堵漏洞、强弱项，将优化营商环境的各项服务举措量化考核，形成供电所“比、学、赶、超”的良好氛围。截至9月末，95598业务处理满意率：20个供电所整体提升在5%以上；“网上国网”推广成效：34个供电所整体提升在10%以上；线上办电率：24个供电所整体提升在10%以上；故障抢修平均时间下降指数：14个供电所整体提升在10%以上；重复停电用户比例：6个供电所整体下降在2%以上。二是充分发挥供电所实训室和培训场地的作用，以集中授课、轮训调考等形式提供差异化知识培训，强化“以考促学”制度落实，确保服务“两个十条”、优化营商环境、漠视侵害群众利益专项整治等政策内容应知尽知、应会尽会，促使供电所人员综合素质不断提升。三是践行“人民电业为人民”企业宗旨，组织供电所以客户为中心，紧紧围绕办电省时、用电省心、供电可靠、服务便捷，压时限、提效率、创新服务模式、强化服务质量，客户“获得电力”体验取得较大提升。

（六）提升电网供电能力，实现电力供应更可靠

一是坚持以提升供电可靠性为主线，将可靠性管理贯穿到项目规划、计划管控、配网运维、抢修服务等全业务链条中，编制下发供电所综合评价标准，将重复停电用户占比、故障停电时长、报修工单量等情况量化并逐月考核，确保基层设备运维管理责任落实到人，推进可靠性目标逐专业、逐班所、逐线路、逐台区进行分解。全面开

展配网合环倒电工作，截至9月末，共计完成99次，减少停电时户数2934时户。二是组织开展配网频繁停电及长时停电治理专项行动。梳理投运年限、线路长度、负荷密度、线路负载率、自然因素和周边环境因素影响，编制专项行动方案，并按照“一线一案”原则对线路差异化制定整改策略，通过增加巡视频度，专项带电检测，加装用户分界开关，与水务、公路、燃气等施工部门形成联动等手段全力降低设备老化、外力破坏、异物短路和用户故障等造成的故障跳闸。三是排查治理“低电压”隐患，全面梳理近5年投诉问题清单，优先通过运维手段进行负荷监控、调整三相负荷或配变分接头，缓解低电压情况。结合2019年配网供电质量提升专项行动，针对网架结构不合理、设备老化、供电能力不足等原因导致的低电压问题，及时完成项目储备库修编增补，通过项目实施，改善末端电压质量。

二、下一步工作举措

（一）持续优化营商环境，提高“获得电力”便利度

一是以贯彻落实国家电网、冀北公司“获得电力”服务提升9项举措为主线，持续提升电力营商环境，结合秦皇岛市“三创四建”工作要求，实现电力营商环境再上新台阶。二是推行阳光业扩服务，深化应用营配调贯通成果，推行供电方案可视化智能编制，实现供电方案在线比选，减少人工干预，增加透明度。推行业扩配套电网工程限时制和契约制，打造“电网健康发展、客户持续满意、政府更加放心”的阳光服务模式。

（二）深化政企联动，扩大营商政策红利

一是坚持“联网是原则、孤网是例外”，主动对接秦皇岛市优化营商环境办公室等政府部门，及时掌握最新工作要求，与先进省市对标，借鉴其他行业的先进手段，持续完善提升助力营商环境优化的电力服务举措。二是加强与秦皇岛市行政审批局合作，明确电力报装所需数据与秦皇岛市政务数据资源共享方式，实现政务信息、企业开办信息和个人身份信息的互联互通，积极推动居民房产过户联动电力过户工作，实现“一网通办”。

（三）强化管控手段，提高电网精益化水平

一是持续加强预算式管控，确保计划刚性执行。全面落实先算后停，统筹各专业、各班所、各线路、各台区停电需求，严格把控年度—季度—月度分解，打造全量停电信息池。二是不断完善配网预警主动运维体系。深挖频繁停电及长时停电主动预警潜力，通过分析停电信息大数据，对存在频停风险的线路在故障后发布预警信息，同时对年度停电超过100小时的台区和故障停电超过5次的线段，逐一开展销号治理。三是逐步提升配电自动化覆盖率，实现就地型馈线自动化。充分利用“一线一案”成果，在线路适当位置加装分段和联络开关，同步配置FTU，全力压缩故障范围。

（四）加强低电压治理，提升客户电能质量

一是以12398能源监管投诉举报热线等各类工单为线索，结合历史运行数据全面梳理、逐项落实用户反映“低电压”问题的整改进度，对于涉及已批复项目要求60个工作日内务必完成整改，由项目实施单位牵头倒排工期优化施工计划。二是对于暂无项目的隐患，根据属地单位差异化制定临时运维措施，并增加负荷高峰时段巡视频率，及时掌握设备运行情况、灵活调整运维措施，保障电压波动在合格范围内，高效解决涉及群众利益问题。

副总经理邱俊新
在冀北公司2020年上半年财务
专业工作会上的讲话

（2020年7月15日）

2020年上半年，按照建设“具有中国特色国际领先的能源互联网企业”企业战略目标的要

求，公司全面贯彻落实工作部署，以“提质增效”为总基调，紧紧围绕降低社会用能成本与实现电网可持续发展、提高效率与防范风险两大平衡，聚焦公司投资、建设、生产、运营各业务环节，向改革创新要效益，向资源经营要效益，向精益管理要效益，全面消化疫情影响，着力对冲阶段性降价等政策性减利因素，确保圆满完成年度经营目标。

一、上半年工作总结

（一）提质增效部分

自公司开展提质增效专项行动以来，坚持稳中求进工作总基调，开源节流、提质增效，聚焦公司投资、建设、生产、运营各业务环节，促进公司和电网发展“质”“效”双提升。一是因地制宜，制定个性化实施方案。结合公司实际情况及地区区域特色，梳理提炼5个方面36项重点工作任务，形成了专项行动方案，通过“五抓紧”，实现“五提升”。二是做好“三张清单”，确保提质增效工作有序开展，取得实效。细化“任务清单”，将5个方面36项重点工作任务分解细化为85项具体工作内容；压实“责任清单”，将各项工作任务清单具体责任落实到个人，重点抓好前一阶段进展缓慢、成效不多的重点工作任务的推进；全面总结“成效清单”，及时总结提质增效工作成效，对取得的各项工作成果予以量化，总结提炼工作中的特色做法和典型经验。三是眼睛向内，挖潜增效。强化综合线损管控，累计完成1.66%，优于半年指标0.84个百分点；充分享受疫情期间社保减免优惠政策，社保费用降低2905.50万元；强化预算管控，压降非生产性支出469.51万元。四是眼睛向外，开源增收。拓展电能替代项目，累计替代项目336个，替代电量9.67亿kW·h，增收4504.83万元；大力开发综合能源利用，累计推广项目23个，增收3334.95万元。严防死守，查处窃电及违约用电，累计查处266户，追补电量428.3万kW·h，实现增利695.72万元。五是着重加强舆论宣传引导，借助内外部媒体平台，在公司内网、《中国电力报》、《河北工人报》、“财务家园”APP等累计发布116篇相关报道。

（二）细化预算管控，提高资金使用效益

面对日益严峻的外部环境压力和持续提升精益化管控水平的内在动力，以提质增效为导向，以标准成本为基础，以业务工作特点为参照，以重点专项工作为保障，坚持“花钱问效”，从严从紧统筹2020年可控预算需求及农维费预算需求。一是充分发挥可控预算资源配置职能，通过“精准整合、精准追溯、精准细分”手段，眼睛向内，挖潜增效，做到可控预算“精准匹配”。2020年公司压降可控预算需求5900万元。二是加强农维费预算管控，改变农维费预算传统管理模式，开展低压电网维护项目需求储备评审，前移预算管理节点，优化预算安排时序，充分发挥农维费预算使用效益。截至6月末，公司共安排农维费预算16 457万元，压降3000万元。三是以成本费用储备化管理为抓手，严格按照“必需必要”的原则，做好成本项目轻重缓急排序，加大基础性成本支出的构成，强化专业部门归口管理职能，确保公司每一分钱都花在“刀刃”上。截至6月末，已累计储备530项，合计26 549.46万元，占2020年可控预算安排的71.45%。四是持续压降非生产性支出，将预算资源向公司重点工作领域倾斜，提升预算使用效能。截至6月末，公司非生产性支出完成920.80万元，同比压降33.77%。

严格管控“三公”经费等重点费用支出情况，以巡视巡察视角重新审视公司业务，严把“三公”经费等重点费用的使用范围及审核手续，提升公司资金使用效益，深入推进公司依法从严治企，为企业持续经营健康发展助力。截至6月末，公司“三公”经费及会议费支出共计2.11万元，较去年同期27.72万元，减少25.61万元，降低92.39%（主要受公务用车支出进度影响）。

（三）深化资金使用管理，强化资金安全管控

根据国网公司深化新型资金管理体系建设工作要求，围绕“1233”新型资金管理体系建设思路，结合公司实际情况，梳理资金“省级集中”模式下的银行账户、银行密钥、付款流程、账务处理、数据规范等内容，做好进度安排、方案执行和与内外部相关方沟通协调等工作，全面做好收付款“省级集中”工作推广落地，与建行就“省级集中”工作进行进一步的沟通与探讨，全力做好省公司与省级银行的对接工作。

不断提高资金安全风险防范能力。一是重新制定《秦皇岛供电公司资金分级授权管理工作方案》（秦供财〔2020〕105号），对公司各类业务的挂账和付款环节实行授权审批控制，明确各类费用报销的资金支付审批标准和审批流程。二是按照新修订的《国家电网有限公司资金管理办法》，比照日常工作查找薄弱点和风险点，强化资金安全管控，提升资金风险防范和安全保障能力。三是严格执行“无预算不支付”的原则，健全资金收支双向考核机制，建立“月预算、周平衡、日调度”的工作机制，实时掌握预算执行进度，对预算支出做好统筹安排，进一步提高资金使用效率。6月月度现金流收支执行净额偏差率1.88%，优于冀北公司考核指标2%。

（四）深化业财融合，强化工程财务全过程管控

以工程财务“两端三线”为主线，强化工程财务全过程管控。一是加强工程投资预算管控。将“控成本、重效益”的理念贯穿到项目储备过程中，彻底转变以往粗放式管理模式，调整细化不同的实现路径来对应不同的投资水平，利用有限资金精打细算，在保证供电能力和质量的前提下做到精准投资。二是开展“三清理、两提高”专项工作。2020年清理长期挂账在建工程259项，截至6月底已经完成247项，占比95.37%，清理金额14 234.93万元；财务资产部以综合计划为抓手、以项目投运通知书为依托，积极协同业务部门，督促项目结算、报账进度，已投运项目及时估转、35 kV及以上项目实施分步转资，推动公司有效资产增加17 739.24万元。三是开展工程投资预算及资金一体化研究试点工作。以公司最近5年已投运基建项目成本入账和资金支付数据为基础，综合考虑工程里程碑进度、招标批次、合同签订周期、到货周期、支付条款等因素之间的关联与要求，建立投资预算及资金“按日排程”预测模型，截至6月底，基本模型已初步建立并持续优化与完善。四是积极推进项目竣工决算转资。分类别与性质向业务部门下发提示单、督办单，区分电压等级，待项目投运后在要求时限内完成转资，做到工程、资产闭环管理，实现公司有效资产及时、准确形成。

（五）强化资产管控，提升资产全寿命管控水平

资产管理方面，优化设备资产联动，提升设备台账资产信息的一致性，做好公司资产运营基础管理工作。以项目投运通知书为依据，开展新区110 kV变电站和台营35 kV变电站的转资前盘点工作，对站内356项设备进行逐项核对，为精确转资做好基础准备。完成仙螺岛、葛园、施各庄、河南等变电站的资产卡片初步核对工作，确保新增资产账、卡、物一致。

不动产清查盘点方面，结合新建工程、技改工程、综合计划时间点及存量资产管理情况，编制2020年资产盘点计划，协调供应商制作2019年基建及技改项目新转资卡片的资产设备二维码，有序安排资产贴码工作。

（六）加强风控体系建设，助力公司依法治企水平提升

持续加强风险体系建设，全面开展风险评估，围绕公司年度重点工作，实行日常监督与专项检查、线上监督与现场检查相结合的联合监督机制，不断提升风险管控能力，切实防范各项风险。一是认真开展财务日常稽核工作，强化财务监督和

保障职能。对公司经营业务的合法性和合规性，会计信息的真实性、完整性和有效性等实施财务日常监督和检查，抓好重点专题稽核，深入挖掘问题产生的根源，发现问题及时纠正，合理降低会计信息质量带来的审计检查风险。二是开展市、县公司财务工作春检，关注重点防控领域，查找财务管理的薄弱环节和管理漏洞，上报自查报告及自查问题清单，涉及资金安全管理、费用报销管控、往来款项管理等10个方面，对自查过程中发现的问题建立问题清单和销号制度，责成专人逐笔逐项进行整改，截至2020年6月末，已完成问题整改30个。三是与业务部门联动，优化日常工作管理手段，增强日常业务活动与重点费用审查的契合度，前移控制节点，确保差旅费、培训费、车辆使用费等关联费用发生的真实性与合理性，提升风险管控能力。

（七）加强往来款项清理，推动民企清欠，有效规避经营风险

全面开展公司往来款项清理专项工作，以往来台账为基础，以清欠系统为支撑，以黄色预警为重点，进行合同付款时间信息核对，防范红色预警现象出现，严格支付周期时间管控，长效开展民企清欠工作。同时，与“三清理、两提高”专项工作有机结合，以“月总结、季通报”开展工作，全面梳理工程物资款项长期挂账情况，下发督办单至业务部门，逐条列示，精准预计转资时间和付款时间，实现超期在建工程清理与长期往来款项情况清理“双赢”。截至2020年6月末，支付到期民营企业账款8367.36万元。

二、面临的困难和问题

（一）经济低迷、政策减利加大提质增效难度

2020年以来，受新冠肺炎疫情影响，公司售电量增速放缓，上半年仅完成售电量63.49亿kW·h，同比降低3.83%。为助力企业复工复产，政府工作报告明确指出，降低一般工商业电价5%政策延长至2020年年底，受此政策影响上半年营业收入减少6461万元，全年预计减少营业收入1.54亿元。加之2018年、2019年国家连续两年降低一般工商业电价，公司面临严峻经营形势。

解决措施：严格落实冀北公司关于提质增效工作的相关要求，持续推进提质增效专项行动，以“一方案三清单”为基础，拓展提质增效外延，结合公司重点工作安排，各周、月度、季度公司党委会议事内容，动态更新方案、清单，划分责任层级，逐级推进落实，着力对冲消极因素影响。

（二）内部模拟利润管控能力仍需提升

使用内部模拟利润考核公司利润完成及增长情况，可以有效破解原有考核方式无法反映公司真实经营状况问题。公司认真研读政策，协同发展策划部、营销部开展售电量、售电均价、线损率等先导指标测算工作，积极推动公司由成本中心向模拟利润中心转变，同时根据利润实现情况，动态调整可控成本指标，力求达到可控成本量入为出的管理目标。

但统购电成本受统购电电量及平均统购电单价影响，在平均统购电单价一定的前提下，主要受统购电电量影响。由于时间差异等因素，公司在每月月初只能根据发展策划部提供统购电电量进行经济分析及下一步预算策略制定。但通过比对公司上半年各月发展策划部与冀北公司下发的统购电电量数据皆存在偏差，随着下半年指标管控压力持续加大，内部模拟利润测算频次日益紧密，此问题将直接影响公司指标管控工作，公司内部模拟利润管控能力仍需提升。以2020年上半年数据为例，公司发展策划部统计累计供电量为64.57亿kW·h，剔除自购电电量及省内联络线等影响因素后为63.03亿kW·h，而冀北公司下发数据为62.79亿kW·h，差异为0.24亿kW·h。

解决措施：进一步加强与冀北公司专业主管部门的沟通汇报，协同公司发展策划部、营销部共同解决数据差异问题，确保指标管控工作顺利开展。

（三）预算执行进度缓慢

为了更好地贯彻落实上级单位加快电网发展、优化营商环境等相关工作，公司进一步发挥预算统领作用，强化精准投资及项目管控，严格执行成本类项目储备化管理要求，大力压降低效无效支出，将预算安排向安全生产、优质服务等领域倾斜，实现投入产出最优化。但由于物资招标批次与财务预算下达不匹配、生产类项目评审流程过长等原因，公司预算执行进度相对缓慢。2020年，冀北公司预计组织6批次需求计划招标，但若干批次招标时间与财务预算下达、调整时间不匹配，导致公司部分业务无法正常开展招投标业务；并且各批次招标范围均有所限定，无法满足基层单位业务需求，造成“有预算无批次，有批次无预算”的困境。

解决措施：公司将持续优化预算管控流程，提升预算下达、调整与物资招标批次的契合度，协同物资部等相关业务部门共同推进预算执行进度，避免年末集中报账，优化成本入账时序。

（四）业财融合持续深入，现有管理水平与多维管理要求仍有差距

随着多维精益管理体系建设逐渐深入，业财共建共享的理念得到广泛共识，业财联系也越来越紧密。多维体系的数据质量依托于前端业务数据质量，只有管理更精益，最后形成的数据成果才越准确。但现有的管理水平与多维管理要求依旧存在差距，一是跨系统衔接日益紧密，但不同系统间针对同一维度填写要求不尽相同，跨系统管理口径存在差异。二是业务归口管理与多维核算要求未完全匹配，造成公司生产成本与管理费用核算界面不清晰，业务部门无法统筹开展专业管理工作。三是部分业务单据不能通过系统提报，只能通过线下单据进行签批，未能实现财务信息系统闭环管控。

解决措施：一是进一步强化部门间、不同岗位间的协同配合，及时掌握上级主管部门的管理要求，打通管理梗阻，提升精益化管控水平。二是进一步优化多维精益管理与业务归口管理的关系，理顺管理脉络，确保准确划分相关成本费用发生，提升多维数据质量。三是加强与主管部门的沟通汇报，及时向项目组反馈业务需求，逐步完善系统提报功能，降低财务审批风险。

（五）在建工程历史遗留问题亟待解决

冀北秦皇岛华能抚宁风电 110 kV 送出工程计划投资 3489 万元，截至 2018 年累计下达投资计划 800 万元，计划开工时间 2017 年 9 月。但由于该工程线路途经秦皇岛板厂峪风景名胜区和柳江盆地地质遗迹国家级自然保护区，根据海政函字〔2018〕18 号文要求，柳江盆地地质遗迹预计申报世界地质公园，不同意建设华能抚宁风电场 110 kV 送出工程。由于上庄坨—华能抚宁风电场 110 kV 线路路径绝大部分均在海港区政府不同意建设的国家级自然保护区内，无法调整线路路径，导致工程无法继续实施。

2019 年根据冀北公司财务部和建设部相关要求，已将出具的结算报告提交冀北公司财务部。截至 2020 年年底，该项目在建工程余额 231.80 万元，且该工程的施工图纸受托方已交付，按照合同约定尚有 92.37 万元设计费待支付给对方单位，建设部门建议按照合同约定继续执行，将相关款项支付给对方单位，并在冀北电签〔2018〕134 号中予以备案。该项目自 2017 年下达投资计划已有 4 年，在建工程余额尚未转出。

解决措施：冀北电签〔2018〕134 号中已对该项目撤销相关事项予以说明，但有些细节问题并未提及，如冀北公司是否可以就该项目撤销做进一步明确指示，能否出具相关文字资料予以支撑。

三、下半年工作计划

（一）以提质增效为引领，促进公司和电网发展“质”“效”双提升

提质增效工作是一项关系公司全局的管理工作，各部门、各单位全面落实提质增效各项举措，动态调整方案，聚焦公司增效，将基层单位的专

业管理工作与提质增效紧密关联，引导和促进各职能部门树立全局意识，组织各部门对阶段性工作的开展和完成情况进行诊断分析与总结，逐条对比、逐条分析，强协同、重督导、找差距、提亮点，组织开展“提质增效，担当作为”系列主题活动，将提质增效工作融入日常工作，确保方案有效实施落地，形成上下联动、群策群力的良好氛围，提高工作的前瞻性和主动性，确保公司经营稳健有序。

（二）深化全面预算管控，提高预算执行管控能力

全面加强经营管控，进一步发挥预算的统筹引领作用，加强综合计划执行监督和预算监测，保证预算刚性执行，同时充分发挥预算管理的分析与控制职能，结合实际业务需求完善预算动态调整机制，及时收回结余资金，合理安排资金缺口，优先解决生产经营中重点工作资金问题，为公司年度工作的顺利开展提供有力支撑。

（三）深化推进财务系统应用，提升财务管理效益

按照冀北公司推广收付款“省级集中”工作要求，基于公司前期对收付款“省级集中”典设方案的研究和调研结果，积极争取试点上线工作，推动资金精益管理转型升级，为提升公司资金安全、效益水平提供坚强资金支撑。规范现金流“按日排程”业务，保证排程数据的完整性。将日排程偏差率作为管理考核指标要求，加强财务报账进度控制，合理管控排程付款。

（四）加强工程项目管控，提升过程管控水平

持续推动长期挂账在建工程清理，强化工程决算及时性管控，开展工程财务管理专项检查，常态化开展长期挂账工程清理，持续压降结转项目数量及规模，确保在建工程清理工作取得实效。加强 2020 年项目储备管理，从项目立项、项目实施及资产管理对项目进行全面监测，实施工程项目全过程多节点管控，实时掌控项目预算执行情况，保证项目预算刚性执行、闭环管控。

继续推进工程投资预算及资金一体化研究试点工作，实现工程年度投资预算与资金预算的自动测算，以里程碑节点为时间轴，实现项目建设、物资采购、成本入账和资金支付的业财融合。通过在公司试点落地，进一步在冀北公司深度推广，实现电网基建工程投资预算与资金预算一体化管理的全面覆盖，精准安排工程资金融资计划，降低冀北公司融资成本。

有序开展用户资产接收工作，组织业务部门召开用户资产接收工作专项协调会，详细了解接收工作情况，全过程跟踪管控，精准预测接收时间点，研究制定任务书、时间表，按照全年接收工作计划倒排各项工作完成时间节点，争取提早完成协议签订，及时完成现场盘点、PMS 台账建立，加快结算进度，确保“三供一业”接收、“两供一业”收尾工作规范有序、有据可依。

（五）推进资产管理重点工作，提升资产管理水平

结合资产全寿命管理要求，以 PMS 对应成效为基础，梳理资产信息质量，同运维检修部形成资产设备联动机制；与物资部、运维检修部就拆旧物资，按物料、可用情况分类管理，做好物资再利用、跨区域调拨与废旧物资处置工作。在 2019 年贴码工作的基础上，依照冀北公司工作要求探索开展配网设备、用电设备、仪器仪表、生产管理用工器具等存量资产的贴码工作，提高资产设备清查盘点工作效率，深化电网资产全寿命周期管理体系建设，进一步提升电网资产精益化管理水平。

强化逾龄资产管理。加强老旧设备统计，依据运行状态评价逐年进行改造及大修项目储备。增加对逾龄资产的技改投入，延长资产服役年限，发挥资产最大价值。稳步推进资产清查盘点和资产设备联动工作，规范记录信息，巩固专项治理工作成果，防止前清后乱，不断提升资产精益化管理水平。

（六）加大稽核力度，坚持依法治企、依法经营

结合公司《关于组织开展典型问题自查自纠工作的通知》，参考冀北公司下发提级巡察典型问题、历届审计问题、专项检查发现的问题，做好自查自纠，查找问题根源，加强管控力度，规范成本开支，正确认识管理中存在的问题。切实抓好巡视、审计及各种监督检查发现问题的整改，并注重完善制度、建立机制，通过具体问题的整改和工作机制的建设，不断提升基础管理水平。

（七）推动多维体系建设深化应用，促进管理精益提升

秉承“三个推进”的工作理念推动多维精益管理变革，依据多维体系变革，以规章制度、管理规定为准绳，以业财融合为理念，优化管理工作，细化管理流程，以工单为主要载体，实现业务活动与财务计量的信息充分交互，细化经营分析颗粒度；全面推广应用“国网商旅云”，强化差旅费全过程精益管控，实现差旅业务全流程在线处理、无纸化移动审批，深化业财融合。

（八）转变固有思想，提高责任与服务意识

努力提高政治站位，将民营企业清欠工作置于发挥央企力量、助力经济社会发展的全局来认识；全力提高基础工作水平，加强合同管理和项目管理，全面掌握每一项合同条款、每一个项目进度、每一笔付款依据；高度重视全面风险管理工作，加强部门间协同，全面做好业财协同上下联动，简化管理流程，加快业务流转速度，针对新增或新变化的风险，“一事一策”制定应对措施；深入开展隐性欠款清理工作，制定排查方案，对存在的问题制订计划按期整改，彻底清查各类隐性拖欠业务，严防变相拖延清欠和边清边欠行为，扎实做好2020年清欠工作。

（九）全面加强党的建设，打造一流财务队伍

以党的建设为统领，进一步提高政治站位，将“具有中国特色国际领先的能源互联网企业”战略目标作为指导，融入财务各项中心工作，履行财务协同监督职能，提升财务依法合规管理能力。打造一流财务员工队伍，强化高素质员工队伍建设，要始终心怀如履薄冰的敬畏，严于律己、坚守底线，加强对各类业务的实质性审核，确保会计信息客观真实，资金资产安全完整，更好地服务公司经营管理。

四、重点汇报

公司按照《冀北公司全面加强资金管理、促进资金优化管控提升》的通知要求，迅速落实相关工作。分管领导组织召开专题会议，在公司范围内宣贯要求、传达精神，同时提出针对现金流收支偏差率指标的考评要求，财务部门牵头管理，各县公司和业务部门配合协同，提高公司现金流收支预测准确性。现将主要做法介绍如下。

收入现金流管理方面，遵循“事前预控、事中跟踪、事后测评”的总体原则，形成管理闭环。一是公司领导靠前指挥，分管领导按月召开现金流收入预测执行例会。二是在现金流收入预算填报环节，协调发展策划部、营销部，结合地区经济发展趋势，综合正常用电用户和新增、减产用户等各种影响因素，按照行业分类，参考环比及同期数据进行加权分析，预估售电量、售电单价及售电收入，在此基础上参考预收及应收余额情况综合得出收入现金流预算。三是在现金流收入预算执行过程中，跟踪预测当月售电量变化，综合当月售电单价对售电收入的整体影响，重点关注大用户及经营困难等重点用户，及时回收对收入现金流影响较大的关键用户电费，确保售电收入及时形成现金收入入账，力求现金流收入执行与预算趋同。四是强化事后分析，实时对收入现金流预算执行结果进行分析，摸清当月预算与执行偏差原因，并在次月预算填报及执行环节予以关注，确保收入现金流预算执行准确。

支出现金流管理方面，以预算填报环节“凭据从紧”、预算执行环节“精控调度”两个方面为抓手。一是支出预算填报环节，以综合计划预

算分解情况为参考，结合预算执行进度和招标结果公布时间，根据各部门业务开展需求进行预算填报。财务部门对预算需求的必要性和业务资料的完善性进行双重审核，审核通过后方可纳入预算安排。二是支出预算执行环节，严肃预算执行纪律，无预算不支付，有预算按照资金排成情况准确支付。同时针对执行过程中出现的个别特殊事项，精准开展预算调剂，优先保证刚性支出，合理平衡调度非刚性支出，提高资金使用效率。三是强化县公司考核管控。设计内部考核要求，对未完成考核要求的单位进行约谈，促成前端业务与财务预算联动，财务预算与资金预算联动的动态管理机制，确保公司支出现金流预算准确执行。

（二）公司重要文件

国网秦皇岛供电公司
2020 年安全生产工作意见

为贯彻落实国家电网有限公司、国网冀北电力有限公司安全工作部署，扎实做好安全生产各项工作，确保公司安全发展，现就公司 2020 年安全生产工作思路、目标、重点任务和要求做出以下安排。

一、工作思路

深入贯彻习近平新时代中国特色社会主义思想,牢固树立安全发展理念,大力弘扬“生命至上、安全第一”的思想，坚持以总体国家安全观为指导，以落实中共中央、国务院安全生产领域改革发展意见，国家电网有限公司、国网冀北电力有限公司 2020 年安全生产工作意见为主线，坚持目标导向、问题导向、结果导向，压紧压实各级安全责任，健全安全保证和安全监督两个体系，持续在源头防范、基础管理、系统治理上下功夫，加快推动公司安全生产治理体系和治理能力现代化，实现公司安全生产水平稳步提升，为全面建成小康社会提供坚强安全保障。

二、工作目标

全面完成国家电网有限公司、国网冀北电力有限公司安全生产“十三五”规划和安全生产、应急能力建设、网络安全三年行动计划（2018—2020 年）各项任务。不发生重伤及以上人身事故；不发生五级及以上电网、设备事件；不发生六级及以上信息系统事件；不发生一般及以上火灾事件；不发生一般及以上误操作（误调度）事件；不发生本单位负同等及以上责任的重大交通事故；不发生其他对公司和社会造成较大影响的事故（事件）。

确保公司安全生产局面平稳；确保北戴河暑期及重大活动保电万无一失。

三、重点任务

（一）健全落实安全责任体系

压实全员安全责任，抓牢抓实领导干部、一般管理、一线员工三级安全责任，结合岗位职责，进一步修订完善安全责任清单，开展全员安全生产承诺。健全安全制度体系，坚持依法治安，深入贯彻国家安全生产法律法规和上级安全规章制度，全面梳理与公司相关的各项条款，对照修订完善公司内部现行安全规定，及时做好“废改立”工作，发布现行制度清单。强化领导干部安全履责，提高政治站位，提升依法履责能力，严格落实“一岗双责”“三个必须”要求，带头履职尽责。加强各级安委会组织领导，认真开展领导班子、安全总监、集体企业负责人安全述职。加强安全激励考核，履责激励、失责追究。贯彻落实国家电网有限公司新版《安全事故调查规程》《安全工作奖惩规定》，进一步修订公司安全工作奖惩实施方案，保证安全专项奖足额投入和奖励效果，突出正向激励。严格过程考核，树立奖惩分明、严抓严管的鲜明导向，拧紧知责、履责、督责、问责的责任链条。

（二）健全完善安全保证体系

坚持安全生产重心下移，进一步贴近设备、贴近运行、贴近基层，务求实效。优化运维管理组织方式，深入实施差异化运维，因地制宜制定变电站差异化运维措施并有效落实。强化变电运行集中监控，完善主辅设备监控手段，完成7个变电运维班调度主站延伸及戴河、归提寨2座变电站智能化管控平台试点接入改造项目实施。全面落实设备主人制，增强运维人员设备主人翁意识，提升运行、维护工作成效。加强生产班组建设，认真落实班组减负三十条意见，强化一线员工队伍力量，提升基层安全生产保障能力。加强基建班组建设，持续深化基建改革配套措施落实，健全以作业层班组为基本单位的施工安全保证体系。全面强化业主对施工人员配置、施工组织、风险管控的监督管控，全面推进线路、变电施工作业层班组标准化建设，做实业主、施工两级现场管控。

（三）健全完善安全监督体系

全面加强安全监督体系建设，补齐市、县安全稽查队人员，完善稽查队管理规范和工作标准，提升各级安全监督队伍素质。加强现场监督检查，充分发挥安全监督网和稽查队作用，强化“四不两直”“双随机”检查，确保实现市、县公司所有现场全覆盖。健全违章分级管控和标准化安全稽查体系，提高现场安全监督和反违章工作实效。丰富安全监督手段，落实国家电网有限公司“一平台一中心”要求，建设安全风险管控平台，设立安全监控中心，突出作业安全智能化管控、现场安全监督可视化等功能。落实安全生产巡查工作，组织各单位自查，开展公司内部巡查，重点解决安全生产突出问题。迎接上级公司安全巡查，督促各级安全责任、制度建设、机制保障、专业管理落实到位。

（四）深化双重预防机制

健全风险分级管控机制，坚持“全面评估、先降后控，分级预警、分层管控”原则，进一步规范风险辨识、预警、控制、评价等各环节工作，严格流程管理和措施落实，坚决防范风险失控。严格执行《国家电网公司电网安全风险预警管控工作规范》，加强施工陪停、启动调试、设备检修等电网风险辨识，严控六级以上风险。严格执行《国家电网公司作业安全风险管控工作规范》，涵盖生产、基建、营销、集体企业等各类作业，统一风险定级，推进标准化管理。健全隐患排查治理机制，突出专业责任，结合电网方式分析、设备日常运维、季节性安全检查和专项安全活动，常态化开展隐患排查，推动隐患项目化治理。持续开展电网、信通、集体企业、县供电企业等安全性评价。

（五）完成重大专项治理

合理优化电网规划建设，以电网问题为导向，不断优化主、配网结构。加快陈肖平220 kV线路工程的规划前期工作，加快35 kV小蒲河至海岸 π 入新区变电站等配网工程实施。以110 kV站东站、杨庄主变增容等工程建设为契机，积极推进红桥等城市中心重载变电站负荷切改，提高城区电网供电能力。持续推进《国家电网有限公司十八项电网重大反事故措施（修订版）》（简称《反措》）落地实施，针对不满足《反措》要求的问题，根据分级分类原则和治理进度要求，逐站、逐线、逐台设备建立动态台账，制定差异化运维措施，确保设备运行安全。2020年按计划完成278项问题治理工作。全面完成电气火灾三年综合治理，继续做好35项问题整治，重点完成220 kV深河等7座重点变电站电缆夹层、沟道消防隐患整治。积极推进变电站消防控制室建设，做好10座重要无人值班变电站消防远程集中监控系统项目实施。深化消防人才队伍建设，组织运维人员消防员取证工作。落实消防设施、设备例行专业维保检测工作。严把消防安全入口关，提前介入110 kV河东寨变电站等5个基建工程的消防审核验收。与政府相关部门加强沟通，推进变电站消防验收取证（备案）。

（六）强化电网运行管理

优化电网运行方式，根据黄金海岸配套工程、新区、河东寨、站东输变电工程投运后 110 kV 网架结构变化情况，优化运行方式，增强电网运行安全性和经济性。强化停电计划刚性管控与负荷控制，按照“一停多用”原则，统筹常规检修、大修技改和京秦高速、102 国道迁改等工程停电工作安排，避免重复停电，减少临时停电，加强停电计划执行考核。增进与政府环保部门沟通联系，获取最新限产信息，科学开展负荷预测工作。强化县、配调运行专业管理，从职责、业务范围、规章制度、评价标准、人员管理、业务流程 6 个方面对县、配调调控运行相关业务进行全面深化管理。结合各县配调不同现状，从网架结构完善、运行方式优化、继电保护配置等方面有针对性地开展工作，实现管理水平的高质量提升。筑牢二次设备安全“防线”，持续推进老旧保护改造工作，完成龙家店站 220 kV 1、2 号主变保护改造。继续开展继电保护“排雷”行动问题整改和存量继电保护设备实物“ID”赋码工作。强化电力监控系统安全防护，推进地调主站网络安全管理平台实用化工作，开展应用成效评估和功能优化工作。实现厂站网络安全监测装置信息采集全覆盖，运行监视无死角。推进地调主站关键主机可信验证技术手段建设，开展地区变电站监控系统安全漏洞扫描和非安全设备整改工作。

（七）强化设备运维管理

强化重要输电线路运维管理，健全三级巡护保障体系，强化高天三回国网重要通道属地运维及重要 220 kV 线路运维工作。加强特殊时段、高风险区段特巡特护及隐患治理工作。强化属地运维责任，加大线下树清理力度。根据季节特点，及时开展防污闪、防山火、防覆冰等线路观测及检测工作。年内完成“三跨”线路隐患治理，实现三跨区段可视化全覆盖工作。强化变电设备精益管理，强化变电基础管理，提升巡视、检修、带电检测、缺陷分析处理等专业日常基础工作的质量。严格落实基建项目各阶段审查要点，加强设备质量抽检、交接验收等环节执行力度，实行标准化验收。持续开展变压器抗短路能力提升等专项活动。全面排查治理防误闭锁装置、站用交直流系统等运行隐患。强化配网设备运维管理，以指标为抓手，将配网专业管理穿透至班组及供电所一线，强化对日常生产业务的监管督办。综合运用配电自动化、带电检测手段，构建主动运检模式，对北戴河家庭旅馆区、“煤改电”等重点区域做好设备运行工况的实时监控、预警，推进配网主动抢修。提升不停电作业管理力度及实施能力，规范带电作业项目，严格带电作业指标考核。

（八）强化生产作业安全管控

全面推行生产作业标准化，强化“不按标准化作业就是违章”理念，规范工作计划编制，认真组织现场勘察，全面评估作业风险，认真做好安全和技术交底，严格落实作业组织措施、技术措施和安全措施。加强作业现场管控，严格执行《安规》和“十不干”要求，强化公司领导干部和管理人员生产现场到岗到位落实。建设安全风险管控平台，全面推行反违章在线管理，强化全时段、全天候、全覆盖监控，确保管住计划、管住现场、管住队伍。深入推进乡镇供电所安全风险管理，全面执行国家电网有限公司《“全能型”乡镇供电所现场作业安全管理规范（试行）》。加强小型分散作业管控，将故障抢修、业扩报装、装表接电、信息通信等小型分散作业全部纳入计划管理，严格履行工作程序，严禁无计划、无票、无监护作业。严格安全准入制度，健全外包（外协）队伍和人员“双准入”机制，全面应用业务外包安全资信系统，用好违章记分、负面清单、“黑名单”等失信惩治手段，倒逼外包队伍主动履行安全责任。

（九）强化工程施工安全管理

深化应用基建“e 安全”，推动实名制全过程管控落地，精准管控现场人员。发挥施工作业计划“一本账”管理机制作用，精准管控施工作业计划。建立以电子作业票为载体的风险管控手段，严格现场交底、站班会、到岗到位监督，精准管控施工风险。风险作业实施“远程＋现场”监督模式，开展视频监控分中心建设，全面实施三级及以上风险作业远程监控。同时依托安全质量巡查大队开展风险作业现场督导检查，监督各层级主体责任的有效落实。推动“关键人”履职能力建设，针对项目管理关键人员，开展安全质量管理应知应会手册培训，明晰履职责任清单，发挥安全质量量化考核机制作用，提升关键人履职能力。加强停复工安全管理，开展春节前、后，停、复工督查，严格落实节后复工五项基本条件，实行新入场人员安全质量交规式考试，关键人员考核持证上岗。

（十）强化网络信息安全管理

深入贯彻《网络安全法》《密码法》，全面落实《关键信息基础设施安全保护条例》《网络安全等级保护条例》，严格落实等级保护 2.0 要求，梳理公司网站等 3 套业务系统，完成年度等级保护测评、定级备案相关工作。守好网络安全三道防线，严格落实互联网大区、管理信息大区、生产控制大区监测防御，深入开展信息专业安全性评价工作，开展季度网络安全隐患排查治理，做好月度漏洞扫描及排查整改。加强信息安全管控，落实“数据接入、存储计算、数据应用、数据管理”全环节的数据中台安全防控体系，通过配置 IDS、IPS 等网络安全监控装置，进一步强化安全设备数据分析，优化安全策略。加强人才队伍建设，深入挖掘现有网络安全人才潜力，通过加强自主培训、参加国网冀北电力有限公司红蓝队对抗培养等，锻炼尖兵人才，在暑期保电等重要活动中，开展网络安全护网行动，逐步培养组建公司网络安全红队。

（十一）强化用电安全管理

加强业扩报装安全管理，严格执行报装标准规程，做好现场风险点辨识与预控，严格受电工程设计、施工、试验单位资质审查，遵循公司统一的技术导则及标准开展业扩全流程工作，防止客户受电设施带安全隐患接入电网。加强营销计量作业安全措施落实，严格执行《安规》和标准化作业指导书，强化作业现场管控，加强低压带电作业防人身事故措施落实，规范计量采集维护、电能表周期校验、新装轮换 3 类现场安全管理。严格履行工作审批程序，落实到岗到位要求。加强高危及重要客户用电安全管理。加强客户侧用电检查管理，及时消除影响设备稳定运行的安全隐患，杜绝因客户侧故障影响可靠供电的事件发生。全面落实“四到位”工作要求，加强客户周期性检查，规范安全隐患告知，重点关注电铁、安丰钢铁等 50 户高危重要客户。定期将可能导致电力中断的客户安全缺陷隐患向政府主管部门函报备案，促请相关政府部门发挥行政执法职能，督促客户及时完成整改。加强充电设施运维管理，定期对充电设施安全隐患开展全面的排查治理，做好现场巡视，及时维修故障设备，告知客户充电安全注意事项。

（十二）强化集体企业安全管理

加强集体企业能力建设，认真落实《加强集体企业管理十条意见》《加强集体施工企业能力建设六条措施》，理顺管理体制，健全内控机制。加强危化品、特种设备专业化管理，扎实开展安全生产集中整治，全力推进危化品安全提升行动，针对危化品及特种设备，建立重点单位联系机制，健全分布台账，落实重点化学品和重大风险源管控要求。加强集体企业安全标准化管理，贯彻落实《国家电网有限公司产业单位安全监督管理标准化规范》，实施分级分类标准化管理，健全安全管理体系和规章制度标准，加强安全生产管理机构和人员配置，完善全业务全流程管控机制，提升集体企业本质安全水平。强化集体企业与主业安全管理“同质化”要求，落实主业安全监管责任和集体企业安全管理主体责任。加强集体企业核心业务的安全生产管理，发挥公司业务管理部门专业指导和监督作用。开展集体企业能力评估，严禁超承载能力承揽工程。

（十三）强化电力设施保护、消防、治安和交通安全管理

加强电力设施保护，强化电力设施保护职能管理，强化各层级政企、警企协作联动工作开展，提升电力设施外部隐患治理效率和盗窃破坏违法犯罪活动打击力度。强化消防安全管理，全面推进“四个能力”建设。认真执行国家电网有限公司新版《消防安全监督管理办法》，健全消防安全管理体系和工作机制。加强治安保卫工作，对照法律法规、行业规定、公司规章等标准，组织开展重点部位安保（防恐）工作专项评价，完善相关规定制度，规范安保（防恐）工作日常管理。加强交通安全管理，强化驾乘人员交通安全制度意识、责任意识，确保全员交通安全素质整体提升。加强人、车、环境相结合的交通安全风险管控，从严车辆调度和运行动态监控，有效杜绝各类交通违法行为。

（十四）强化应急能力建设

深入贯彻国家电网有限公司应急管理工作要点，推进公司应急管理体系和应急能力建设。强化应急预警能力，落实《生产安全事故应急条例》和新版《国家突发公共事件总体应急预案》，开展各级各类应急预案和现场处置方案修订完善工作，加强风险评估、应急资源调查、预案评审和备案管理，开展应急预案管理合规督导检查。强化应急处置能力，滚动修编应急处置工作手册，加强应急预案、现场处置方案演练，与政府有关部门建立应急联动机制，组织大面积停电、消防等专项演练，实现各级各类预案演练覆盖率100%。强化应急保障能力，加快县公司应急指挥中心改造升级，加强备用调度控制中心运行管理。梳理补充各级应急救援基干分队人员和装备，着力强化应急技能培训、装备维护、演练拉练。强化突发事件监测预警、信息报送和响应处置，提高突发事件协同应对能力，做好全国两会、北戴河暑期等重大活动及重要节假日保电工作。

（十五）加快科技兴安新技术应用

提升安全管控能力，加快智能安防新技术应用，深化基于北斗定位系统+平台的精细化安全管理，实现其在作业现场、重大保电等场景的应用。加快实施摄像头智能化改造，发挥视频在安全管理中的作用，实现可视化管控。提升设备状态监测能力，试点应用 GIS 局放、开关柜触头、输电导线测温等在线检测技术。推进台区智能融合终端建设，实现户级停复电监测，深化低压故障研判功能应用，支撑主动抢修业务开展。提升网络安全管控能力，完成僵尸系统清理、老旧设备治理、信息资产梳理等工作，严格审核新增系统、设备满足入网审核备案条件。落实泛终端接入、准入机制，强化移动作业等终端弱口令隐患排查治理。

（十六）强化安全生产队伍建设

突出党建引领，深入开展“党建+安全生产”工程，推广党建工作责任制与安全生产责任制有机融合、思想政治工作与安全文化建设有机融合的有效做法，持续推动党的建设与安全生产同向聚合。发挥党支部战斗堡垒和党员先锋模范作用，设立党员责任区，深入开展“青年安全巡查”活动，深化青年安全示范岗创建，助力公司提升安全生产管理水平。加强能力素质建设，细化执行各级领导、管理人员、“三种人”等关键岗位培训标准。强化全员安全技能培训和实操实训，严格《安规》年度普考、季度抽考，以考促学，提升不同群体的安全技能水平。利用网上安全警示教育基地，开展事故和违章反思学习，增强安全敬畏意识。培育优秀企业安全文化，大力弘扬安全生产领域严细实作风，树立先进典型，弘扬工匠精神，开展安全主题活动，持续强化基层、基础、基本功，形成人人关心安全、人人重视安全、人人保障安全的浓厚氛围。

四、工作要求

（一）强化责任担当

各级领导干部要发挥“头雁效应”，切实起到带头作用，全体员工要主动担当作为，扎实做好本职工作，牢牢守住安全生产防线。

（二）坚持安全发展

各专业要牢固树立安全发展理念，真正把安全作为公司和电网的生命线，把安全第一的要求落实到每个项目、每个细节，强化安全保障，提升安全发展质量。

（三）严格过程管控

坚持重心下移，抓管理层履责、抓作业层执行。严格过程考核，强化管理穿透力、现场执行力，确保各项措施和要求落实到基层、落实到一线。

（四）严守安全目标

时刻保持对安全生产的敬畏之心、戒惧之心，以“零容忍”抓好安全生产，强化红线意识，树牢底线思维，坚决防范各类安全事故，确保实现全年安全生产目标。

国网秦皇岛供电公司
基建施工现场“查风险、治违章、抓落实”安全主题活动实施方案

为深入贯彻国家电网公司和国网冀北电力有限公司“查风险、治违章、抓落实”安全主题活动动员电视电话会议精神，深化落实5月8日冀北公司基建安全质量座谈会要求，强化安全红线意识，深入治理屡查屡犯安全问题，全面整治公司输变电工程建设现场风险管控不严格、违章作业屡禁不止、安全管理要求落实不到位问题，全力防范输变电工程建设安全事故，按照国网公司统一部署，公司编制了《基建施工现场“查风险、治违章、抓落实”安全主题活动实施方案》，具体内容如下。

一、总体要求

全面贯彻落实党中央、国务院关于安全生产的重大决策部署，深入落实国网公司和冀北公司安全工作要求，树牢安全发展理念，强化风险防控，切实汲取事故教训，以治理红线问题和屡查屡犯问题为切入点，以建立防范现场违章长效机制为着力点，开展拉网式排查，进一步抓实作业层班组建设，开展“查风险、治违章、抓落实”安全主题活动，狠抓整改落实，坚决杜绝安全事故发生，确保公司安全稳定局面。

二、组织机构

为保证活动有序、高效开展，公司决定成立“查风险、治违章、抓落实”安全主题活动领导组和工作组。

（一）领导组

组长：赵雪松（公司副总经理、党委委员）

副组长：刘英军（公司副总工程师）、李木文（公司安全总监兼安全监察部主任）、马东山（建设部主任）、李文军（项目管理中心主任）

成员：史志东（福电集团董事长）、夏岩（福电集团副总经理）、金峰（福电电力工程设计公司经理）、杜金桥（建设部副主任）、贾鹏（建设部副主任）、焦洋（项目管理中心副主任）、牛福臣（秦皇岛市抚宁区供电分公司副经理）、杨晓军（国网卢龙县供电分公司副经理）、于春辉（国网昌黎县供电分公司副经理）、王旭升（国网青龙县供电分公司副经理）

领导组职责：贯彻国网公司与冀北公司决策部署，负责活动的组织协调、监督指导，推动活动深入开展。领导组下设办公室，设在公司建设部。

（二）工作组

组长：马东山

副组长：杜金桥、贾鹏、焦洋、张军、李晓光、赵远、李智勇、王小江、李成效、任军、牛福臣、杨晓军、于春辉、王旭升

成员：李智、王苏沛、于惠慧、张屹、许明强、朱雨彤、刘钊、冯秀宾、李新中、王亮、关粤华、

邢海生、李伟、田春平、郑琳、林紫阳

联络员：李智

工作组职责：落实领导组决策部署，负责组织开展各阶段具体活动，定期汇总上报活动开展情况，活动总结。

三、活动范围和内容

活动范围：公司在建 35 kV 及以上新建、扩建输变电工程项目。

活动内容如下。

（一）查风险

以作业层班组为单元，逐班组排查并消除作业层班组在人员组织、装备配置、管理运作方面存在的“管理盲区”，将作业层班组标准化建设做实，夯实安全管理基础。重点排查并消除以下风险。

1. 查人员风险。重点查：作业层班组骨干能力不足，无法有效管控现场安全质量；班组骨干配置不到位，由分包人员代替施工单位自有人员，实际工作与岗位不符，无法保证负责人、安全监护人同时在场；作业人员“交规式”培训考试不严格，未通过冀北“安全质量培训”APP 入场安全考试；特殊工种无证上岗；未执行公司关于核心分包队伍“双准入”要求，未从核心分包商中选取核心分包人员，班组骨干未与核心分包人员形成固定组合。

2. 查装备风险。重点查：2020 年 1 月 3 日下发《国网冀北电力有限公司建设部关于进一步加强基建现场安全管理工作的指导意见》（冀建设〔2020〕5 号）之后招标签订施工承包合同的 110 kV 及以上变电站工程建构筑物施工未全面使用盘扣式脚手架，110 kV 及以上输电线路工程跨越铁路、公路、带电线路（现场工况允许）作业未全面使用盘扣式跨越架；施工机具、安全工器具及个人防护用品由劳务分包单位提供，未经检验或检验不合格，即投入使用；安全帽、安全带、速差自控器、攀登自锁器等个人安全防护用品未报审即投入使用；未按施工方案选取受力工机具，存在“以小代大”现象；未按作业点需求足额配置安全工器具及个人防护用品，安全工器具无生产许可证、产品合格证及生产日期；组塔班组使用的抱杆不固定。

3. 查管理风险。重点查：重大风险作业未编制“两案一措”，未执行“一严三禁”要求；施工作业未由作业层班组骨干组织指挥监护，作业人员擅自扩大工作范围、工作内容或改变安全措施，无监护作业，存在“以包代管”现象；作业现场未填写电子作业票，施工作业计划及作业票未由班组长编制，班组未应用“e 安全”，作业计划与实际“两张皮”；专业分包单位项目管理组织机构不健全，未落实作业层班组管理要求，作业人员不受班组直接管控，站班会“三交三查”不到位。

（二）治违章

结合在建输变电工程实际，深刻汲取事故教训，整治长期存在“屡督不改”的管理违章、行为违章、装置违章，防治安全事故重复发生。重点包括：

4. 治理管理违章。重点治理：施工项目部改革配套措施不落实，项目作业关键人员配备不满足要求；四级风险漏报、瞒报，三级及以上风险定级错误，三级及以上作业风险未纳入视频管控（且未提供无视频信号佐证资料），因信号原因确实无法接入的，监理人员未按要求全程现场监督；施工项目部安全员、安全监理工程师未参与专项施工方案安全技术交底，未监督专项施工方案安全技术措施落实；每日实施作业前，作业层班组未组织召开站班会，工作负责人未进行全员交底。

5. 治理行为违章。重点治理：掏挖基础人工基坑开挖、人工挖孔桩开挖的深度大于 5 m 的施工及坑口小于 1 m 且坑深大于 3 m 的基坑开挖作业不配备使用有害气体检测装置和通风设备；人工挖扩桩孔（含清孔、验孔），下坑作业人员未系安全带，未从专用爬梯上下，违规沿孔壁或乘运土设施上下；铁塔组立未执公司《关于进一步加强组塔作业安全管理工作的通知》中“一项技术原则和四项保证措施”，组立抱杆原则上禁止使用正装法；塔脚板就位后，未上齐匹配的垫板和螺帽，组立完成后未拧紧螺帽及打毛丝扣；组塔架线高处作业人员在攀登或转移作业位置时失去保护；架线过程中，各作业点、监护点未与现场指挥人保持联系畅通，放线过程中未安排人员全程监护走板过滑车和跨越物；紧断线平移导线挂线，不交替平移子导线；线路拆旧作业，不按施工方案进行；临近带电体杆塔组立时，作业人员、施工、牵引绳索和拉线等与带电体的距离不满足《安规》要求；改扩建施工区域与运行部分未设置有效的物理和电气安全隔离措施，作业人员、机械、设备、工器具与带电体的安全距离不满足《安规》要求；运行屏柜上二次接线作业，安全技术措施不落实；作业人员乘坐非载人或客货混装的车辆；林区施工防火不到位；大风、雷电、暴雨等恶劣气候条件下冒险作业，未按要求开展项目部、班组驻地和材料站涉及的洪水、滑坡、泥石流风险隐患排查。

6. 治理装置违章。重点治理：安全生产费用投入不足，使用不到位；拉线、地锚未经计算校核、未经验收即投入使用；未采用标准化的索道产品，索道支架未采用金属材质标准件，索道未经验收即投入使用；临时电源未按要求装设漏电保护器或测试检查；起重机械无制动和限位装置，或装置失灵、不灵敏；起重机械未经计算选择，实际使用的起重机械与施工方案不一致，未对起重机械工况特别是金属结构变形、裂纹等进行检查即投入使用；合成纤维吊装带有缺陷，无检验标识；租用机械未经检验合格即投入使用；大中型机械未报审就投入现场使用；机械设备功能不全，报警及保护装置失效。

（三）抓落实

按照公司安全管理制度要求，落实各层各级安全管理责任，着力解决“落不下去”问题，强化监督考核，构建长效机制。

7. 抓安全措施落实。施工方案严格落实国网公司“三算、四验、五禁止”强化措施要求，重大风险作业严格执行冀北公司“两案一措”管控机制，《专项施工方案》《专项监理方案》《专项安全组织措施》严格执行公司施工安全重大风险作业管控机制中相关编审批要求，落实审查责任。方案实施期间，各参建单位相关管理人员严格按照要求进行现场监督和到岗到位履职，狠抓安全措施落实。

8. 抓风险排查落实。严抓三级及以上风险作业排查统计，严禁瞒报、错报、漏报。严抓风险作业视频接入，监控分中心对所辖项目全部三级风险作业轮巡监控，四级风险作业全程监控。每日通报三级及以上风险管控情况，现场违章处理结果，有效管控现场作业风险。

9. 抓违章治理落实。严格执行冀北公司输变电工程安全质量责任量化考核实施方案和“一考三联”考核评价机制，对于检查发现的管理违章、行为违章、装置违章严格落实考核要求，落实项目管理关键人员打分评级标准及考核措施，检查结果与企业负责人业绩指标、投标评标业绩考核、合同条款考核挂钩，用铁的制度、铁的面孔、铁的处理强化治理各种违章。

四、活动安排

（一）动员部署阶段（7 月 16 日前）

公司成立主题活动领导组和工作组，编制主题活动实施方案，细化、完善活动内容。组织召开启动会议，对主题活动进行部署。

（二）排查整治阶段（8 月 10 日前）

施工单位自查（7 月 25 日前）：施工单位按照专项活动方案组织自查。施工单位和工程项目成立检查组织机构，制订自查工作计划，真查、真管，严禁走形式、弄虚作假，按照公司制定的“查风险、治违章、抓落实”安全主题活动检查表对相关内容在各项目、各班组进行拉网式排查、销号式治理，确保从根本上消除事故隐患，并形成阶段性总结。

公司督查（8 月 10 日前）：公司督查与项

目部自查同步开展。公司成立现场督查组，由公司建设部负责人担任组长，巡检组人员及各单位（部门）抽调专家为成员，对所有在建基建工程开展拉网式督查。按照检查表重点对各项目部排查情况进行复核，发现仍存在触碰红线问题的，一律停工整改并下发公司基建违章处罚通知单，经整改合格，公司建设部复查通过后方可复工。

（三）总结提升阶段（8月25日前）

公司对活动开展情况进行总结，分析评价活动取得的成效和存在的问题，施工单位整体总结于8月23日前报公司建设部，回顾全程，提炼经验，为做好下一阶段基建安全质量工作提供支撑。

五、工作要求

（一）提高认识，加强组织

各施工单位与工程项目部要大力弘扬“以人为本，生命至上”安全文化，务必把安全生产摆在极端重要位置，树牢安全发展理念，查找思想认识上的差距，切实提升责任意识、担当意识，充分认识本次专题活动的紧迫性和重要意义。各项目主要负责人要亲自部署专项活动，成立组织机构，明确工作职责，层层落实责任，做好动员部署、排查整治、总结提升各阶段工作。

（二）建立机制，务求实效

各施工单位与工程项目部要在落实国网公司、冀北公司基建施工现场“查风险、治违章、抓落实”电视电话会要求的基础上，深化治理红线问题和屡查屡犯问题，研究解决作业层班组建设不实、人员配置不到位问题，有效破解分包人员安全意识差、专业素质不达标顽疾，研究建立长效管控机制。施工单位要研究制定推进一线管理人员扎根现场的职业发展制度、办法。

（三）强化督导，严格考核

活动期间，做到两个全覆盖检查。一是各施工单位自查均实现所有在建项目全覆盖检查。二是各工程项目业主、监理、施工项目部要实现对所有班组、所有现场全覆盖检查。加强对排查治理工作的考核，实行“谁检查、谁负责”，对于因检查未发现严重问题，在后续检查中发现问题或引发事故的，对检查人员进行考核。

（四）注重总结，管理提升

各施工单位与项目部要注重专项活动经验总结提炼，归纳现场行之有效的管理手段、方法，加大宣传力度，营造浓厚的活动氛围。活动期间执行周报制度，施工单位每周三将活动开展、问题整改和长效机制建立情况报送公司联系人，周四公司汇总提炼后报送冀北公司建设部，冀北公司将通报各项目活动开展情况。

中共国网秦皇岛供电公司委员会
河北省中长期青年发展规划
试点实施方案

青年兴则国家兴，青年强则国家强。国网冀北电力有限公司秦皇岛供电公司（以下简称“公司”）党委坚持以习近平新时代中国特色社会主义思想为指导，落实习近平总书记关于青年工作的重要思想，紧紧围绕河北省发展总体目标和要求，立足企业改革发展实际，进一步整体思考、科学规划、全面推进，激励青年勇做新时代的奋斗者、奉献者，为推进企业高质量发展、谱写实现中华民族伟大复兴中国梦的河北篇章贡献青春智慧和力量，依据《河北省中长期青年发展规划（2018—2025年）》，结合企业实际和青年发展实际，制定本方案。

本方案所指的青年为公司35周岁及以下的青年员工。

一、指导思想

一是坚持党管青年。各级党组织加强对共青团和青年工作的领导，从思想、组织、作风、纪律、制度等方面入手，指导帮助团组织加强自身建设，不断增强政治性、先进性、群众性。引导广大团员青年树牢“四个意识”、坚定“四个自信”、做到“两个维护”，不断提升政治素质、工作能力，更好地为企业发展和城市发展建功立业。

二是坚持服务青年。坚持青年优先发展原则，认真研究解决青年普遍关注的问题，主动关爱青年、服务青年，尊重青年主体地位，引领青年在岗位建功、助力企业高质量发展中成长成才、彰显价值，让青年有更多获得感。

二、工作目标

到2020年年底，符合公司实际的青年发展政策体系和工作机制初步形成，广大青年思想政治素养和技术技能水平不断提升，在服务社会和企业发展的生力军和突击队作用进一步发挥；到2025年，公司青年发展政策体系和工作机制更加完善，广大青年思想政治素养和全面发展水平显著提升，广大青年幸福感、获得感明显增强。

三、工作任务

（一）“一学双培”青年提升行动

落实规划中“青年思想道德”与“青年教育”项目，通过常态化学习，加强青年理想信念教育，引领青年积极践行社会主义核心价值观，提高思想道德水平和文明素质；通过精准化培训与链条化培养，加强青年人才队伍建设，将其作为“人才强冀”战略落地的实施载体。

一是抓好青年常态化学习。深入开展“不忘初心、牢记使命”主题教育，学习贯彻落实习近平新时代中国特色社会主义思想，通过集中学习、闯关竞赛、演讲比赛、观看影片等方式，引领青年听党话跟党走。深化“青年大学习”，线上与线下双发力，以专家宣讲、网络答题、青年沙龙等方式，激励青年树牢新思想、牢记新使命。深入实施“青年马克思主义者培养工程”，通过读书打卡、集中培训、线上演绎等方式，引领青年将学习成果入脑入心。［主责部门：党委党建部（团委）］

二是抓好青年精准化培训。坚持“缺什么补什么”“需要什么培训什么”，借鉴疫情防控期间线上培训经验，依托互联网、移动终端等相关媒介开展青年线上培训，结合青年现状，认真分析培训需求，围绕薄弱环节和突出问题，因地制宜、有的放矢搭建多形式线上培训课堂，推动教育培训从“大水漫灌”向“精准滴灌”转变。坚持逢培必考，成效检验结果作为青年年度绩效分级、岗位竞聘、挂岗锻炼、专家人才评选等工作的重要依据。［主责部门：党委组织部、党委党建部（团委）］

三是抓好青年链条化培养。组织入职5年及以下的青年员工制作培训课件，素材成果以微课、微视频方式展示，成果在公司主页专栏进行公开展示和成果共享，根据浏览情况和专业评审意见，开展优秀培训成果评选，择优推送至网络大学，并将相关制作人员纳入公司优秀培训师储备。培训素材制作“菜谱式”岗位作业指导书、操作规程说明书，作为日后新员工定岗培训和员工转岗培训的有效资源。素材制作构建“青年员工＋老员工＋单位负责人”工作团队，通过“1+1+1”工作模式，深化“师带徒”“老带新”等传帮带机制，实现人才培养的链条式代代衔接。［主责部门：党委组织部、党委党建部（团委）］

（二）“红马甲”青年志愿服务行动

落实规划中“青年信用体系建设及志愿者行动”项目，以公司“红马甲”青年志愿服务队为载体，结合“号手岗队”创建，常态化开展志愿服务活动，推动志愿服务制度化，在全社会大力弘扬“奉献、友爱、互助、进步”的志愿精神。

一是优化营商环境，做好供电服务。结合疫情防控、北戴河暑期、重大活动等保电任务需要，抓好青年安全生产示范岗创建，做好供电保障。通过多种渠道向客户主动推送停电信息，及时处置客户供电风险隐患，加快电网故障抢修速度，全面提升不停电作业能力，持续减少客户平均停电时间和停电次数。深化“互联网＋营销服务”，积极做好线上用电业务办理、用电信息咨询、停电信息告知等优质服务，主动提供“一站式”服务简化客户办电手续，帮助客户提高能效水平，降低用能成本。［主责部门：运维检修部、营销部、

党委党建部（团委）]

二是拓展岗位职责，致力延伸服务。持续推进服务队“六进入”，围绕亲情服务进社区、关爱服务进校园、跟踪服务进企业、温馨服务进医院、光明服务进乡村、季节服务进田园，推行便民利民举措，提供用电隐患排查、优化用电指导等服务，精心做好政治服务、抢修服务、营销服务、增值服务，把服务落实到岗位上，体现在攻坚克难实践中。[主责部门：运维检修部、营销部、党委党建部（团委）]

三是践行雷锋精神，开展志愿服务。积极参与扶贫助困、帮孤助残、爱心助学、见义勇为、抢险救灾、环境保护等公益性服务，参与让人民生活更美好服务工程，主动办好事、办实事，搭建党和群众的连心桥。围绕服务精准脱贫、乡村振兴等重点领域，从“智力扶贫、产业扶贫、爱心扶贫”3个方面实施“青春助扶”行动，为打赢脱贫攻坚战贡献青春力量。[主责部门：营销部、党委党建部（团委）]

（三）“青创筑梦”青年创新创效行动

落实规划中“青少年创客创新创业行动计划”项目，紧紧围绕贯彻落实“双创”战略，充分发挥共青团思想引领、跨界整合、动员广泛的优势，以青年创客培育和服务统领青年创新工作，坚持问题导向，把握电网发展的必然趋势，从4个维度服务青年创新工作。

一是强化思想引领，营造良好氛围。定期开展道德讲堂、最美国网人事迹宣讲会、创新经验交流座谈等主题活动，灵活运用宣传展板、拍摄纪实片等手段，积极宣传创新先进典型及成功经验，引导青年树立创新意识，激发创新热情。鼓励青年将个人梦想融入企业与社会发展，通过“劳动竞赛”“青年训练营”“技术比武”等，促进青年在实践中锤炼技能，为创新创效奠定基础。[主责部门：发展策划部、党委党建部（工会）、党委党建部（团委）]

二是搭建共享平台，汇聚创新合力。以公司创新创效孵化基地和创新工作室为活动阵地，以“秦电创客联盟”为组织阵地，定期开展“冀青春·创青春”青年创客分享活动，开展经验交流、技术攻关。积极协调业务相通的科研院所参与合作共建，讲授专业知识、创新理念和方法，促成企业创新实践优势和院校科研优势的“光合作用”，构建共享共建共赢的青年创新生态体系。[主责部门：发展策划部、党委党建部（工会）、党委党建部（团委）]

三是加强机制建设，推动成果转化。构建“党委领导、团委牵头、专业支持、青年参与”的组织体系，每年围绕一个主题，分别联合公司运检、营销、信通等专业部门，组织开展青年创新创意大赛，分享青年智慧、展现青年风采，从而培养挖掘了一批优秀青年创新人才，发掘了一批高质量的创新创意项目。充分调动创新团队、专业部室和生产制造企业的积极性和主动性，畅通成果推广应用渠道，促进在更大范围内将成果转化为生产力。[主责部门：发展策划部、党委党建部（工会）、党委党建部（团委）]

四是突出考核激励，助力青年成才。一方面将基层单位创新工作开展、创新成果积累、创新人才选树等工作进行量化考评，纳入企业负责人绩效考核，促使基层单位更重视创新工作。另一方面，对取得重要创新奖项的员工，除了绩效加分和专项嘉奖等物质奖励之外，还将优秀青年创新人才作为公司后备人才储备，作为青年岗位能手、青年五四奖章等先进评比的重要依据，在职称评定、专家聘任等方面启用绿色通道，最大限度支持青年创新，形成工作导向。[主责部门：党委组织部、党委党建部（团委）]

四、组织保障

一是加强组织领导和机制保障。在公司党委的领导下，成立工作领导小组，建立推动规划落实的青年工作联席会议机制。建立由公司党委、行政主要负责同志共同担任召集人的“双召集人”制度。成员部门每年至少召开一次青年工作联席会议全体会议，每月召开专题会议，研究推动青年发展规划实施和试点建设，形成党委领导、共青团协调、各方齐抓共管的工作局面。

二是强化督导考核。各成员部门要高度重视青年工作，关心、支持青年事业的发展，积极回应和解决青年关心的问题，多为青年办实事。建立工作落实台账，将各成员部门工作进展情况纳入综合考核，定期汇总、及时督导。

三是充分发挥团组织的重要作用。落实关于加强和改进党的群团工作的部署要求，全面推进自身改革，保持和增强政治性、先进性、群众性，始终紧跟党走在时代前列、走在青年前列，切实代表和维护青年发展权益。

四是加强服务青年发展阵地建设。以打造“身边的共青团”为目标，线上大力推进“青心云课堂”、“一网秦深”微信公众号等互动社交平台建设；线下持续完善青年创新创效孵化基地、职工书屋等青年活动场所建设，以其作为管理运行、组织活动、联系青年、服务青年的主阵地。

五是保障团青工作经费投入。完善支持团青工作发展的财政政策，财务预算统筹党组织工作经费和留存团费用于团青重大项目和活动。

六是营造规划实施良好氛围。大力宣传党和国家关于青年工作的重大战略思想和方针政策，宣传关心青年就是关心未来的理念，为青年健康成长发展营造积极向上的导向，最终逐渐形成全公司关心、支持青年发展的良好社会氛围，形成推动本方案实施的强大合力。

国网秦皇岛供电公司
2020年乡镇供电所管理提升工作
考核方案

为落实《国网秦皇岛供电公司关于印发2020年乡镇供电所管理提升工程实施方案的通知》（秦供办〔2020〕79号）工作要求，奖励先进、鞭策后进，打造“比、学、赶、超”的良好氛围，决定对排名前五的供电所和进步名次排名前五的供电所进行奖励，对排名后十的供电所和退步十名以上的供电所进行处罚。

一、考核范围

公司所属各供电所。

二、时间范围

考核时间范围为2020年5—10月。

三、排名原则

以11月编制的5—10月半年整体综合评价情况作为排名依据，选出前五名与后十名供电所。

根据各供电所的半年整体综合评价排名与4月月报排名相减，选出进步名次排名前五的供电所和退步十名以上的供电所。

四、考核方式

考核方式包括经济处罚、组织处理和奖励。原则上对供电所所长的奖励、处罚金额不低于该供电所所受奖励、处罚金额的20%。

（一）奖励

对排名前五的供电所和进步名次排名前五的供电所进行经济奖励。排名第一至第五的供电所分别奖励7万元、6万元、5万元、4万元、3万元，同时授予流动红旗（每半年轮换一次）；进步名次排名第一至第五的供电所分别奖励3万元、2.5万元、2万元、1.5万元、1万元。如进步前五同时进入排前五，按照就高原则，不重复奖励。

（二）经济处罚

对排名后十的供电所进行经济处罚，倒数第一至第十名供电所分别处罚5万元、4.5万元、4万元、3.5万元、3万元、2.5万元、2万元、1.5万元、1万元、0.5万元。

（三）组织处理

对排名后五的供电所和退步十名以上的供电所所长进行组织处理，包括通报批评、诫勉谈话、免职（调整岗位）等。组织处理由各县区公司、供电中心研究提出相关处理意见，报公司批准后实施。

国网秦皇岛供电公司
供电服务建设管理工作方案

为深入贯彻落实《国家电网有限公司关于印发<国家电网有限公司供电服务建设管理办法>的通知》（国家电网企管〔2020〕416号）、《国网冀北电力有限公司关于印发供电服务建设管理工作方案的通知》（冀北电营销〔2020〕503号），践行“人民电业为人民”企业宗旨，全面提高公司供电服务建设管理水平，持续提升“获得电力”水平，满足人民日益增长的美好生活需要，特制定本工作方案。

一、工作目标

全面贯彻落实国家电网公司、国网冀北电力有限公司决策部署，完善公司供电服务建设管理工作长效机制，推动公司供电服务“十项承诺”及员工服务“十个不准”有效落实、供电服务问题有效控制、相关投诉举报妥善解决，确保不发生影响公司形象的服务事件，持续提升公司供电服务水平。

二、工作原则

一是坚持以人民为中心，紧密围绕客户需求，提供优质高效的供电服务，持续提升服务品质。

二是坚持以问题为导向，严格工作要求，抓准供电服务薄弱环节，深入挖掘问题根源，落实供电服务突出问题闭环整改。

三是坚持管业务必须管服务，强化责任意识，专业齐抓共管，加强工作统筹和过程管控，形成高效协同的工作机制。

三、组织机构

公司成立供电服务建设管理工作领导小组，领导小组下设办公室，办公室设在营销部（农电工作部）。

（一）国网秦皇岛供电公司供电服务建设管理工作领导小组

组长：陈建军（总经理、党委副书记）、刘少宇（党委书记、副总经理）

副组长：张长久（二级职员）、刘彦斌（党委委员、纪委书记、工会主席）、赵雪松（副总经理、党委委员）、许竞（副总经理、党委委员）、焦东翔（总工程师）

成员：公司发展策划部、运维检修部、营销部（农电工作部）、建设部、党委党建部（党委宣传部、工会、团委）、纪委办公室、电力调度控制中心主要负责人，市场拓展中心、电费账务中心、计量中心、供电服务指挥中心（配网调控中心）主要负责人，各区供电中心、县（区）供电公司主要负责人

（二）国网秦皇岛供电公司供电服务建设管理工作领导小组办公室

主任：焦东翔（总工程师）

副主任：张婧［营销部（农电工作部）主任］

成员：公司发展策划部、运维检修部、营销部（农电工作部）、建设部、党委党建部（党委宣传部、工会、团委）、纪委办公室、电力调度控制中心相关负责人，市场拓展中心、电费账务中心、计量中心、供电服务指挥中心（配网调控中心）相关负责人，各区供电中心、县（区）供电公司相关负责人

四、职责分工

（一）领导小组职责

1. 贯彻落实上级供电服务建设管理工作要求，审定本单位供电服务建设管理工作规划和总体目标。

2. 负责供电服务建设管理工作的组织领导和决策部署。

3. 部署重大供电服务建设管理活动。

4. 研究分析供电服务建设管理工作重大问题。

5. 开展供电服务建设管理其他重要工作。

（二）领导小组办公室职责

1. 负责组织落实政府主管部门、上级及本单位领导小组的各项工作部署。

2. 组织编制供电服务建设管理工作方案，负责组织协调。

3. 组织开展供电服务建设管理工作的检查、评价和考核。

4. 督促、协调业务部门对存在的供电服务问题整改落实。

5. 开展供电服务建设管理其他日常工作。

（三）营销部（农电工作部）职责

1. 负责加强 95598 客户服务和“网上国网”等线上渠道管理，进一步拓宽服务渠道，提高服务效率。

2. 负责深化营业窗口建设，加大服务管理力度，组织策划实施优质服务活动，提升服务能力。

3. 负责规范业扩报装、电费电价、用电变更、抄表收费、电能计量、业务收费、智能用电等服务行为，提高服务水平。

4. 负责本专业供电服务问题办理、处理。

5. 负责本专业重大供电服务事件应急处置、责任追究。

6. 负责本专业员工供电服务规章制度、廉洁从业教育。

7. 负责定期向领导小组办公室报送工作情况。

8. 负责落实领导小组相关工作部署。

（四）运维检修部职责

1. 负责加强电网运维检修管理，提高供电可靠率、电压合格率，提升优质可靠供电保障能力。

2. 负责加强配网建设管理，规范开展青苗赔偿、施工现场组织、施工工程协调等工作，提升配网建设质效。

3. 负责做好节假日、重大社会活动电网设备供电保障。

4. 负责本专业供电服务问题办理、处理。

5. 负责本专业重大供电服务事件应急处置、责任追究。

6. 负责本专业员工供电服务规章制度、廉洁从业教育。

7. 负责定期向领导小组办公室报送工作情况。

8. 负责落实领导小组相关工作部署。

（五）电力调度控制中心职责

1. 负责停电计划及配网故障抢修指挥管理，强化监督、检查和考核，提升抢修指挥效率。

2. 负责依法公开、公平、公正调度，保障电力系统安全稳定运行。

3. 负责本专业供电服务问题办理、处理。

4. 负责本专业重大供电服务事件应急处置、责任追究。

5. 负责本专业员工供电服务规章制度、廉洁从业教育。

6. 负责定期向领导小组办公室报送工作情况。

7. 负责落实领导小组相关工作部署。

（六）党委党建部（党委宣传部、工会、团委）职责

1. 负责开展内外宣传，向社会展示公司供电服务建设管理成果，塑造和维护责任央企品牌形象。

2. 负责监测供电服务舆情，预警供电服务舆情风险，报送和通报供电服务舆情信息。

3. 负责开展供电服务舆情管理工作，制定应急预案，妥善应对和处置供电服务舆情事件，努力消除负面影响。

4. 负责落实领导小组相关工作部署。

（七）供电服务指挥中心（配网调控中心）职责

1. 负责公司 95598 业务日常运营管理，做好供电服务投诉、举报问题的快速传递。

2. 负责定期统计、分析受理供电服务投诉、举报等相关工作情况，编制专题分析报告，报送公司相关部门。

3. 负责及时向公司相关部门报告重大供电服务事件的受理和跟踪情况。

4. 负责落实领导小组相关工作部署。

（八）其他部门职责

1. 按照职责分工抓好本业务领域供电服务建设管理工作。

2. 负责本专业供电服务问题办理、处理。

3. 负责本专业重大供电服务事件应急处置、

责任追究。

4. 负责本专业员工供电服务规章制度、廉洁从业教育。

5. 负责定期向领导小组办公室报送工作情况。

6. 负责落实领导小组相关工作部署。

五、工作内容

落实供电服务建设管理工作，牢固树立服务意识，坚持依法合规理念，规范服务行为，增强服务能力，提高服务质效，强化服务过程管控，主动做好对外宣传沟通，持续加强队伍建设，着力提升供电服务品质。

（一）规范服务行为

1. 强化教育培训，提升为民意识，建立典型服务问题案例库，发挥警示教育作用，增强员工遵守职业道德、严守规章制度的主动性，切实提升营业窗口、营配现场服务等人员服务意识，严格遵守《供电服务规范》《国家电网有限公司供电服务质量标准》要求，规范服务行为，坚决杜绝违反供电服务“十项承诺”、员工服务“十个不准”行为，维护公司品牌形象。

2. 加大服务质量监督力度，充分利用营销稽查、营业厅音视频、电话抽考等手段开展服务质量监督管控，提升业务办理及客户服务规范，严格执行一口对外、首问负责、一次性告知、限时办结等制度，实现线上一网通办、线下一站式服务，提升客户体验。

3. 积极推进阳光业扩等服务措施落地，强化信息公开及服务公示管理，及时更新对外服务网站用电业务办理流程，督导各级营业厅主动公开用电业务办理程序、时限、进程、收费标准等信息，为客户提供公开、透明的办电服务。

4. 严格执行国家电价政策和相关收费标准，落实用电变更、抄表收费、电能计量、智能用电等方面管理要求，强化服务质量管理，进一步优化服务流程，做好新政策、新业务、新服务等客户高度关注的用电服务风险防范，提前谋划政策解读、人员培训、95598 报备及客户公告等应对措施，提升规范化服务水平和风险防范能力。

5. 规范设备运维检修和计划停电管理，严格执行计划检修、临时检修停电告知制度，做好高低压停电信息发布工作，最大限度降低频繁停电数量，规范开展抢修服务，杜绝抢修超时限问题发生，实现一张工单、一支队伍、一次修好，确保故障抢修及时高效。

6. 严格执行电网规划与建设改造标准，结合电网发展规划及供电质量水平，规范开展规划设计、设备采购、施工建设等工作，着力解决供电能力不足和长期低电压问题，不断提高供电能力和供电质量。

（二）完善过程管控

1. 常态开展供电服务领域问题整治及风险防控，做好华北能监局监管检查发现问题、漠视侵害群众利益问题等专项整治工作，巩固漠视侵害群众利益问题长效机制，建立问题清单，闭环开展整改，定期组织问题整改“回头看”工作，确保问题整改落实到位。

2. 常态开展供电服务风险排查工作，建立供电服务预警机制，对“煤改电”、乱收费、人身伤亡、行风、重复诉求等敏感事件进行预警督办，对12398、95598工单数据异动进行业务预警监控，制订有针对性的防范措施，逐一消除风险点。对重大风险问题，及时报本单位供电服务建设管理领导小组办公室。

3. 加强各专业领域供电服务建设管理工作，建立健全供电服务问题定期通报、专业会商机制，深化营销牵头、各专业齐抓共管的服务协同运作机制，坚持问题导向，抓准供电服务薄弱环节，定期开展专项检查，常态挖掘服务问题，强化问题溯源分析和闭环整改。

4. 及时办理各专业领域的供电服务投诉举报，严肃查处供电服务事件，强化责任追究，针对处理不到位、属实性认定错误、弄虚作假等情况进行严格审核和监督检查，确保问题整改到位，切实维护供电企业和客户的合法权益。

5. 建立健全分析通报机制，按月、季、年定期分析各专业领域的供电服务投诉举报情况，及时发现供电服务建设管理方面存在的突出问题，提出改进措施和防范对策。

6. 建立供电服务检查和供电服务约谈机制，建立典型案例库、检查专家库，供电服务建设管理领导小组办公室采用常态与专项检查相结合、明察与暗访相结合、线上与线下相结合等方式开展供电服务建设日常监督管理。

7. 建立外部供电服务建设管理监督网络，建立外部监督协作机制，坚持企业内部自律与社会监督他律相结合，定期组织监督座谈会和服务调查，加强与供电服务监督员沟通，听取意见建议，充分发挥监督员作用。

8. 加强供电服务建设过程记录管理，工作中形成的具有保存和利用价值的文件材料，按照档案管理规定及时整理归档，确保流程闭环、可控可溯。

（三）加强宣传沟通

1. 发挥新闻宣传在舆论引导、价值传播方面的作用，通过报纸、电视及互联网等多种媒介，大力推介和传播公司服务举措，争取社会认同，树立良好形象，彰显品牌价值。

2. 加强与地方政府、新闻媒体等社会各界沟通联系，主动征求各方建议和意见，促进工作改进。积极参加地方政府的政风及供电服务相关民主评议，主动接受政府和社会监督。

3. 积极参与电台、电视台等社会服务监督类活动，及时回应客户关切的供电服务问题，切实提升服务水平，展示良好供电服务形象。

（四）做好应急管理

1. 建立健全供电服务突发事件报告及应急处置机制，结合供电服务工作实际，定期组织修编供电服务事件应急处置预案，明确各部门职责分工和事件处理程序等具体内容，确保突发事件妥善处置。

2. 突发事件发生后第一时间将事件时间、地点、原因等通过电话报送上级部门；突发事件发生后 24 小时内，以书面形式上报详细处置情况；事件妥善处理后，再次以书面形式上报。

3. 严格按照公司有关规定报送供电服务突发事件信息，如发生迟报、漏报、瞒报、谎报等行为，要严肃追究相关单位和人员责任。

4. 按照相应的应急预案妥善处置供电服务突发事件，强化部门协同，加强突发事件管控，有效化解矛盾、消除负面影响。

5. 按照有关规定组织做好信息发布、媒体沟通等工作，做到信息发布真实、准确、及时。

6. 做好突发事件处置工作全面总结和经验评估，采取有效整改措施，预防该类事件再次发生。

（五）强化队伍建设

1. 落实国家电网公司供电服务岗位示范评价管理机制要求，建立公司供电服务示范岗、党员模范岗，树立供电服务先进典型，充分发挥先锋模范的传帮带作用，整体提升供电服务水平。

2. 加强供电服务意识教育，强化人员依法合规意识和自律意识，树立正确的职业道德观，促进整体供电服务水平和服务形象的提升。

3. 深化典型供电服务事件、典型投诉、举报案例教育，举一反三，做到处理一人、教育一片、整改一方，促进员工自觉遵章守纪。

4. 着力提升供电服务技能，组织开展供电服务规范培训，积极参加国家电网公司、国网冀北电力有限公司供电业务技能竞赛，以经验交流座谈会、职工大讲堂、网络大学等方式丰富培训载体，全面提高员工自身素质和服务能力。

（六）落实考核评价

1. 健全供电服务建设管理考核评价机制，遵循客观公正、量化规范、突出重点、注重实效的原则，定期开展供电服务建设管理考核评价，坚持过程与结果并重、定性与定量相结合。

2. 将供电服务建设管理责任落实、过程管控、建设成效等情况纳入公司考核，各业务部门按照职责分工，对职责范围内的有关供电服务建设管理工作进行考核评价。

3. 供电服务建设管理情况统计实行归口管理、分级汇总、逐级报告，供电服务建设管理领导小组办公室定期报送供电服务建设管理工作及考核评价情况。

六、工作要求

（一）高度重视供电服务建设管理

各单位要充分认识供电服务建设管理工作重要性，紧密结合《国家电网有限公司供电服务建设管理办法》相关要求，加强组织领导，采取有力措施，落实公司供电服务建设管理工作方案，建立健全牵头部门组织协调、业务管理部门各负其责的供电服务建设管理工作机制，确保供电服务建设管理水平全面提高。

（二）健全供电服务建设管理机制

各单位要强化责任，层层落实，根据本单位实际情况制定供电服务建设管理工作方案，并设立供电服务建设管理工作领导小组，实行一把手负责制，将供电服务建设管理纳入公司考核，工作方案及领导小组文件上报公司供电服务建设管理工作领导小组办公室留存备案。

（三）着力提升供电服务工作成效

各单位要扎实推进供电服务工作，建立供电服务建设管理例会制度，实现重大服务问题协同会商，每季度定期召开供电服务分析专题会议，出具问题分析报告，会同发展、运检、建设、调度等部门，研究并解决供电服务领域重大问题，强化服务全过程管控，严格落实考核问责，积极对外宣传沟通，持续加强队伍建设，全面增强服务能力，持续提高供电服务质效。

国网秦皇岛供电公司
2020 年同期线损管理考核要求

为进一步增强同期线损各项指标管理力度，充分发挥考核的激励作用，参考《国家电网公司同期线损考核指标体系》，结合公司管理实际，公司建立《国网秦皇岛供电公司同期线损管理考核指标评价体系》，并制定本考核要求。

一、考核原则

为全面贯彻落实公司 2020 年同期线损管理工作要求，不断深化同期线损管理，构建同期线损考核体系，评价被考核单位同期线损管理水平。考核结果与绩效奖金挂钩，借助月度绩效促进同期线损各项指标的有效提升。

二、考核要求

为避免重复考核，原综合计划中售电量指标压减为 3 分，线损率指标压减为 2 分，台区线损治理完成情况压减为 2 分、10 kV 同期日线损平均合格率取消考核。新增同期线损考核要求，并纳入公司综合计划考核，指标权重 10 分。

各县（区）供电分公司、各供电中心负责本单位分区月线损达标情况，35 kV 分线线损达标情况，35 kV、10 kV 母线平衡达标情况，10 kV 分压线损达标情况，10 kV 分线线损达标情况，10 kV 分线月度高损治理情况，10 kV 分线月度负损治理情况，400 V 分压线损达标情况，分台区线损达标情况，分台区月度高损治理情况，分台区月度高损治理情况、反窃电情况、经验交流。

各县（区）供电分公司、各供电中心要在 7 月底前制定“一线一策、一台一策”相关管理要求，提出有针对性的线损指标，加强日常考核和管理，并报公司发展策划部备案。未完成单位扣除当月综合计划 1 分，逐月累计扣分至完成为止。

三、考核规则

考核采取月度排名考核的方式进行。被考核单位各县（区）供电分公司、各供电中心月度考核由发展策划部执行，累计考核，在月度综合计划执行情况通报中通报月度排名及扣分情况。

发展策划部负责分区月线损达标情况、反窃电情况、经验交流的统计考核。

电力调度控制中心负责 35 kV 分线线损达标情况、35 kV 及 10 kV 母线平衡达标情况的统计考核。

运维检修部负责 10 kV 分压线损达标情况、10 kV 分线线损达标情况、10 kV 分线月度高损治理情况和 10 kV 分线月度负损治理情况的统计考核，高负损线路任务单的制修订。

营销部（农电工作部）负责 400 V 分压线损达标情况、分台区线损达标情况、分台区月度高损治理情况和分台区月度高损治理情况的统计考核，高负损台区任务单的制修订。

四、考核程序

次月 8 日前，电力调度控制中心、运维检修部、营销部（农电工作部）分别汇总每月各项指标完成情况及各单位得分情况。

次月 10 日前，发展策划部根据一体化电量与线损管理系统计算结果及汇总报送的结果，进行复核与统计分析，并将最终评价结果经主管领导审批后，报党委组织部（人力资源部），党委组织部（人力资源部）根据考核结果对被考核单位执行绩效。

五、附则

各专业部门结合专业管理实际情况，制定了各项指标评价标准。当上级要求变化时，依据具体情况进行考核要求的调整。

本工作要求由发展策划部负责解释，执行期限为 2020 年。

国网秦皇岛供电公司
建立整治漠视侵害群众利益问题
长效机制工作方案

为深入贯彻《国网冀北电力有限公司关于印发强化整治漠视侵害群众利益问题长效机制建设方案的通知》（冀北电营销〔2020〕65 号）工作要求，认真落实中央“不忘初心、牢记使命”主题教育领导小组、中央纪委国家监委、国家电网有限公司、国网冀北电力有限公司关于专项整治漠视侵害群众利益问题工作部署，建立整治漠视侵害群众利益问题长效机制，特制定本方案。

一、工作目标

坚持以人民为中心，持续抓好漠视侵害群众利益问题专项整治，着力解决群众最关心、最直接、最现实的用电问题，进一步优化电力营商环境，持续提高供电质量及服务规范，以实际行动践行初心使命及企业宗旨，保障人民群众美好生活的用电需求，在服务经济社会发展、服务全面建成小康社会中做出积极贡献，不断增强人民群众的获得感、幸福感、安全感。

二、组织机构

公司成立整治漠视侵害群众利益问题长效机制领导小组，全面负责活动开展和成效监督，督导各单位针对发现问题认真整改、严肃考核。

组长由公司党政主要负责人担任，副组长由公司营销、发展、运检、调控、纪委分管负责人担任；成员包括发展策划部、党委党建部（党委宣传部、工会、团委）、纪委办公室、营销部（农电工作部、客户服务中心）、运维检修部（检修分公司）、电力调度控制中心、各区县公司、客户服务分中心主要负责人。

三、工作内容

（一）强化政治引领，持续提升思想认识

1. 组织政治学习，做到“三个突出”。一是突出政治站位，把深化专项整治工作、持续提升供电服务水平作为巩固深化“不忘初心、牢记使命”主题教育的重要举措和长期任务抓好抓实。深入学习领会习近平新时代中国特色社会主义思想和总书记系列讲话精神，在学用结合、学以致用中贯彻落实好习近平总书记以人民为中心的发展思想。二是突出大局观念，站在全力服务党和国家工作大局的角度，刀刃向内，着力打破行业垄断，破除本位主义和个人主义，从根本上消除漠视侵害群众利益问题，确保群众关切问题得到有效解决。三是突出率先垂范，各级领导班子、干部要身体力行，靠前指挥，亲自部署深化整治重点工作任务，协调关键环节，督导整改落实。（牵头部门：党委党建部，配合部门：各相关部门，落实单位：各区县公司、客服分中心）

2. 开展全员讨论，形成“三个共识”。认真贯彻落实“人民电业为人民”的企业宗旨，围绕“为了谁、依靠谁、我是谁”开展主题大讨论。一是铭记“为了谁”，坚持深入现场、探访客户、问需于民，对照上级部门及公司95598、明察暗访、专项督查发现的突出问题，对焦客户需求，校准工作靶向，形成一切工作以客户为中心的广泛共识。二是明确“依靠谁”，通过体验式调研，征求客户意见、问计于民，在服务实践中打开工作局面，持续提升服务质量，形成以优质服务赢得客户认同和支持的广泛共识。三是认清“我是谁”，找准为民服务的定位，坚持自查自省，立足本职工作，守正创新、担当作为，形成人人都是客户服务工作者的广泛共识，把服务意识转化为主动做好供电服务的行动自觉。（牵头部门：营销部、党委党建部，配合部门：各相关部门，落实单位：各区县公司、客服分中心）

3. 坚持正面引导，实现“三个提升”。一是将社会主义核心价值观教育融入岗位培训，加强职业道德教育，发挥先进典型的示范引领作用，深化国家电网共产党员服务队和党员示范岗、劳模工作室建设，带动广大员工改进工作作风，提升服务意识。二是通过服务论坛和现场交流等多种形式，强化横向业务交流，推广应用优质服务典型经验，对标先进单位持续改进，提升服务质量。三是深化网格化服务营配专业协同和末端业务融合，加强基层班组专业能力建设，组织岗位练兵和技能比武，对标最高标准、最优水平，提升服务能力。（牵头部门：党委党建部，配合部门：各相关部门，落实单位：各区县公司、客服分中心）

4. 开展警示教育，筑牢“三道防线”。一是持续开展违规违纪警示教育，明晰岗位廉政风险点和防范措施，确保员工执行有标准、思想有触动、认识有提高，筑牢员工廉洁自律的思想防线。二是借助班组微课堂、专题教育、专业培训等多种载体，通报漠视侵害群众利益突出问题典型案例，以案明纪，以案促改，筑牢敏感岗位、重点岗位遵纪守法的职务防线。三是对专项整治工作中发现的重点问题进行重点研究，建立漠视侵害群众利益问题负面清单，把专项整治中形成的好经验、好做法固化成规章制度，筑牢拒腐防变的制度防线。（牵头部门：纪委办公室、党委党建部，配合部门：各相关部门，落实单位：各区县公司、客服分中心）

（二）加强组织落实，持续深化推进专项整治

1. 建立定期协调会商制度。强化专业协同，以客户需求为导向，促进服务与专业深度融合。一是各区县公司及客服分中心要加强组织领导，有效落实“谁主管谁负责，管专业必须管服务”原则，定期听取工作汇报解决疑难问题，压牢压实服务管理责任，确保专项整治成效。二是各区县公司、客服分中心要定期组织召开整治工作例会，通报工作进展，明确问题分工和整改责任，会商制订整改计划。三是公司将不定期组织多部门联合开展检查督导，对问题突出的重点地区、重点专业、重点时段进行重点监督，确保工作有序推进，取得实效，各区县公司及客服分中心要同步建立自查机制。（牵头部门：营销部，配合部门：各相关部门，落实单位：各区县公司、客服分中心）

2. 深化问题自查自纠。一是公司营销部将牵头相关部门利用“供电服务现场检查”“营销稽查”“营业普查”“星级供电所评价”“音视频监控”等手段持续开展整改成效督导检查。二是各区县公司、客服分中心要深化举一反三，严格自查自纠，不断扩大问题整改的广度和深度，简单问题要做到立行立改，复杂问题要做到建立问题清单、制订整改计划、跟踪整改进度。三是公司各专业部门要针对典型问题从规范标准、人员素质、业务执行、信息支撑等方面，追溯管理成因，

寻求解决办法，做到发现一个问题根治一类问题，确保同类问题不再重复出现。（牵头部门：营销部、运维检修部，配合部门：各相关部门，落实单位：各区县公司、客服分中心，支撑单位：供电服务指挥中心）

3. 建立突出问题挂牌督办制度。一是采取积极应对措施，强化督办管理，采用“问题销号”方式，彻底消除风险隐患，为后续管理提升提供有力决策依据。二是针对客户反映强烈、长期存在、严重影响群众正常用电的问题，实行挂牌督办，编制督办问题销号清单，明确整改时限要求，落实整改责任部门，专人跟踪整改进度，促使问题闭环解决。三是定期开展突出问题“回头看”评估，检查前期治理成效，形成“层层有反馈、事事有回应”服务全过程闭环管理模式，确保问题得到整治。（牵头部门：营销部，配合部门：各相关部门，落实单位：各区县公司、客服分中心，支撑单位：供电服务指挥中心）

4. 完善供电服务考核机制。一是公司将整合2019年供电服务考核实施情况及各单位反馈意见，修订完善公司供电服务考核机制，发挥服务管控导向作用及激励作用。二是严格落实国网公司新版供电服务“十项承诺”及员工服务“十个不准”，分级分类建立服务考核标准，强化供电服务红线问题的监督管控和考核力度，提升供电服务“红线”意识，形成员工不能违纪、不敢违纪、主动求变的良性服务环境。三是各区县公司、客服分中心，要逐级做好宣贯传达，确保做到奖罚分明、落实到人，促进服务管控积极性和服务规范性有效提升。（牵头部门：营销部、纪委办公室，配合部门：各相关部门，落实单位：各区县公司、客服分中心）

（三）加强配网建设运维，持续提高供电质量

1. 持续优化配网网架结构及设备健康水平。一是在配网建设改造与管理提升及配网建设与改造项目需求编制等工作开展过程中，适度向解决漠视侵害群众利益的突出问题侧重，逐步优化配网网架结构，持续提升配网线路互供转代能力，使配电网更加坚强。二是加大对目前存在的频繁停电及低电压等问题的排查力度，逐项制定并落实整改措施。同时，全面梳理配网设备运行工况，排查设备老旧及运行工况不良等问题，及时纳入投资计划，优先安排解决，未雨绸缪，从源端避免发生漠视侵害群众利益问题的发生。（牵头部门：运维检修部、发展策划部，配合部门：各相关部门，落实单位：各区县公司、客服分中心）

2. 加强配网运行状态监测。一是充分结合用采、配电自动化系统，发挥供电服务指挥中心的平台作用，加强配电设备运行状态监测，及时发现增量低电压、重过载和三相不平衡等配变异常情况，主动派发预警和主动抢修工单，及时跟踪工单处理情况，确保问题及时有效解决。二是加强配电设备带电检测，强化红外、局放等带电检测设备应用，提升设备隐形缺陷发现能力。严格故障抢修管理，强化对同一故障设备同一原因停电事件考核。三是加快推进配电物联网、台区智能融合终端建设应用，实时监测台区用电状态，为主动运维、主动抢修、智能用电提供有力支撑。（牵头部门：运维检修部，配合部门：各相关部门，落实单位：各区县公司、客服分中心，支撑单位：供电服务指挥中心）

3. 加强用户频繁停电管控。一是针对常规重载区域和“煤改电”负荷预增区域的重点输变配电设备，制订专项巡视计划，优化电网运行方式，对负荷变化趋势及春节等特殊时段的电网负荷变化特点进行专题分析，并对电网运行方式进行合理调整。二是强化综合停电管理，严格管控停电计划审批。推行各类主配网建设改造、生产检修、用户接入、市政迁改、用户申请等多业务综合作业，做到“能带不停，一停多用”，避免用户短期内重复停电。三是完善信息系统中“煤改电”设备的标注，依托供电服务指挥中心，全面开展停电过程管控，及时完整录入停电事件，加强频

繁停电考核督办。四是对于频繁停电线路，缩短巡视周期，制定频繁停电线路专项整治方案，建立故障高发线路一线一策，梳理分析故障高发根本原因，及时采取技术措施进行治理。（牵头部门：运维检修部、电力调度控制中心，配合部门：各相关部门，落实单位：各区县公司、客服分中心）

4. 大力提升不停电作业能力。一是持续推进县域业务拓展，逐步实现配网不停电作业县域全覆盖。二是全面实施 10 kV 综合不停电作业，强化在工程建设、检修、抢修等工作中的应用。（牵头部门：运维检修部，配合部门：各相关部门，落实单位：各区县公司）

5. 加强配网运维抢修管理。一是大力推进“工单驱动业务”的配网运维管理模式变革，加强基础数据质量监督，强化多维信息分析应用，提升跨专业业务协同处理能力。二是以落实整治漠视侵害群众利益问题和提升供电可靠性为主线，以客户为中心的原则，加快营配协同的区域供电服务体系建设，加强供电所配电专业管理，修订相关标准制度，健全设备主人制度，压实运维管理责任，优化网格化抢修布点，合理配置抢修队伍和装备，缩短抢修到达现场时间，确保故障抢修及时高效，全面提升设备管理水平和抢修服务效率。（牵头部门：运维检修部、营销部，配合部门：各相关部门，落实单位：各区县公司、客服分中心）

（四）大力推行阳光业扩，提高业务办理规范水平

1. 落实业务收费制度标准。一是严格落实《河北省发展和改革委员会关于切实做好清理规范转供电环节加价工作有关事项的通知》（冀发改价格〔2018〕1601 号）要求，严禁以任何名义设立临时接电费、变电站间隔占用费、电力管廊占用费等收费项目，以及与之相近的项目。依据河北省物价局收费政策，明确并及时更新业务收费清单。二是严格落实优化营商环境条例及优化营商环境两年行动计划相关要求，严禁要求客户承担配套电网工程等变相增加客户办电成本行为。（牵头部门：营销部、发展策划部，配合部门：各相关部门，落实单位：各区县公司、客服分中心）

2. 建立业扩服务红线制度。一是各单位制定业扩服务行为红线制度、窗口人员《业扩业务应知应会手册》，作为公司业扩及相关专业从业人员的上岗标准之一。二是落实《国家电网公司供电服务奖惩规定》，奖励与惩处并重，坚决杜绝发生“吃拿卡要”“三指定”等干预客户选择、侵害群众及企业利益的行为。三是在业扩报装业务领域全面推广应用服务行为记录仪，实现现场服务行为实时监控，投诉责任有源可溯、有据可查。（牵头部门：营销部，配合部门：各相关部门，落实单位：各区县公司、客服分中心）

3. 推进办电信息公开透明。一是按照冀北公司统一部署和安排，加快推广“网上国网”。通过供电营业厅、“网上国网”等线上、线下渠道主动公开用电业务办理程序、时限、进程、收费标准等信息，并对接市行政审批局，深入推进“一网通办”。二是实现高、低压全业务线上办电、信息主动提醒和满意度评价。三是建立电网信息依申请公开机制，对客户用电业务办理过程中所需的电网接线方式、可开放负荷、可利用间隔等电网资源信息，客户申请后限时公开。（牵头部门：营销部，配合部门：各相关部门，落实单位：各区县公司、客服分中心）

4. 实施业扩配套工程限时制。一是明确高压各等级配套电网工程立项、可研、初设、招标、物资供应、施工、验收投运等环节时限及责任部门。二是对于电网接入受限项目，先接入、后改造，低压、10 kV 项目有效建设周期分别不长于 10 个、120 个工作日。三是规范业扩配套工程管理，对项目全环节办理时长进行预警管理，实现超期责任可追溯问责。（牵头部门：营销部，配合部门：各相关部门，落实单位：各区县公司、客服分中心）

5. 规范承揽客户工程行为。一是认真贯彻国家电网公司业扩报装“一口对外、便捷高效、三

不指定、办事公开”的原则，严禁“三指定”问题发生。严禁通过业扩报装环节将客户报装申请等相关信息流转或直接提供给关联企业。二是不得借推行典型设计、“一站式”服务等方式直接或变相进行“三指定”。严禁在营业厅选择性公示施工单位，干扰客户的判断选择；要充分保障客户的知情权和选择权，确保业扩报装工程相关信息的公开、公正和透明。三是严禁在竣工验收环节设置限制，除重要用户外不得对客户受电工程进行设计和中间检查，严禁指定选用特定厂家的计量装置及指定电气设备试验单位，影响社会其他企业参与投标工作。（牵头部门：营销部，配合部门：各相关部门，落实单位：各区县公司、客服分中心）

6. 开展业扩服务全流程监督。一是强化内部协同管控，发挥供电服务指挥平台作用，强化过程监督管控和跨专业协调推动，增强基层人员风险防范意识和能力。二是主动接受社会监督，密切关注政府监管、电力客户投诉举报、第三方评价动态，实行问题销号管理，营造良好舆论环境。（牵头部门：营销部，配合部门：各相关部门，落实单位：各区县公司、客服分中心）

7. 规范新能源并网服务。一是严格落实国家《电网公平开放监管办法》等政策法规，根据国家电网公司统一部署，推广应用国网新能源云，实现新能源一站式全流程服务，明确新能源项目并网的工作部门、工作流程及信息公开等要求，公平无歧视为新能源项目提供电网接入服务。二是协同做好新能源配套送出工程建设工作，确保按照接网协议约定及时投产。（牵头部门：发展策划部、电力调度控制中心、营销部、运维检修部，配合部门：各相关部门，落实单位：各区县公司、客服分中心）

（五）着力优化电费抄核收业务，持续提升工作质量

1. 优化抄表模式，提升营销抄表核算基础数据准确性。一是配合冀北公司推进营销业务应用系统对人工补录功能进行限制，减少人工因素影响，通过采集运维闭环管理的现场计量服务终端对采集失败的用户进行现场抄表，规范营销抄表核算流程，提升电费发行的准确性。二是实现低压抄表数据全量来源于采集系统，营销应用系统关闭低压用户“抄核流程”环节中抄表数据录入及审批录入功能。三是高压用户关闭营销应用系统“抄核流程－自动化抄表”环节录入抄表数据功能，针对采集失败、采集异常进行“抄表异常处理”流程审批录入，确保电费核算基础数据准确。（牵头部门：营销部，落实单位：各区县公司、客服分中心）

2. 优化核算规则，加强稽查闭环管控。一是配合冀北公司完善电费核算异常审核体系，健全核算异常管控机制，规范前端业务规则，提前开展数据质量消缺，加强电费相关档案稽查，确保电费档案准确无误，电费核算结果准确。二是通过采集透抄示数校验功能校验抄表数据。配合冀北公司完善电量电费智能审核规则库，推进电费账务稽查主题规则建设，细化审核维度、颗粒度、预警风险度，提高电量电费审核效率和准确性，提升核算工作质量。（牵头部门：营销部，落实单位：各区县公司、客服分中心）

3. 优化客户交费方式。一是深化系统功能完善，打通与居民客户的信息沟通渠道，实现客户交费快速处理、各类信息精准推送、推进电话温情催收，减少欠费复电时长。二是推进日清日结，加大居民客户电费自动交费比例，全面推动客户由被动交费向主动交费、无感交费转变，解决电费余额不足。三是全面规范清理电费“冻结”等不规范行为，维护客户正当利益。（牵头部门：营销部，落实单位：各区县公司、客服分中心）

4. 优化电费账务处理模式，推进账务稽查管控。一是加快推动推进“互联网+”、“网上国网”注册、线上线下自动化缴费渠道建设，让用户可以足不出户查询缴费。二是推进一体化平台改造，逐步打通营销、财务、银行之间信息渠道，实现

电费资金自动清分对账。三是深化电费实收资金在线稽查与监控，实时跟踪掌握客户电费资金情况，提升电费账务处理效率与电费资金透明度。（牵头部门：营销部，落实单位：各区县公司、客服分中心）

（六）加强专业管控与行风建设，提升为民服务水平

1. 畅通群众诉求受理渠道。一是认真落实12398转办问题，实施建档和销号处理，对属实责任问题，严肃考核，积极整改。整治屏蔽95598行为，加强95598供电服务热线宣传，提升95598知晓度，强化95598服务监督功能。二是要充分运用各种传播渠道，广泛宣传专项整治工作取得的成果和成效，积极争取人民群众的理解、支持和认可，充分发挥群众监督和社会监督的作用，推动专项整治工作取得实效。（牵头部门：营销部、纪委办公室，配合部门：各相关部门，落实单位：各区县公司、客服分中心，支撑单位：供电服务指挥中心）

2. 严格开展营销稽查监控。一是结合冀北公司派发营销稽查异常数据，聚焦关键业务、重点问题、重要环节，开展线上稽查、专项稽查、现场稽查，全面排查“量价费损”、电力营商环境风险隐患，深度挖掘营销基础业务存在漏洞，着重加大漠视侵害群众利益问题的专项稽查力度。二是深入分析巡视审计、营业普查、客户投诉、服务舆情等反映的情况，针对业扩“三指定”、系统延期送电、私设电费账户、违规套用户号等突出问题开展核查，形成专项监管管控和协同治理工作机制，强化考核评价，切实提高业务质量，防范服务风险。（牵头部门：营销部，落实单位：各区县公司、客服分中心）

3. 建立健全行风监督工作机制。一是加强与地方政府、职能部门的沟通联动，对通过行风热线、电视问政等新闻媒体栏目反映的行风问题，强化跟踪督办，确保整改提升。二是围绕当前行风建设中的突出问题和矛盾，坚持问题导向、靶向思维，以业扩报装、营业收费、电价执行等为重点，结合公司“抓整改、除积弊、转作风、为人民”专项行动，常态化开展行风督察。三是大力整治业扩“三指定”、靠企吃企、关联交易等侵害群众利益的行为，严肃查处违规违纪问题。（牵头部门：营销部、纪委办公室，配合部门：各相关部门，落实单位：各区县公司、客服分中心）

4. 开展行风及优质服务规范提升专项行动。一是明确2020年行风建设与优质服务规范提升重点任务，以转变工作作风、全面整治供电服务突出问题为重点，进一步强化行风建设与供电服务规范性，全面提升客户体验，塑造新时代供电行业为民、亲民、规范服务的新形象。二是组织做好供电服务十项承诺、员工服务十个不准宣贯执行，持续改进工作作风。三是加大行动成效、先进典型宣传，营造积极争先、为民服务的浓厚氛围。（牵头部门：营销部、纪委办公室，配合部门：各相关部门，落实单位：各区县公司、客服分中心）

四、工作要求

（一）提高认识，高度重视

各区县公司、客服分中心要高度重视整治漠视侵害群众利益问题工作部署，与本单位供电服务工作紧密结合，抓好方案落实，确保取得实效。

（二）加强领导，健全组织

各区县公司、客服分中心要建立整治漠视侵害群众利益问题长效机制组织机构，加强组织领导，健全工作机制，切实发挥作用。

（三）分工协作，稳步推进

各牵头部门与配合部门要分工协作，细化工作任务，共同推进机制落实；各区县公司、客服分中心要结合实际，认真研究制定细化方案，明确阶段性要求和工作目标，确保公司总体方案有效落地。

国网秦皇岛供电公司
职工诉求服务体系建设实施方案

为进一步贯彻落实《国家电网公司关于加强职工诉求管理的指导意见》（国家电网工会〔2018〕291号）及公司二届四次职代会关于为职工办实事的工作要求，持续深化企业民主管理，不断完善公司职工诉求服务体系，依照冀北公司关于职工诉求服务体系建设通知要求，特制定国网秦皇岛供电公司职工诉求服务中心建设实施方案。

一、指导思想和工作目标

以习近平新时代中国特色社会主义思想为指导，坚持全心全意依靠职工办企业，围绕职工诉求产生、受理、分析、督办、反馈、改进的全过程，建立健全标准化、常态化的职工诉求管理体系，主动服务职工最关心最直接最现实的问题，深化和谐稳定劳动关系，助力建设具有中国特色国际领先的能源互联网企业。

二、工作原则

（一）坚持党的领导

把忠诚党的事业、竭诚服务职工作为工作的落脚点，积极加强职工诉求管理体系建设，使诉求服务工作成为为职工办实事、解难事的重要平台。

（二）坚持以人为本

要真诚倾听职工诉求，真实客观反映职工存在的问题或困惑，切实解决职工实际困难，维护职工合法权益，促进企业健康发展。

（三）坚持规范管理

要坚持建立长效机制，落实责任，明确分工，规范流程，分级管理，不断提升诉求服务工作质量和效率，实现职工诉求管理的规范化运转。

三、工作措施

（一）建立组织机构

为了加强职工诉求服务中心的管理工作，结合公司实际情况，成立职工诉求服务管理工作组织机构。

1. 领导小组

组长：公司总经理、党委副书记

公司党委书记、副总经理

成员：公司领导班子成员

领导小组负责对职工诉求工作进行总体指导和部署，研究解决职工诉求服务工作重大事项。

2. 办公室（职工诉求服务中心）

领导小组办公室（职工诉求服务中心）设在公司工会，负责职工诉求的受理、办理、跟踪、反馈、归档等工作。

办公室主任：公司纪委书记、工会主席

办公室副主任：公司工会副主席

办公室成员为公司办公室（党委办公室）、发展策划部、财务资产部、安全监察部（保卫部）、运维检修部、营销部、建设部、互联网办公室、审计部、党委组织部（人力资源部）、党委党建部（党委宣传部、工会、团委）、纪委办公室、项目管理中心、综合服务中心主要负责人。

3. 职工诉求服务分中心

公司在各基层单位设立职工诉求服务分中心，各基层单位工会主席为诉求服务分中心主任及公司诉求服务中心联络员，负责受理本单位职工诉求并及时反馈本单位职工思想动态、热点问题及需要公司帮助解决的问题。

（二）明确服务范围

按照上级有关要求，公司职工诉求服务范围包括但不局限于以下几个方面。

1. 思想动态方面。主动收集职工对企业改革、发展、稳定和日常经营管理方面的意见建议，关注职工思想困惑、情绪动态，为公司相关工作提供依据。

2. 工作生活方面。积极协调各职能部门尽力为职工解决如改善工作环境、落实劳动保护措施等涉及切身利益的诉求，帮助职工解决实际生活困难，化解后顾之忧。

3. 心理援助方面。帮助职工化解情绪压力，视情况为职工提供心理咨询服务热线，开展一对一专业心理健康辅导等，培育职工乐观向上、理性平和的积极心态。其中违反国家法律法规，损害企业合法权益，违反公司规章制度的诉求；依法可通过诉讼、仲裁等法定途径解决的事项；需要向诉求人求证核实而又无法联系到诉求人的事项；以及无实际诉求内容，或带有恶意攻击性的言论等不在受理服务范围。

（三）搭建线上线下两个服务平台

1. 建立线上服务“云平台”。深化“互联网 + 工会”建设，依托“秦电职工之家”微信公众号，搭建公司职工诉求服务线上受理“云平台”。按照“云平台”服务流程，直接受理公司职工的诉求留言。各基层单位在职工诉求服务分中心建设中，要积极运用互联网思维，采取邮件、微信等手段，方便职工表达诉求。

2. 建立线下服务“暖平台”。依托公司工会干部队伍和组织体系，搭建公司职工诉求服务线下受理“暖平台”，采用面对面、心贴心的方式，做到职工诉求有人听、有人管、有着落，让职工感受到企业的温暖和关爱。公司在职工活动中心设立诉求服务接待室，各基层单位可因地制宜，依托现有办公室、职工活动中心、职工书屋等设施，设立诉求接待室，配备必要硬件设施和标识，方便与职工面对面交流。相关费用可向公司工会申请专项补助。

3. 不断拓宽诉求服务渠道。要以线上线下两个平台为依托，不断拓宽诉求服务渠道，通过开展走访一线职工，召开座谈会、工作调研、沟通交流、慰问等，深入职工主动了解诉求，解决职工实际困难。

（四）规范服务流程

1. 受理环节。职工向本级诉求服务中心提出诉求事项，诉求服务中心负责登记、审核。确认受理的，明确承办部门。对本级无法解决或答复的问题，可提出处理建议并报上级诉求服务中心办理。

2. 办理环节。按照管理职责，公司各相关职能部门、单位根据受理事项，研究答复合理的诉求，提出处理意见，并以书面形式在规定时间内向职工诉求服务中心反馈。

3. 反馈环节。职工诉求服务中心及时将受理事项办理结果反馈给诉求人，确保职工诉求件件有着落，事事有回音。一般事项的诉求，原则上要求不超过 15 个工作日处理或答复完毕；特殊或重大事项的诉求，原则上要求不超过 30 个工作日处理或答复完毕。

4. 归档环节。职工诉求服务中心负责本级受理的职工诉求事项有关材料的归档工作。有电子文件的，应保证纸质文件与电子文件相一致。

四、工作要求

（一）高度重视，加强领导

公司上下要提高对职工诉求管理工作重要性的认识，将职工诉求管理纳入重要工作日程，从建机制、抓流程、落实责任做起，强化部门之间的协同配合，形成工作合力。2020 年实现公司两级职工诉求服务体系 100% 全覆盖。

（二）统筹部署，稳妥推进

公司各单位要结合本单位实际情况，研究部署本单位建设计划，于 5 月 30 日前完成诉求服务平台搭建，落实工作组织和人员并报公司工会备案，推动职工诉求管理体系正常运作，取得实效。

（三）提炼总结，不断提升

加强对职工诉求情况的统计分析，为公司决策提供参考。积极开展工作交流，总结典型经验，推广成熟做法，提高职工诉求服务中心的影响力，努力赢得广大职工的信任，促进和谐企业建设。

国网秦皇岛供电公司
重大活动电力安全保障实施方案

第一章　总　则

第一条　为进一步规范国网秦皇岛供电公司

（以下简称“公司”）在重大活动中的电力服务保障行为，确保重大活动场所安全、可靠、有序用电，依据国家电网有限公司和国网冀北电力有限公司重大活动电力保障工作有关规定，结合公司重大活动保电工作实际，特制定本方案。

第二条　本方案所称重大活动，是指在公司经营区域内由各级（县区级以上）政府组织或认定的，具有重大影响和达到特定规模的政治、经济、科技、文化、体育等活动。

第三条　重大活动保电工作目标是确保重大活动期间电网安全稳定运行，确保客户侧安全、可靠、有序供电，杜绝重大活动期间造成有重要影响的停电事件发生，努力实现保电范围“设备零故障、客户零闪动、工作零差错、服务零投诉”。

第四条　重大活动保电工作遵循“统一指挥、分级管理、超前部署、各负其责”的原则。

第五条　本方案适用于公司范围（各区、县）各单位的重大活动电力保障工作。

第二章　组织机构与职责分工

第六条　公司成立重大活动保电工作领导小组。

（一）领导小组组长由公司总经理担任。

（二）副组长由公司主管生产、营销领导和安全总监担任。

（三）小组成员由安全监察部、办公室、营销部、电力调度控制中心、运维检修部、物资部、融媒体分中心、属地各县公司、区（分中心）主要负责人组成。

第七条　领导小组的主要职责如下。

（一）落实重大活动保电相关管理制度和标准。

（二）负责保电工作组织协调。

（三）指导、督促公司各单位开展重大活动保电工作，对重大活动保电工作情况进行监督检查，协调解决保电活动中遇到的重大问题。

（四）保电期间遇有重大问题时，协调政府相关部门或其他单位，保证重大活动保电工作顺利开展。

（五）审批保电类别，根据保电类别和主办方申请，决定是否派驻应急发电车。

第八条　公司安全监察部是重大活动保电工作的归口管理部门。主要职责如下。

（一）组织制定重大活动保电工作总体方案，督促、协调相关部门编制专业保障方案，督促相关单位制定保电工作方案。

（二）做好保电工作综合协调，组织召开保电工作会议，下发保电工作要求。

（三）监督检查保电活动开展，督促落实保电措施和要求。

（四）负责向领导小组报送保电工作信息。

（五）汇总、统计重大活动保电工作情况，按照规定向政府或上级主管部门报送信息。

（六）负责牵头做好电网故障情况下的应急处置工作。

第九条　其他相关部门是重大活动保电工作专业管理部门，主要职责如下。

（一）办公室：负责与政府相关部门联系，接收相关保电申请，并转发公司安全监察部。向政府相关部门报送保电信息。牵头编制维稳保密保障方案。

（二）营销部：负责牵头组织开展重大活动客户侧电力服务保障工作。负责组织编制客户侧保电工作方案；组织协调对客户侧的用电检查；督导客户侧完成供用电隐患、缺陷排查治理；组织与客户签订保电工作协议；负责向安全监察部报送保电工作信息。

（三）电力调度控制中心：负责保电期间电网调度运行控制，合理安排运行方式，制定保电期间电网运行方案并做好保电期间电网（主、配网）故障的处理。牵头编制调度运行保障方案。

（四）运维检修部：负责组织编制运维检修保障方案，确定电网侧保电范围，及时调整保电期间相关运维检修工作计划；负责排查治理保电范围内的电网侧设备缺陷隐患，组织开展保电期间电网侧设备运行维护和电力设施安全保护工作；负责组织跨县（区）队伍保电支援；组织开展电网故障情况下的电网侧设备应急抢修工作。

（五）物资部：负责做好保电应急物资的计划需求、采购、仓储、配送等工作。

（六）融媒体分中心：负责新闻宣传、舆情处置和对外发布等工作。牵头编制新闻宣传保障方案。

（七）其他部门：根据保电工作要求，完成职责范围内的相应工作。

第三章　保电分级管理

第十条　按照国家电网有限公司和国网冀北电力有限公司重大活动保电工作要求，结合公司实际，将重大活动保电分为三级。

第一级：党和国家领导人出席或参加的政治、经济、科技、文化、体育活动或会议；中央部委厅局及河北省委、省政府组织或其主要领导人参加、出席的政治、经济、科技、文化、体育活动或会议；其他由河北省人民政府部门或国网冀北电力有限公司指定级别的保电。

第二级：秦皇岛市委、市政府组织或其主要领导人参加、出席的具有重大影响的政治、经济、科技、文化、体育活动或会议；其他由秦皇岛市人民政府指定级别的保电。

第三级：秦皇岛市各县（区）委、政府组织或其主要领导人参加、出席的具有重大影响的政治、经济、科技、文化、体育活动或会议；其他由县（区）人民政府指定级别的保电。

第十一条　上述未明确的保电级别，保电级别由保电领导小组确定，同时保电领导小组也可以根据具体情况调整相关保电级别。

第十二条　重大活动保电工作实行分级管理。一级、二级保电活动由安全监察部组织，各部门（单位）配合、相关属地单位实施。三级保电活动原则上由属地单位组织并实施，各部门做好跟踪指导。各县（区）接收的保电申请报安全监察部备案，对特殊、重要的保电活动由属地单位提出申请，由公司组织开展保电工作。

第四章　保电启动和实施

第十三条　公司接到保电申请后，安全监察部根据实际情况，编制下发《国网秦皇岛供电公司保电任务单》至各相关部门（单位）。各相关部门（单位）按照要求填写《国网秦皇岛供电公司保电反馈单》，并反馈给安全监察部。

第十四条　运维检修部根据公司设备情况，明确涉及保电的相关站所和输配电线路，通知调控中心和相关生产单位。（运维检修部负责）

第十五条　加强电网运行监测，做好负荷预测，保电期间，保电重点地区电网原则上保持全接线、全保护运行方式，不安排设备计划检修和调试。（电力调度控制中心负责）

第十六条　利用带电检测和停电检修等手段，全面排查电网侧输、变、配电设备，电力设施保护区，重要场所安全隐患，保电前完成整改，确保电网侧设备“零缺陷”运行。（运维检修部及各属地单位负责）

第十七条　按照保电级别细化保电方案，落实重点保电设备运维责任。保电期间加强巡视监控，落实巡护标准，保障设备可靠运行。强化群众护线护站人员及专业巡视人员督导检查，确保人员到位、责任到位、工作到位。（运维检修部、营销部及各属地单位负责）

第十八条　加强电力设施保护区内的施工管理，对电力设施保护区内发现的隐患落实责任单位和部门，及时书面汇报政府有关部门，并督促整改。（安全监察部及各属地单位负责）

第十九条　坚持“政府主导、客户主体、电力主动”的三位一体原则，协助客户开展客户侧保电工作。督导客户侧编制保电方案，明确双方职责，建立保电工作联络机制，细化保电特巡、特护有关要求，为客户提供用电负荷预测、应急发电车接入试验等技术支持，做好客户侧保电工作。二级以上保电营销部组织属地单位与客户签订保电工作协议。（营销部及各属地单位负责）

第二十条　加强客户侧用电隐患排查，对存

在的安全隐患要及时下发用电检查结果通知书，并督促按时整改到位。（营销部及各属地单位负责）

第二十一条　对于一级保电活动，公司应派驻发电车。特殊情况下二级保电需派驻发电车时，需经领导小组批准。配电运检中心应做好车辆调配，并登记使用情况。（配电运检中心负责）

第五章　应急管理

第二十二条　合理安排电网运行方式，各级保电单位根据公司保电要求做好事故预想、优化应急预案，强化值班值守。（各参与保电部门、单位负责）

第二十三条　督促客户侧配备足够的应急抢修人员、车辆及应急物资，指导用户编制应急预案，开展应急演练，确保满足预防和处置各类突发事件的需要。如遇突发事件，协助客户开展应急处置工作。（营销部及各属地单位负责）

第二十四条　加强监测预警工作，及时掌握气象信息、自然灾害情况，研判电网负荷变化趋势，适时发布预警，做好应急准备。

第二十五条　强化突发事件信息报送及时性。各单位遇突发事件时，按照公司重大事项报告规定及保电方案要求，采用电话和短信等方式即时上报，之后尽快补报书面报告，并做好事件跟踪、信息续报工作。（各参与保电部门、单位负责）

第二十六条　强化新闻舆情监控，妥善处置新闻应急事件，做好社会舆论引导。（办公室、融媒体分中心、各属地单位负责）

第六章　结束与总结

第二十七条　保电工作结束后，保电责任单位应及时进行保电工作总结，营销部和运维检修部将保电工作情况报安全监察部，安全监察部汇总后报公司保电领导小组。

第二十八条　安全监察部通知相关部门（单位），结束保电任务。

第二十九条　各部门（单位）及时总结保电工作情况，对保电工作中存在的问题制定改进措施，对出现重大失误的责任单位和责任人依据有关规定进行考核。

第七章　附　则

第三十条　本方案由公司安全监察部负责解释并监督执行。

第三十一条　本方案自发布之日起施行。

国网秦皇岛供电公司
工资支付实施细则

第一章　总　则

第一条　为贯彻落实《国网冀北电力有限公司工资支付办法》（冀北电人资〔2019〕548号），规范国网秦皇岛供电公司（以下简称“公司”）工资支付行为，根据国家法律、法规有关规定，结合公司实际，制定本细则。

第二条　本细则所称工资是指用人单位按照国家规定和劳动合同的约定，以货币形式支付给员工的劳动报酬，包括计时工资、计件工资、奖金、津贴和补贴、加班加点工资及特殊情况下支付的工资。工资应当以法定货币支付，不得以实物及有价证券替代货币支付。

第三条　公司党委组织部（人力资源部）负责制定公司工资支付管理制度，指导、监督、检查各单位工资支付情况。县（区）供电公司、集体企业、代管单位人力资源管理部门分别负责本单位工资支付工作。

第四条　各级工会负责对所在单位遵守工资支付法律、法规、规章的情况进行监督，并支持和帮助员工维护其合法权益。

第五条　本细则适用于公司属各单位及与其直接建立劳动关系的员工。集体企业、代管单位可参照本细则执行或结合实际制定本单位管理制度。

第二章　周期、形式、项目和标准

第六条　用人单位应当自用工之日起计算员工工资。用人单位必须按照劳动合同或协议约定的日期支付员工工资，每月至少支付一次，遇有节假日或休息日应提前在最近的工作日支付。

用人单位因经营困难无法按期支付工资的，经与工会或者员工代表协商一致后，可以延期支付工资，但最长不得超过30日。

第七条　用人单位应以现金或委托银行代发的形式将工资支付给员工本人。以现金形式支付，需由本人签收，因故不能亲自领取工资的，可以委托他人代领，但必须提供书面授权委托。委托银行代发的以银行进账单作为发放凭证。

第八条　用人单位应编制工资支付表，至少保存两年备查。工资支付表记录员工姓名、支付时间、支付项目和金额、扣除项目和金额、实发金额等事项。员工有权查询本人的工资清单。

第九条　标准工资是指用人单位定期向员工支付的工资标准。岗位绩效工资制的标准工资为岗位薪点工资、年功工资、基础工资三项之和，年薪制的标准工资为基本年薪。

第十条　员工在法定工作时间或劳动合同约定的工作时间内提供正常劳动的，用人单位所支付的工资，不得低于当地最低工资标准。

第十一条　员工在法定工作时间内依法参加社会活动期间，用人单位应视同其提供了正常劳动而支付工资。社会活动包括：依法行使选举权或被选举权；当选代表出席乡（镇）、区以上政府、党派、工会、青年团、妇女联合会等组织召开的会议；出任人民法庭证明人；出席劳动模范、先进工作者大会；《工会法》规定的不脱产工会基层委员会委员因工会活动占用的生产或工作时间；其他依法参加的社会活动。

第三章　加班工资支付

第十二条　用人单位以标准工资作为加班工资计算基数。加班工资计算基数低于当地政府规定的最低日工资或小时工资标准的，按最低日工资或小时工资标准确定。

日工资基数=月标准工资/月计薪天数(21.75天)。

小时工资基数=日工资基数/日工时。

第十三条　实行标准工时工作制的岗位，用人单位在法定工作时间以外安排员工工作的，应按以下标准支付工资。

（一）在日标准工作时间以外延长工作时间的，按照不低于员工本人小时工资基数的150%支付加班工资。

（二）在休息日工作且不能安排补休的，按照不低于员工本人日或者小时工资基数的200%支付加班工资。

（三）在法定休假日工作的，应当按照不低于员工本人日或者小时工资基数的300%支付加班工资。

第十四条　实行综合计算工时工作制的岗位，员工的实际工作时间超过法定标准工作时间的，超过部分按照不低于员工本人小时工资基数的150%支付加班工资；在法定休假日工作的，按照不低于员工本人日或者小时工资基数的300%支付加班工资。

第十五条　实行不定时工作制的岗位，用人单位不支付加班工资。

第四章　假期和特殊情况工资支付

第十六条　员工事假期间，用人单位不支付工资。

第十七条　员工因患病或非因工负伤停止工作治病休息，在规定的医疗期内，用人单位根据员工本人累计工龄支付病伤假工资或疾病救济费，支付金额不低于当地最低工资标准的80%。

第十八条　员工因患病或非因工负伤停止工作治病休息，在规定的医疗期满后不能从事原工作，由用人单位另行安排工作的，按规定重新核定岗位薪点工资；不能从事任何工作，且用人单位未与其解除劳动合同的，用人单位支付基本生活费，支付金额不低于当地最低工资标准的70%。

第十九条　员工因工作遭受事故伤害或患职业病需要暂停工作接受工伤医疗的，在工伤停工留薪期内，原工资待遇不变。评定伤残等级后，按照工伤保险有关规定享受伤残待遇。

第二十条　员工婚假、丧假期间，用人单位应正常支付工资。探亲假期间，按照员工本人的标准工资发放工资。

第二十一条　员工产假期间工资支付。

（一）国家规定的产假、河北省规定的奖励产假期间，用人单位停发工资，由统筹地区社会保险机构发放生育津贴。生育津贴低于员工本人上年月平均工资的部分，由用人单位补足。

（二）国家规定的产假、河北省规定的奖励产假期满，经本人申请，用人单位批准的延长假期，工资支付金额不高于当地最低工资标准。

（三）员工产前检查和哺乳的时间，用人单位应视同其提供了正常劳动而支付工资。

（四）员工陪产假期间，用人单位应正常支付工资。

第二十二条　员工计划生育假期间，用人单位停发工资，改由生育保险发放生育津贴，生育津贴低于员工本人上年月平均工资的部分，由用人单位补足。

第二十三条　员工在年休假期间，用人单位应支付与其正常工作相同的工资收入。对符合年休假条件的员工，确因工作需要，当年未能休假或未能休满应休年休假天数者，用人单位应支付其应休未休年休假补贴。应休未休年休假补贴按照员工本人日工资收入的200%支付。日工资收入按照员工本人月工资收入除以月计薪天数进行折算。其中：月工资是指员工在用人单位支付其应休未休年休假补贴前12个月剔除加班工资后的平均月工资收入。在本单位工作时间不满12个月的，按实际月份计算平均月工资收入。

第二十四条　员工按照公司疗养管理制度参加疗养期间，用人单位应正常支付工资。

第二十五条　在部分公民放假的节日期间，如妇女节、青年节等，用人单位安排员工休息、参加节日活动的，应视同其提供了正常劳动而支付工资。员工照常工作的，用人单位不支付加班工资。

第二十六条　员工参加公司或上级单位组织的学历教育或专业技术培训，在用人单位根据工作需要安排的离岗培训期间，用人单位支付给员工的工资不得低于其标准工资。

第二十七条　员工待岗期间，扣除保险后用人单位按照当地最低工资标准支付工资。待岗结束后重新上岗的，岗位薪点工资按照所上岗位1薪级标准核定。

第二十八条　员工留用察看期间，扣除保险后用人单位按照当地最低工资标准支付工资。留用察看期满，用人单位重新安排工作的，岗位薪点工资按照所上岗位1薪级标准核定。

第二十九条　员工旷工期间，用人单位不支付其工资。

第三十条　员工出现下列情形之一的，用人单位不支付其工资。

（一）涉嫌违法犯罪被有关机关收容审查、拘留（羁押）或逮捕等被限制人身自由的。

（二）涉嫌严重违纪接受政府有关部门调查而中断工作的。

第五章　新进人员工资支付

第三十一条　新进毕业生定岗前的工资支付。

（一）在约定的试用期内，工资支付项目包括初期工资、基础工资、福利性补贴，初期工资和基础工资标准按照《新进毕业生试用期工资标准表》确定。

（二）试用期满至定岗期间，工资支付项目包括岗位薪点工资、绩效工资、年功工资、辅助工资。其中：岗位薪点工资根据学历按照如下岗级的1薪级标准核定：专科及以下5岗级、本科7岗级、双学士学位和无学位的硕士研究生8岗级、硕士9岗级、博士10岗级。

第三十二条　退役士兵岗前培训期间，工资支付项目包括初期工资、基础工资、年功工资、福利性补贴、奖学金。其中：初期工资、基础工资，按照《退役士兵岗位培训期间工资标准表》确定。奖学金标准为每学年5000元，用人单位可根据培训考核情况，在每学年培训结束后一次性发放。

第三十三条　新进毕业生、退役士兵定岗后，用人单位根据工作岗位重新核定工资。岗级按照所上岗位确定；新进毕业生的薪级为1薪级，退役士兵的薪级比照本单位同等条件人员确定。新进毕业生、退役士兵未达到岗位要求不能上岗的，按照待岗期间工资标准执行。

第三十四条　转业干部和转业士官工资支付项目包括岗位薪点工资、绩效工资、年功工资和辅助工资。其标准工资低于档案中原职务（技术等级）工资、军衔（文职级别）工资、基础工资和军龄工资四项之和的80%，差额部分增加到辅助工资的基础工资单元。未取得职业技能资格或专业技术资格前，岗位薪点工资按照所上岗位降一岗级执行。

第三十五条　公司外调入员工，工资支付标准按照公司岗位绩效工资管理相关规定确定，原工资待遇不作为核定工资的依据。

第三十六条　执行月工资标准的新进人员，在15日前（含15日）报到的支付全月工资，在15日后报到的支付半月工资，或按照劳动合同中约定的起薪日期发放工资。

第六章　工资支付的其他规定

第三十七条　员工因工作需要，通过挂职（岗）锻炼、人才帮扶、劳务协作、借用等方式到上级单位或公司内其他单位工作的，原则上由原单位支付工资。借用到国家电网有限公司系统外单位工作的，工资支付按照借用协议约定执行。

第三十八条　用人单位不得克扣员工工资。有下列情况之一的，用人单位可以代扣员工工资。

（一）代扣代缴的个人所得税。

（二）代扣代缴的应由员工个人负担的各项社会保险费用。

（三）法院判决、裁定中要求代扣的抚养费、赡养费等。

（四）法律、法规规定可以从员工工资中扣除的其他费用。

第三十九条　非因员工个人原因造成用人单位停工、停产的，在一个工资支付周期内，用人单位应按原标准支付员工工资。超过一个工资支付周期，用人单位安排劳动的，根据员工提供的劳动，重新核定员工工资，但支付标准不得低于当地最低工资标准；用人单位没有安排劳动的，按照不低于当地最低工资标准的70%支付员工基本生活费。

第四十条　因员工个人原因给用人单位造成经济损失，用人单位可按照劳动合同或集体合同的约定及本单位的规章制度，要求其赔偿经济损失。经济损失的赔偿可以从员工本人的工资中扣除，但每月扣除的部分不得超过本人当月工资的20%。扣除后的剩余工资部分低于当地最低工资标准的，按最低工资标准支付。

第七章　附　则

第四十一条　在执行过程中，如遇国家、当地政府、国家电网有限公司、国网冀北电力有限公司政策调整，按新政策执行。

第四十二条　本细则由公司党委组织部（人力资源部）负责解释。

第四十三条　本细则自发布之日起施行。

国网秦皇岛供电公司
考勤管理实施细则

第一章　总　则

第一条　为认真贯彻国家、国家电网有限公司、国网冀北电力有限公司相关政策制度，进一步规范考勤管理，严肃劳动纪律，维护国网秦皇岛供电公司（以下简称“公司”）正常的生产和工作秩序，确保公司生产经营和各项工作有序进行，制定本细则。

第二条　本细则适用于公司属各单位及与其

直接建立劳动关系的员工。集体企业、代管单位可参照本细则执行或结合实际制定本单位管理制度。

第二章　工作时间

第三条　公司原则上实行标准工时制度，每日工作 8 小时，每周工作 40 小时。

第四条　根据生产、经营特点，以下岗位可实行不定时工作制或综合计算工时工作制。

（一）实行不定时工作制的范围

交通车司机、小车司机、仓库装卸、消防队、部分值班岗位及工作特殊需要无法实行标准工时制的人员。

（二）实行综合计算工时工作制的范围

1. 生产运行、供电服务等值班人员。

2. 供电、施工、科研单位的检修、勘测和调试等人员。

3. 其他适合采用实行综合计算工时工作制的人员。

实行综合计算工时工作制分别以月、季、年为周期，综合计算工作时间，但全年月平均工作时间不超过国家规定小时数。

第五条　各单位要按照《中华人民共和国劳动合同法》的规定，在劳动合同上明确员工执行的工时制度。岗位变动后，及时对相关内容进行变更。

第三章　考勤管理

第六条　公司党委组织部（人力资源部）是公司考勤管理的归口管理部门，负责制定公司考勤管理制度，规范日常考勤管理，建立考勤管理档案，指导、监督各单位考勤管理工作。

第七条　县（区）供电公司、集体企业、代管单位人力资源部门负责落实公司考勤管理要求，归口管理本单位考勤管理工作。

第八条　各单位是考勤的实施主体，负责本单位考勤日常工作。各单位（班组）设立兼职考勤员，每天如实记录员工的出勤情况，填写《考勤登记表》，考勤期结束后在本组织内公示。每月月末，各单位《考勤汇总表》和《考勤登记表》经所在单位负责人审核签字后，于次月 5 日前报党委组织部（人力资源部）审核归档。考勤情况作为员工劳动纪律管理和薪酬管理的依据。

第九条　考勤期一般为一个月，考勤表至少保存两年备查。

第十条　考勤记载的缺勤必须附请假、批假手续材料，病、工伤、婚、产、计划生育、探亲假还应附相关证明材料。

第十一条　迟到：未履行请假手续，在规定的工作时间未到岗的。

第十二条　早退：未履行请假手续，在规定的工作时间终了前下班的。

第十三条　旷工：未履行请假手续或请假未得到批准，无故不上班视为旷工，旷工期间不支付工资。

（一）未请假、请假手续或相关证明材料不全、请假未经批准而不到岗、假期已满未履行续假手续超假的，视为旷工。

（二）弄虚作假取得各种假期或出勤记录弄虚作假的，视为旷工。

（三）一年内事假累计超过 15 天的，超出天数视为旷工。

（四）未履行请假手续或请假未得到批准，1 天内未到岗 30 分钟以上，4 小时以内，视为旷工半天；4 小时及以上，1 天以内，视为旷工 1 天。

（五）一周累计迟到或早退 3 次及以上的，视为旷工半天。

第十四条　员工应严格遵守作息时间，上班不迟到、下班不早退，工作时间不脱岗、不串岗，不做与工作无关的事。违反劳动纪律的，按照国家电网有限公司员工奖惩相关规定进行惩处。

第四章　休假管理

第十五条　员工休假包括事、病、工伤、婚、丧、产、计划生育、探亲、年休假等，休假必须填写《请假单》，履行审批手续，如因特殊情况本人不能亲自办理请假手续，可委托他人或以通信方式请假，并应于上班后三日内补办请假手续。休假期满应按时返岗工作，并立即销假，如遇特殊情况，不能按时返回的，应向分管领导申请延长假期。领导干部休假按照有关规定履行请假报告手续。

第十六条　事假

员工请事假由本人填写《请假单》，按照审批权限履行请假手续，事假一年内累计不得超过15天。事假应首先使用年休假。

第十七条　病假

（一）医疗期的规定

员工因病或非因工负伤，需停止工作医疗时，按照《企业职工患病或非因工负伤医疗规定》，根据本人工作年限和在本单位工作年限，给予3～24个月医疗期，具体如下。

1. 实际工作年限10年以下的，在本单位工作年限5年以下的为3个月；5年及以上的为6个月。

2. 实际工作年限10年及以上的，在本单位工作年限5年以下的为6个月；5年及以上10年以下的为9个月；10年及以上15年以下的为12个月；15年及以上20年以下的为18个月；20年及以上的为24个月。

3. 医疗期为3个月的按6个月内累计病休时间计算；6个月的按12个月内累计病休时间计算；9个月的按15个月内累计病休时间计算；12个月的按18个月内累计病休时间计算；18个月的按24个月内累计病休时间计算；24个月的按30个月内累计病休时间计算。

（二）员工申请3天及以下病假的，须持医疗机构出具的病休假建议及诊断证明、诊疗材料；申请4天及以上病假的，须持一级及以上医院出具的病休假建议及诊断证明、诊疗材料。

（三）长期病假的规定

员工因病需要长期休病假（连续达到3个月），每月须向所在单位提供县级及以上医院出具的诊断证明、病假建议及相应病历（或诊疗记录）、医药费发票、费用清单等材料。

（四）长期病假试工期的规定

1. 连续病休3个月及以上的员工病愈要求上班，必须有县级及以上医院出具的医疗结论证明，由所在单位出具试工、培训合格的证明，经公司审核同意后，方可正式上班。

2. 试工期：连续病休3个月以上6个月以内（含）的，试工期为1个月；连续病休6个月以上12个月以内（含）的，试工期为2个月；连续病休12个月以上的，试工期为3个月。

3. 员工在试工期间旧病复发需要停止工作继续治疗时，试工期的病假与试工前的病假合并计算。

第十八条　工伤假

工伤假是指按《工伤保险条例》及有关规定的停工留薪期。员工因工负伤需要休假，须办理请假手续。

第十九条　婚假

员工结婚登记一年内，除享受国家规定的3天婚假外，按照河北省规定执行奖励婚假。配偶在外地需到外地结婚的，可根据路程远近另给路程假，原则上为1～2天。婚假需一次性休完。员工登记结婚超过一年后不再批准休婚假。

第二十条　丧假

员工的父母（含岳父母，公婆）、配偶、子女、祖父母（外祖父母）死亡给丧假3天。在外地的父母（含岳父母，公婆）、配偶、子女、祖父母（外祖父母）死亡的，可根据路程远近另给路程假，原则上为1～2天。

第二十一条　产假

（一）符合法律、法规规定生育子女的女员工，享受国家规定的98天产假，其中产前可以休假15天；难产增加15天；生育多胞胎的，每多生一个婴儿增加15天。在享受国家规定的产假外，按河北省规定享受奖励产假。产假期满，因个人原因需延长休假的员工，经本人申请，用人单位审核同意，报党委组织部（人力资源部）备案后，可按照河北省规定延长休假。女员工怀孕未满4个月流产的，享受15天产假；怀孕满4个月流产的，享受42天产假。流产、难产需提供县级及以上医院（急诊除外）证明。

（二）对哺乳未满1周岁婴儿的女员工，每天在劳动时间内安排1小时哺乳时间；生育多胞胎的，每多哺乳1个婴儿每天增加1小时哺乳时间。哺乳时间每天可以一次使用，也可以分次使用。

（三）怀孕女员工在劳动时间内进行产前检查，所需时间记入劳动时间。

（四）男员工的配偶生育子女的，给予陪产假15天。

第二十二条　计划生育假

因计划生育实施放置（取出）宫内节育器、流产术、引产术、绝育及复通手术而休假的，凭县级及以上医院的证明休假。

第二十三条　探亲假

（一）参加工作满1年的已婚员工与配偶分居两地，且不能在公休假日团聚的，每年给假一次，假期30天。

（二）参加工作满1年的未婚员工（包括离异或丧偶在单身期间的员工）与父母分居两地且不能在公休假日团聚的每年给假一次，假期20天。也可根据实际情况，2年给假一次，假期45天。

（三）参加工作满1年的已婚员工与父母分居两地，且不能在公休假日团聚的，每4年给假一次，假期20天。

（四）探亲假根据实际需要可以给路程假，原则上为1～2天。

（五）享受探亲假的员工，经本人申请，所在单位审核同意，报党委组织部（人力资源部）备案后，方可休假。

第二十四条　年休假

（一）享受带薪年休假（以下简称“年休假”）员工范围。

各单位中参加工作满1年以上，且与所在单位建立劳动关系的在岗职工。

（二）职工年休假标准。

1. 截至休假当年年底（以下同），累计工作年限满1年不满10年的，年休假5天；累计工作年限满10年不满20年的，年休假10天；累计工作年限满20年及以上的，年休假15天。

2. 省部级及以上劳动模范（包括享受省部级劳动模范待遇者）、全国五一劳动奖章获得者，每年享受年休假15天的待遇。

（三）员工依法享受的探亲假、婚丧假、产假等国家规定的假期及因工伤停工留薪期间不计入年休假的休假天数。员工按照公司相关疗养管理制度参加疗养的天数，不计入年休假的休假天数，在考勤表上如实记录疗养天数。

（四）员工有下列情形之一的，当年不享受年休假。

1. 国家电网有限公司选派到驻外机构长期连续工作的驻外人员，带薪休假天数多于年休假天数的。

2. 累计工作满1年不满10年的员工，当年请病假累计2个月以上的；累计工作满10年不满20年的员工，当年请病假累计3个月以上的；累计工作满20年以上的员工，当年请病假累计4个月以上的。

3. 当年待岗6个月及以上的。

（五）员工已享受当年年休假，年度内又出现本条第四款规定情形的，不享受下一年度的年休假。

（六）当年调入或录用且符合本条第一款规定的员工，其当年在本单位享受的年休假天数，按照在本单位工作日历天数折算确定，折算后不足1整天的不再享受。

本单位当年年休假天数 =（当年在本单位工作日历天数 ÷365天）× 员工本人全年应当享受的年休假天数。

（七）各单位应在不影响工作的前提下，统筹安排员工年休假计划，并建立员工年休假记录。员工年休假原则上应在当年一次性安排，确属工作需要的，可以分段安排，但不跨年度安排。

（八）各单位要优先安排当年退休员工年休假。

第二十五条　国家规定的公休假日和法定节假日计入病假、工伤假、婚假、产假、计划生育假、探亲假的休假天数；国家规定的公休假日和法定节假日不计入丧假、年休假的休假天数。

第二十六条　各种假期的工资支付，按公司工资支付相关办法及绩效工资管理相关办法执行。

第五章　附　则

第二十七条　考勤管理坚持实事求是，公开、公平、公正的原则，强化互相监督。考勤弄虚作假的按照国家电网有限公司员工奖惩等规定对相关责任人进行处罚。

第二十八条　本细则在执行过程中，如遇国家、当地政府、国家电网有限公司及国网冀北电力有限公司政策调整，按新政策执行。

第二十九条　本细则由公司党委组织部（人力资源部）负责解释。

第三十条　本细则自发布之日起施行。原《国网秦皇岛供电公司职工考勤管理实施细则》（秦供人资〔2018〕295号）同时废止。

十一、统计资料

2020 年领导干部名册

序号	部门	姓名	职务
1	公司	刘建全	总经理助理
2		王卫东	副总工程师
3		刘英军	副总工程师
4		李木文	副总工程师、安全总监、安全监察部（保卫部）主任、福电实业集团有限公司外部董事
5	办公室（党委办公室）	范群力	主任
6		张歆营	四级职员
7		孙德轩	副主任
8		季宁	副主任
9	发展策划部	祖广伟	主任、秦皇岛福电实业集团有限公司外部董事
10		宋国堂	副主任
11	财务资产部	马英佳	主任、秦皇岛福电实业集团有限公司外部董事
12		阎一菁	副主任
13		齐才	主任助理
14	安全监察部（保卫部）	幺乃鹏	四级职员
15		王晓艳	副主任
16		杨洪波	主任助理
17	运维检修部	曾毅	主任、秦皇岛福电实业集团有限公司外部董事
18		高树强	党支部书记、副主任
19		虞跃	副主任
20		李昌原	副主任
21	营销部（农电工作部）	张婧	主任、党支部副书记
22		潘科	党支部书记、副主任
23		曾建	四级职员
24		刘铁	副主任
25		邓统轩	主任助理
26	建设部	马东山	主任、秦皇岛福电实业集团有限公司外部董事
27		杜金桥	四级职员
28		焦洋	副主任
29	互联网办公室	王慧斌	主任
30		齐云鹤	四级职员
31	审计部	刘立丽	主任
32		冯煌	副主任
33	党委组织部（人力资源部）	李文军	主任、秦皇岛福电实业集团有限公司外部董事

续表

序号	部门	姓名	职务
34	党委组织部（人力资源部）	华彦	副主任
35		王丹	副主任
36		王川	副主任
37		蔡金明	主任助理
38	党委党建部（党委宣传部、工会、团委）	胡志文	主任
39		邢海波	副主任（正职职级）
40		王胜利	综合服务中心（融媒体分中心）主任、党委党建部（党委宣传部、工会、团委）副主任
41		秦四娟	副主任、团委书记
42	纪委办公室	张宁	纪委副书记、纪委办公室主任、秦皇岛福电实业集团有限公司监事
43		王少峰	副主任
44		汪维	副主任
45	电力调度控制中心	吴锡光	主任、党支部副书记
46		王震学	党支部书记、副经理
47		刘长春	副主任
48		焦明	副主任
49		宋铁	主任助理
50	输电运检中心	吴祥国	主任
51		黄立昕	党支部书记、副主任
52		刘秀军	副主任
53	变电运维中心	田鹏	主任
54		王秀斌	党总支书记、副主任
55		陈海涛	副主任
56		张志国	副主任
57	变电检修中心	尚兴明	主任、党支部副书记
58		杨义强	党支部书记、副主任
59		崔鹏飞	副主任
60	二次检修中心	尚兴明	主任、党支部副书记
61		杨义强	党支部书记、副主任
62		李延龙	副主任
63	配电运检中心	高宇	主任、党支部书记
64		于海龙	副主任
65		贾会利	副主任
66	电缆运检中心	李新建	主任、党支部书记
67		孙德彬	四级职员

续表

序号	部门	姓名	职务
68	市场拓展中心	周树刚	主任、党支部书记
69		刘小龙	副主任
70	电费账务中心	杨凤祥	主任、党支部书记
71		孙威	副主任
72	计量中心	冯杨	主任、党支部书记
73	海港区供电中心	高云辉	经理、党总支副书记
74		方保平	党总支书记、副经理
75		李江涛	副经理
76		俞海侠	副经理
77		田文韬	副经理
78	开发区供电中心	冯彤	经理、党支部副书记
79		卢向东	党支部书记、副经理
80		李鹏	副经理
81		魏歆	副经理
82	北戴河区供电中心	刘迎春	经理、党支部副书记
83		工利民	党支部书记兼副经理
84		潘祖东	四级职员
85		张敏	副经理
86		秦川	主任助理
87	山海关区供电中心	臧海东	经理、党支部副书记
88		富强	党支部书记、副经理
89		王亚强	副经理
90	北戴河新区供电中心	刘建伟	经理、党支部副书记
91		龙大伟	党支部书记、副经理
92		高捷	副经理
93	供电服务指挥中心（配网调控中心）	刘洋	主任、党支部副书记
94		刘志红	党支部书记、副主任
95		李治国	副主任
96		李刚	副主任
97	经济技术研究所（设计公司）	郭立文	主任（经理）、党支部副书记
98		杨立君	党支部书记、副主任（副经理）
99		李岩峰	副主任（副经理）
100	项目管理中心	张奇	主任
101		韩彦玲	四级职员

续表

序号	部门	姓名	职务
102	信息通信分公司（国网秦皇岛供电公司数据中心）	张雪梅	经理、党支部副书记
103		宋卫	党支部书记、副主任
104		陈璐	四级职员
105		刘畅	副经理
106		严丁	副经理
107	物资部（物资供应中心）	田波	主任、党支部副书记
108		强宝稳	党支部书记、副主任
109	综合服务中心	刘万春	主任
110		李冀荣	党支部书记、副主任
111		李榕榕	综合服务中心（融媒体分中心）主任助理
112		袁继平	综合服务中心（车管）主任、党支部书记
113		孟艳君	综合服务中心（离退休）副主任（主持工作）
114	国网青龙县供电公司	赵远	经理、党委副书记
115		刘卫东	党委书记、副经理
116		王旭升	副经理、党委委员
117		张继勋	副经理
118		刘玉明	纪委书记、工会主席
119		张陆军	副经理、党委委员
120	国网秦皇岛市抚宁区供电公司	周凯	经理、党委副书记
121		虞志生	党委书记、副经理
122		牛福臣	四级职员
123		李海涛	副经理、党委委员
124		刘建宁	副经理、党委委员
125		高小刚	副经理、党委委员
126		张洋	党委委员、纪委书记、工会主席
127	国网昌黎县供电公司	鲁小辉	四级职员
128		刘志勇	副经理、党委委员
129		王岩	党委委员、纪委书记、工会主席
130		周宝全	副经理、党委委员
131		王涛	副经理、党委委员
132		秦飞	副经理、党委委员
133	国网卢龙县供电公司	彭延涛	经理、党委副书记
134		曹瑞	党支部书记、副经理
135		杨晓军	四级职员
136		韩学民	副经理、党委委员

续表

序号	部门	姓名	职务
137	国网卢龙县供电公司	杜广龙	副经理、党委委员
138		刘国峰	党委委员、纪委书记、工会主席
139		郭海旺	副经理、党委委员
140	路灯管理处	李冀东	主任、党支部副书记
141	秦皇岛市海港区鑫晟企业管理服务有限公司	黑华栋	经理、党支部副书记
142		宋雷鸣	党支部书记、副经理
143	秦皇岛市海港区南山职业技能培训学校	李晓光	主任、党支部副书记
144		郭万祝	党支部书记、副主任
145		周慧	副主任
146	秦皇岛福电实业集团有限公司	史志东	董事长、党委副书记
147		马向东	董事、党委书记、副总经理
148		刘保军	监事会主席、电力实业总公司总经理
149		古正准	董事、总经理
150		匡永光	副总经理（正职职级）
151		郑福亭	副总经理（正职职级）
152		何龙飞	副总经理（正职职级）
153		邓伟妍	总会计师、财务资产部主任
154		夏岩	副总经理、安全总监（正职职级）
155		吴昊泽	综合管理部主任
156		杨波	综合管理部副主任
157		李红梅	党委党建部（纪委办公室）主任
158		蓝云松	党委党建部（纪委办公室）副主任
159		田昶	人力资源部主任
160		刘晓华	人力资源部副主任
161		李兴娇	财务资产部副主任
162		张军	安全监察部主任
163		杨广宏	安全监察部副主任
164		张悦	工程管理部主任
165		白毅	工程管理部副主任
166		冯海强	经营管理部副主任
167	福电变电安装分公司	李智勇	经理、党支部副书记
168		郑存强	党支部书记
169		刘建军	副经理

续表

序号	部门	姓名	职务
170	福电线路安装分公司	魏明	经理、党支部副书记
171		贾鹏	党支部书记、副经理
172		焦健	副经理
173	福电配电安装分公司	茹涛	经理、党支部副书记
174		于春辉	党支部书记、副经理
175		董长海	副经理
176		卢东	副经理
177		李俊廷	安全总监
178	福电通讯自动化分公司	田润生	经理、党支部副书记
179		魏长江	党支部书记、副经理
180		田毅	副经理
181		肖恺	副经理
182	福电建筑安装分公司	宋海静	党支部书记
183		刘晓勇	副经理
184		袁佳俊	副经理
185	福电电力运维服务分公司	冯印富	经理、党支部副书记
186		刘依阳	党支部书记、副经理
187		陈浮	副经理（正职职级）
188		李昭	副经理
189		李海峰	安全总监（中层副职薪酬待遇）
190		王丹	安全总监
191	秦皇岛市开轩供电服务有限公司	傅鸿儒	经理、党支部副书记
192		车晓东	党支部书记、副经理
193		沈立新	副经理
194		贾立	副经理
195	秦皇岛福电电力工程设计有限公司	金锋	经理、党支部副书记
196		陈英健	党支部书记、副经理
197		盛利	四级职员
198		杨光	副经理
199	秦皇岛大秦电力房地产开发有限公司	刘志永	经理、党支部书记、秦皇岛北山华实电力能源有限公司经理、党支部副书记
200		张相文	副经理
201	秦皇岛北山华实电力能源有限公司	张力	党支部书记、副经理
202		李晓红	副经理（正职职级）

2020 年二线干部名册

序号	姓名	职务
1	赵庆娴	办公室（党委办公室）三级协理
2	谢小英	发展策划部四级协理待遇
3	曲效荣	运维检修部四级协理
4	孙卫	营销部（农电工作部）三级协理
5	李洪斌	营销部（农电工作部）三级协理
6	黄艳春	建设部四级协理
7	秦景江	建设部三级协理
8	朱孝齐	党委组织部（人力资源部）四级协理
9	韩天梅	纪委办公室三级协理
10	李学军	变电运维中心三级协理
11	周学刚	变电检修中心三级协理
12	曹永红	电费账务中心四级协理
13	阎宏志	海港区供电中心三级协理
14	杨玉珠	山海关区供电中心四级协理
15	张锁安	信息通信分公司（国网秦皇岛供电公司数据中心）三级协理
16	李妍	物资部（物资供应中心）三级协理
17	杨晓红	综合服务中心四级协理
18	刘贵汉	综合服务中心（离退休）三级协理
19	金佳	综合服务中心四级协理
20	魏旭岗	综合服务中心三级协理
21	王铁民	国网冀北电力有限公司秦皇岛市抚宁区供电分公司四级协理
22	张国栋	国网冀北电力有限公司秦皇岛市抚宁区供电分公司四级协理
23	赵连生	国网冀北电力有限公司昌黎县供电分公司三级协理
24	韩冰	国网冀北电力有限公司昌黎县供电分公司四级协理
25	龙海松	国网冀北电力有限公司卢龙县供电分公司三级协理
26	谢学军	国网冀北电力有限公司卢龙县供电分公司四级协理
27	张雁海	路灯管理处三级协理
28	贾东伟	路灯管理处三级协理
29	范永	秦皇岛福电实业集团有限公司三级协理
30	杨春柏	秦皇岛福电实业集团有限公司三级协理
31	索志高	秦皇岛福电实业集团有限公司三级协理
32	张瑞锋	秦皇岛福电实业集团有限公司三级协理
33	杨宇	秦皇岛福电实业集团有限公司综合管理部三级协理
34	杜玉侠	秦皇岛福电实业集团有限公司财务资产部三级协理

续表

序号	姓名	职务
35	马守荣	秦皇岛福电实业集团有限公司线路安装分公司四级协理
36	石峰	秦皇岛福电实业集团有限公司线路安装分公司四级协理
37	刘春明	秦皇岛福电实业集团有限公司配电安装分公司三级协理
38	王小江	秦皇岛福电实业集团有限公司通讯自动化分公司三级协理
39	葛树兴	秦皇岛福电实业集团有限公司通讯自动化分公司三级协理
40	王秀玲	秦皇岛市开轩供电服务有限公司四级协理
41	马文斌	秦皇岛市开轩供电服务有限公司三级协理
42	刘爱华	秦皇岛福电电力工程设计有限公司三级协理
43	马凤来	秦皇岛福电电力工程设计有限公司三级协理
44	陈静华	秦皇岛大秦电力房地产开发有限公司三级协理
45	刘贵恒	秦皇岛大秦电力房地产开发有限公司三级协理
46	林兴恒	秦皇岛大秦电力房地产开发有限公司三级协理
47	沈泓浩	秦皇岛北山华实电力能源有限公司三级协理
48	张宏孝	秦皇岛北山华实电力能源有限公司四级协理
49	吴晓峰	秦皇岛北山华实电力能源有限公司四级协理
50	王朋志	秦皇岛北山华实电力能源有限公司四级协理
51	刘吉伟	秦皇岛北山华实电力能源有限公司四级协理

2020 年退休干部名册

序号	姓名	性别	原职务
1	王惠文	男	国网秦皇岛市抚宁区供电公司正科级协理员
2	张学彬	男	国网昌黎县供电公司副科级协理员
3	魏志强	男	国网秦皇岛供电公司正科级协理员
4	陶伟强	男	秦皇岛福电实业集团有限公司副科级协理员
5	张宏孝	男	秦皇岛北山华实能源有限公司副科级协理员
6	黄艳春	女	国网秦皇岛供电公司副科级协理员

公司主要指标月度完成情况表

	供电量 /（万 kW·h）	售电量 /（万 kW·h）	线损率 /%	外购电量
1 月	122 801.2056	134 985.0974	−9.9216	
2 月	93 532.7164	102 424.2916	−9.5064	
3 月	109 089.6800	93 698.2801	14.1089	
4 月	104 969.3300	104 865.2637	0.0991	
5 月	101 616.1396	97 789.6530	3.7656	
6 月	113 654.2100	101 154.1233	10.9983	

续表

	供电量／（万 kW·h）	售电量／（万 kW·h）	线损率／%	外购电量
7 月	120 958.6700	109 767.1153	9.2524	
8 月	125 067.3500	121 554.7264	2.8086	
9 月	117 686.0000	117 324.8767	0.3069	
10 月	114 569.2900	104 725.5015	8.5920	
11 月	129 998.1282	115 800.6359	10.9213	
12 月	151 343.5247	130 244.3777	13.9412	
全年	1 405 286.2445	1 334 333.9426	5.0500	

公司分类售电月度完成情况表

单位：万 kW·h

	大工业	非普工业	非居民	商业	农业	居民	大用户直接交易	合计
1 月	69 732	14 724	4987	13 191	3899	28 452	0	134 985
2 月	45 206	11 421	4143	9959	3452	28 242	0	102 424
3 月	45 840	9925	3824	6771	3136	24 203	0	93 698
4 月	59 441	10 036	3567	7061	3670	21 091	0	104 865
5 月	33 958	6376	2686	7157	3824	17 683	26 106	97 790
6 月	35 396	6848	2690	7664	3883	17 070	27 602	101 154
7 月	38 004	7429	3322	9799	4859	17 615	28 739	109 767
8 月	38 106	8553	4328	13 333	5327	23 095	28 814	121 555
9 月	38 217	7808	3908	12 171	4147	22 309	28 764	117 325
10 月	37 842	6782	2931	9141	3432	16 873	27 724	104 726
11 月	40 035	8396	3439	9231	4014	20 565	30 121	115 801
12 月	40 422	11 511	4349	11 539	4288	27 032	31 102	130 244
一季度	160 778	36 070	12 954	29 921	10 487	80 896	0	331 108
二季度	128 795	23 260	8943	21 883	11 377	55 844	53 708	303 809
三季度	114 326	23 790	11 558	35 304	14 333	63 019	86 317	348 647
四季度	118 298	26 690	10 720	29 911	11 734	64 470	88 947	350 771
全年	522 198	109 810	44 175	117 019	47 932	264 229	228 973	1 334 334

公司行业用电情况表（全口径）

行业	用户数／个	装机容量／（万 kW·h）	用电量／（万 kW·h）
全社会用电总计	1 689 319	18 255 600	1 502 566.6270
A. 全行业用电合计	206 670	11 773 950	1 289 637.1630
第一产业	65 992	779 692	39 452.2257
第二产业	23 372	5 563 394	947 084.8427
第三产业	117 306	5 430 864	303 100.0949
B. 城乡居民生活用电合计	1 482 649	6 481 650	212 929.4632
城镇居民	660 167	2 904 215	110 818.0162
乡村居民	822 482	3 577 435	102 111.4470
全行业用电分类	206 670	11 773 950	1 289 637.1630
一、农、林、牧、渔业	75 747	930 155	46 682.0461
1. 农业	46 494	496 378	19 051.5337
2. 林业	280	8911	444.6490
3. 畜牧业	18 633	187 656	7783.2643
4. 渔业	585	86 747	12 172.7787
5. 农、林、牧、渔专业及辅助性活动	9755	150 463	7229.8204
其中：排灌	9637	147 925	7129.7973
二、工业	21 941	5 178 364	929 001.0916
（一）采矿业	1046	352 864	62 279.5532
1. 煤炭开采和洗选业	23	12 888	3209.5046
2. 石油和天然气开采业	0	0	21.3380
3. 黑色金属矿采选业	445	273 827	56 051.6397
4. 有色金属矿采选业	114	16 693	902.8348
5. 非金属矿采选业	338	44 023	1746.6460
6. 其他采矿业	126	5433	347.5901
（二）制造业	18 527	3 606 126	669 728.3174
1. 农副食品加工业	11 403	279 004	38 139.9496
2. 食品制造业	414	123 888	33 843.9432
3. 酒、饮料及精制茶制造业	132	23 523	2570.7953
4. 烟草制品业	0	0	0
5. 纺织业	187	13 392	1802.2558
6. 纺织服装、服饰业	160	8747	846.0514
7. 皮革、毛皮、羽毛及其制品和制鞋业	23	2224	175.4063
8. 木材加工和木、竹、藤、棕、草制品业	323	18 901	1581.8049
9. 家具制造业	92	12 204	936.3490
10. 造纸和纸制品业	199	88 587	31 150.1609
11. 印刷和记录媒介复制业	65	8929	571.0879
12. 文教、工美、体育和娱乐用品制造业	54	4931	374.5041
其中：体育用品制造	4	807	55.2546
13. 石油、煤炭及其他燃料加工业	42	12 707	1468.8908
其中：煤化工	1	200	42.3930
14. 化学原料和化学制品制造业	97	60 186	27 418.0782
其中：氯碱	0	0	0
电石	0	0	0
黄磷	0	0	0
肥料制造	0	0	0
15. 医药制造业	33	25 013	4434.8027

续表

行业	用户数／个	装机容量／（万 kW·h）	用电量／（万 kW·h）
其中：中成药生产	2	650	20.8387
生物药品制品制造	5	11 120	2962.3327
16. 化学纤维制造业	37	33 256	2028.7861
17. 橡胶和塑料制品业	340	57 979	8945.5311
其中：橡胶制品业	75	14 682	1678.2809
塑料制品业	265	43 297	7267.2502
18. 非金属矿物制品业	968	533 211	137 814.0245
其中：水泥制造	40	132 935	54 638.8693
玻璃制造	35	74 685	10 119.8424
陶瓷制品制造	11	15 138	1393.5502
碳化硅	0	0	0
19. 黑色金属冶炼和压延加工业	43	1 187 100	159 284.1106
其中：钢铁	43	1 187 100	159 284.1106
铁合金冶炼	0	0	0
20. 有色金属冶炼和压延加工业	6	64 145	8533.0688
其中：铝冶炼	0	0	0
铅锌冶炼	0	0	0
稀有稀土金属冶炼	0	0	0
21. 金属制品业	885	251 967	36 061.8072
其中：结构性金属制品制造	322	170 988	21 623.0697
22. 通用设备制造业	1948	221 846	32 260.3047
其中：风能原动设备制造	2	600	54.7578
23. 专用设备制造业	126	41 867	4110.3796
其中：医疗仪器设备及器械制造	26	4460	887.4954
24. 汽车制造业	32	197 634	64 394.3668
其中：新能源车整车制造	0	0	0
25. 铁路、船舶、航空航天和其他运输设备制造业	75	95 183	16 491.0129
其中：铁路运输设备制造	11	2705	248.8765
城市轨道交通设备制造	1	150	34.3885
航空、航天器及设备制造	0	0	0
26. 电气机械和器材制造业	50	20 602	2779.5843
其中：光伏设备及元器件制造	3	650	29.5833
27. 计算机、通信和其他电子设备制造业	75	144 979	43 598.5111
其中：计算机制造	0	0	0
通信设备制造	41	12 772	1653.9610
28. 仪器仪表制造业	6	1386	137.9349
29. 其他制造业	277	27 259	3502.2376
30. 废弃资源综合利用业	219	39 344	4190.8495
31. 金属制品、机械和设备修理业	216	6132	281.7276
（三）电力、热力、燃气及水生产和供应业	2368	1 219 374	196 993.2210
1. 电力、热力生产和供应业	1228	1 121 454	183 913.3254
其中：电厂生产全部耗用电量	2	880	82 803.8051
线路损失电量	1	10	70 952.5686
抽水蓄能抽水耗用电量	0	0	0.2175
2. 燃气生产和供应业	141	9241	709.0839
3. 水的生产和供应业	999	88 679	12 370.8117

续表

行业	用户数／个	装机容量／（万 kW·h）	用电量／（万 kW·h）
三、建筑业	1647	391 162	18 365.4787
1. 房屋建筑业	917	256 079	12 750.0386
2. 土木工程建筑业	289	95 858	3810.0976
3. 建筑安装业	103	9737	601.5994
4. 建筑装饰、装修和其他建筑业	338	29 488	1203.7431
四、交通运输、仓储和邮政业	1993	1 393 672	92 777.0854
1. 铁路运输业	87	766 366	50 932.1037
其中：电气化铁路	12	720 910	46 346.7857
2. 道路运输业	192	50 008	4221.0947
其中：城市公共交通运输	32	12 302	1242.0437
3. 水上运输业	8	440 230	29 677.8149
其中：港口岸电	3	435 861	29 653.1577
4. 航空运输业	3	6125	384.4712
5. 管道运输业	16	21 496	270.0885
6. 多式联运和运输代理业	24	5456	468.2875
7. 装卸搬运和仓储业	1603	98 772	6411.2953
8. 邮政业	60	5219	411.9296
五、信息传输、软件和信息技术服务业	12 192	115 201	14 661.4396
1. 电信、广播电视和卫星传输服务	9052	82 027	10 201.5166
2. 互联网和相关服务	3057	24 738	3925.0431
其中：互联网数据服务	146	2480	273.6139
3. 软件和信息技术服务业	83	8436	534.8799
六、批发和零售业	25 975	710 336	49 545.8346
其中：充换电服务业	83	32 465	233.2239
七、住宿和餐饮业	7893	516 117	26 451.2909
八、金融业	636	40 410	3465.9029
九、房地产业	6569	716 059	21 721.7575
十、租赁和商务服务业	1348	106 662	7160.7801
其中：租赁业	38	6510	392.3163
十一、公共服务及管理组织	50 729	1 675 812	79 804.4559
1. 科学研究和技术服务业	541	50 895	1979.6978
其中：地质勘查	10	2300	54.7673
科技推广和应用服务业	21	7966	247.4357
2. 水利、环境和公共设施管理业	33 924	402 834	17 363.6445
其中：水利管理业	1989	45 951	4540.9698
公共照明	30 727	250 865	7423.6247
3. 居民服务、修理和其他服务业	6396	148 675	7242.6619
4. 教育、文化、体育和娱乐业	3032	507 500	16 988.6236
其中：教育	2259	287 803	12 127.9289
5. 卫生和社会工作	1024	119 221	11 013.2645
6. 公共管理和社会组织、国际组织	5812	446 687	25 216.5636
补充指标	0	0	0
开采专业及辅助性活动	35	2528	207.5251

峰谷分时销售电价表

用电分类		电压等级		电度电价 /[元 / (kW·h)]					基本电价	
				平段	尖峰	高峰	低谷	双蓄	最大需量[元 / (kW·月)]	变压器容量[元 / (kV·A·月)]
一、居民生活用电	一户一表	不满 1 kV	第一档	0.5200		0.5500	0.3000			
			第二档	0.5700		0.6000	0.3500			
			第三档	0.8200		0.8500	0.6000			
		1 kV 及以上	第一档	0.4700		0.5000	0.2700			
			第二档	0.5200		0.5500	0.3200			
			第三档	0.7700		0.8000	0.5700			
	合表	不满 1 kV		0.5362		0.5700	0.3100			
		1 kV 及以上		0.4862		0.5200	0.2800			
二、工商业及其他用电	单一制	不满 1 kV		0.5644	0.8886	0.7805	0.3483	0.2942		
		1 ~ 10 kV		0.5494	0.8646	0.7595	0.3393	0.2867		
		35 kV 及以上		0.5394	0.8486	0.7455	0.3333	0.2817		
	两部制	1 ~ 10 kV		0.5629	0.8862	0.7784	0.3474	0.2935	35	23.3
		35 ~ 110 kV		0.5479	0.8622	0.7574	0.3384	0.2860	35	23.3
		110 kV		0.5329	0.8382	0.7364	0.3294	0.2785	35	23.3
		220 kV 及以上		0.5279	0.8302	0.7294	0.3264	0.2760	35	23.3
三、农业生产用电		不满 1 kV		0.5215						
		1 ~ 10 kV		0.5115						
		35 kV 及以上		0.5015						
其中：贫困县农业生产用电		不满 1 kV		0.3095						
		1 ~ 10 kV		0.3045						
		35 kV 及以上		0.2995						

新增生产能力情况表

	名称	计算单位	数量 / 条	容量（MV·A）/ 长度（km）
一	新投变电站	座	2	—
	220 kV 变电站	座	0	—
	110 kV 变电站	座	2	—
二	新增主变压器	台	5	260
	220 kV 变压器	台	0	0
	110 kV 变压器	台	5	260

续表

	名称	计算单位	数量／条	容量（MV·A）／长度（km）
三	新增输电线路	条	6	-1.6955
	220 kV 输电线路	条	-2	-83.615
	110 kV 输电线路	条	6	81.9195

注：220 kV 线路条数和长度减少原因：①武溯一、二线状态为现场留用，两条线路的长度和条数未汇总。②官姚一、二线为联络线，两条线路统计长度更改为秦皇岛段长度。

公司经营区域变电设备情况表

线路条数／条				线路长度／km			
合计	220 kV	110 kV	35 kV	合计	220 kV	110 kV	35 kV
286	58	121	107	4196.2205	1141.786	1874.5195	1179.915

公司经营区域输电设备情况表

变电站／座				主变压器容量／（MV·A）			
合计	220 kV	110 kV	35 kV	合计	220 kV	110 kV	35 kV
117	17	51	49	13 638.35	6600	5465	1573.35

10 kV 配电设备情况表

箱变／座	配电室／座	开闭所／座	环网柜／台	线路长／km	配电变压器／台	配电变压器容量／（MV·A）
1416	597	222	245	11 022.23	10 797	3603.87

职工概况

单位：人

职工期末人数	按性别分组		按专业技术等级分组		
	男性	女性	高级	中级	初级
2548	1917	631	326	644	794

按年龄分组						
55 岁及以上	50 ~ 54 岁	45 ~ 49 岁	40 ~ 44 岁	35 ~ 39 岁	30 ~ 34 岁	29 岁及以下
321	415	469	354	394	358	237

按文化程度分组						
博士研究生	硕士研究生	大学本科	大学专科	中等职业教育	高中	初中及以下
0	213	1287	548	371	59	70

公司各单位长期职工情况

单位：人

总计	2548
一、直接管理	2505
国网冀北电力有限公司秦皇岛供电公司本部及直属机构	1486
国网冀北电力有限公司青龙县供电分公司	178
国网冀北电力有限公司秦皇岛市抚宁区供电分公司	273
国网冀北电力有限公司昌黎县供电分公司	329
国网冀北电力有限公司卢龙县供电分公司	239
二、授权管理	43
国网冀北电力有限公司秦皇岛供电公司路灯管理处	43

2020 年公司企业标准（国网冀北电力有限公司 2020 年制修订标准）目录

序号	标准编号	技术标准名称
1	Q/GDW 07006—2021-10501	10 kV 配网不停电作业现场作业规范
2	Q/GDW 07001—2021-10501	10 千伏低电阻接地系统设备安装、运行、检修、巡视导则
3	Q/GDW 07001—2021-10102	10 千伏系统接地方式选取及低电阻接地系统设计改造导则
4	Q/GDW 07003—2021-10502	变电站次同步振荡抑制装置检修技术规范
5	Q/GDW 07004—2021-10502	变电站次同步振荡抑制装置运维技术规范
6	Q/GDW 07001—2021-10403	并网光伏发电站一次调频检测规程
7	Q/GDW 07001—2021-10809	厂站电力监控系统网络安全技术监督导则
8	Q/GDW 07001—2021-10707	电化学储能电站消防安全规定
9	Q/GDW 07001—2021-10205	电力通信工程验收规范
10	Q/GDW 07005—2021-10502	多类型储能系统运维技术规范
11	Q/GDW 07002—2021-10402	多元负荷接入电网测试规程
12	Q/GDW 07002—2021-11102	风电功率预测评价规范
13	Q/GDW 07001—2021-11102	风电机组监控信息规范
14	Q/GDW 07002—2021-10502	干式空心电抗器匝间绝缘缺陷在线监测装置应用技术规范
15	Q/GDW 07001—2021-10605	高压直流断路器控制保护装置检验规范
16	Q/GDW 07004—2021-10803	高压直流断路器状态评价导则
17	Q/GDW 07001—2021-10303	聚合物绝缘子伞裙和护套用绝缘材料通用技术条件
18	Q/GDW 07002—2021-10605	柔性直流电网控制保护装置检验规范
19	Q/GDW 07002—2021-10104	输变电配套通信工程设计技术导则
20	Q/GDW 07001—2021-10909	数据通信网数据配置规范
21	Q/GDW 07003—2021-10404	新能源场站接入电网继电保护技术规范
22	Q/GDW 07002—2021-10805	新能源风力发电机组金属技术监督导则
23	Q/GDW 07003—2021-10810	质量管理（QC）小组活动规范